THE
ECONOMIC P
SIMULATIONS

〔第二辑〕

经济政策与模拟研究报告

中国社会科学院经济政策与模拟重点研究室

（第二版）

经济管理出版社
ECONOMY & MANAGEMENT PUBLISHING HOUSE

图书在版编目（CIP）数据

经济政策与模拟研究报告.第二辑/中国社会科学院经济政策与模拟重点研究室.—2版. —北京：经济管理出版社，2012.6

ISBN 978-7-5096-1973-5

Ⅰ．①经… Ⅱ．①中… Ⅲ．①中国经济－经济政策－研究报告 Ⅳ．①F120

中国版本图书馆CIP数据核字(2012)第113763号

责任编辑：张永美

责任印制：黄 铄

责任校对：超 凡

出版发行：经济管理出版社
　　　　　（北京市海淀区北蜂窝8号中雅大厦A座11层 100038）

网　　　址：www.E-mp.com.cn

电　　话：(010)51915602

印　　刷：三河市延风印装厂

经　　销：新华书店

开　　本：787mm×1092mm/16

印　　张：14.5

字　　数：335千字

版　　次：2012年12月第2版　2012年12月第1次印刷

书　　号：ISBN 978-7-5096-1973-5

定　　价：38.00元

经济政策与模拟研究报告（第二辑）编辑委员会

本书作者

第一章　沈利生
第二章　樊明太　陈　勇　乔宝华　赵东旭
第三章　董维刚　张昕竹
第四章　王国成
第五章　曾力生
第六章　王世汶
第七章　蒋金荷、徐　波
第八章　蔡跃洲
第九章　吕　峻

总　序

随着我国改革开放的不断深入，经济政策对经济运行正发挥着至关重要的作用。近年来我国宏观调控也不断地由直接行政手段为主向间接经济手段为主转变。国家根据经济运行态势的变化，运用不同的经济杠杆随时调整政策，促进了国民经济全面、协调、可持续发展。但是，经济全球化的迅猛发展，给国内经济带来的波动和影响也越来越显著。在新形势下如何把握政策调整的力度及政策的组合是政府、企业、居民乃至国际社会都非常关注的问题。因此，对各种政策可能导致的经济效果进行定量分析与模拟日益重要。通过对经济政策的模拟，分析其对社会诸方面的影响，可以为我们应对经济社会中出现的各种问题提供理论依据。

《中国社会科学院经济政策与模拟重点研究室学术系列》是由中国社会科学院经济政策与模拟重点研究室和经济管理出版社合作出版的学术研究系列丛书。这套丛书的问世，源于我们对经济政策与模拟重点研究室的如下几点考虑：

第一，在学科基础及方法论研究方面，经济政策与模拟重点研究室主要考虑三个重点领域：一是经济计量学理论，包括经典经济计量学、时间序列分析、微观计量经济学等内容；二是数理经济学；三是大型模型系统，包括经济计量模型、可计算一般均衡（CGE）模型、季度协整模型、投入产出模型、地区模型等。

第二，在重大现实问题研究方面，经济政策与模拟重点研究室主要考虑三个重点方向：一是中国宏观经济分析与预测；二是可持续发展与环境经济；三是前沿技术经济问题、新经济、新技术经济理论与对策等。

第三，重点研究室的成果主要为伞型成果，它应具有如下几个特点：一是伞型成果具有长期性、系列性；二是伞型成果应在深入自主研究基础之上；三是伞型成果应以定量分析和数理分析为主，原则上尽可能建模。

中国社会科学院经济政策与模拟重点研究室是经 2003 年 9 月 28 日院务会议批准设立的，使用经济模型方法模拟现实经济问题是经济学科发展进入现代科学时代的重要标志之一。我们希望这套丛书的出版，不仅可以促进我国经济政策与模拟学科的发展，而且可以为解决重大现实问题提供有益的探索。

由于时间紧迫，水平有限，而且这套丛书涉及的研究对象非常复杂，其中很多因素带有极大的不确定性，因此，尽管作者和出版者们尽了最大努力，也仍然不可避免地会存在不足之处，敬请各界读者批评指正，以使这套丛书不断完善。

汪同三

2008 年 12 月

目 录

第一章 对外贸易对能源消费的影响

第一节 引 言

我国国民经济"十一五"发展规划提出，2010 年单位国内生产总值能源消耗比"十五"期末降低 20%左右，这就意味着平均每年要降低 4%。2006 年的实际执行结果要比上年下降 1.23%，[①] 可见实现节能降耗目标绝非易事。

降低单位产值能源消耗大致可从三个方面着手：一是调整三次产业的结构。我国第三产业的比重不但大大低于发达国家，甚至低于很多发展中国家。第三产业的单位产值能耗远低于第二产业，降低第二产业的比重，加大第三产业的比重，就可使单位产值能耗降下来。根据 2005 年的数据测算，工业的单位产值能耗是 2.0550 吨标准煤/万元，第三产业的单位产值能耗是 0.4178 吨标准煤/万元。如果把工业占国内生产总值的比重从 42.0%降低为 41.0%，把第三产业的比重从 39.9%提升为 40.9%，单位国内生产总值能耗将从 1.2198 吨标准煤/万元下降为 1.2034 吨标准煤/万元，节能量为 1.34%，即 1.34 个百分点。二是通过技术进步、技术改造来降低单位产值能耗。例如，以大容量炼钢炉取代小容量炼钢炉可降低吨钢能耗，以大型发电机组取代小型发电机组可以降低每度电的能耗，等等。三是调整产业内的产品结构，增加高附加值产品的比例，减少低附加值产品的比例。以上三个方面都是从国内经济运行的角度考虑节能。

此外，还可以从外部经济因素方面即对外贸易来考虑降低能耗。随着经济的全球化，各国间的经济联系日益紧密，具体表现在相互之间的贸易发展十分迅速，对外贸易在我国的经济中已经占有相当大的份额，而且还在继续扩大（见表 1-1）。2006 年我国货物出口占 GDP 的 37.1%，货物进口占 GDP 的 30.3%。一个明显的事实是，生产大量出口商品需要消耗大量能源，与此同时，从国外进口大量商品又可以节省大量能源，这"一出一进"究竟对我国的能源消耗影响有多大，是值得认真仔细计算的一笔大账。更进一步可考虑的是，可否从这"大出大进"中"赚取"能源？即减少出口产品消耗的能源，增加进口产品内含的能源，从而降低国内能源消耗。如果可以的话，应该怎样去做？本章将对此进行深入探讨，通过定量计算来回答这些问题。

[①] 参见国家统计局 2007 年 2 月 28 日公布的"中华人民共和国 2006 年国民经济和社会发展统计公报"。

表 1-1　2001~2006 年我国货物进出口及占 GDP 比例

年　份	2001	2002	2003	2004	2005	2006
GDP（亿元）	109655.2	120332.7	135822.8	159878.3	183867.9	209406.8
货物出口总额（亿元）	22024.4	26947.9	36287.9	49103.3	62648.1	77594.6
货物进口总额（亿元）	20159.2	24430.3	34195.6	46435.8	54273.7	63376.9
进出口差额（亿元）	1865.2	2517.6	2092.3	2667.5	8374.4	14217.7
出口占 GDP（%）	20.1	22.4	26.7	30.7	34.1	37.1
进口占 GDP（%）	18.4	20.3	25.2	29.0	29.5	30.3

资料来源：《中国统计摘要》（2007），中国统计出版社，2007 年。

到目前为止，还没有检索到有关中国的对外贸易与能源消耗关系的文章。而有关对外贸易与能源消耗、环境影响之间关系的研究，在一篇综述性论文中有较为全面的介绍和论述（陈向东，王娜，2006），国外的研究有：Lenzen（1998，2002）分析了澳大利亚最终消费中的一次能源和温室气体含量以及贸易中隐含的能源和温室气体排放，研究揭示了商品生产过程中的间接能源消耗不可忽视；Machado，G.，Schaeffer，R.，Worrell，E.（2001）研究了巴西的国际贸易对其能源消耗和 CO_2 排放量的影响程度，研究结果表明，1995 年巴西出口的非能源产品中的能源和碳含量要明显大于进口中的含量，巴西每单位产值出口商品平均要比进口商品多消耗 40% 的能源和 56% 的碳，研究结果对巴西调整相关政策有突出的作用。Mukhopadhyay（2004）通过分析印度贸易自由化进程中的商品贸易结构，计算进出口商品中的能源和碳含量，构建贸易污染指数，结果表明，在 1993~1994 年，印度出口的所有商品中的能源和碳含量小于相应的进口商品，是一个能源和碳的净进口国。这些研究都采用了投入产出分析方法。"我国对环境与贸易关系的研究起步相对较晚，从 1993 年才开始且多为定性的研究，而对中国对外贸易和能源消耗关系问题的研究几乎是空白"（陈向东，王娜，2006）。

本章将通过分析外贸商品在本国经济运行中所起的作用，定量分析外贸商品的耗能情况，进而分析外贸商品结构对能源消费的影响，揭示对外贸易帮助节能降耗的途径。

第二节　外贸产品的能耗计算原则

对外贸易包括出口、进口。在出口方面，出口产品在国内生产，需要消耗能源。由于各部门出口产品在生产过程中的能源消耗量各不一样，在保持出口总价值量不变的前提下，如果降低出口产品中高耗能产品的比例，增加低耗能产品的比例，自然就可降低国内生产过程中的能源消耗。所以，出口产品对能源消耗的影响将体现在出口产品的结构上。

在进口方面，由于进口产品是在国外生产，不消耗国内能源。然而，进口可以替代国内生产，多进口高耗能产品就可以节省国内的能源消耗。在保持进口产品总价值量不变的前提下，增加高耗能产品在进口产品中的比例，减少低耗能产品在进口产品中的比例，也可以帮助节省国内的能源消耗。所以，进口产品对国内能源消耗的影响体现在进口产品的结构上。

通过改变出口产品、进口产品的结构实现节能，无疑提高了对外贸易的质量，这将对提高整体经济增长的质量和节能降耗起到促进作用，也是落实科学发展观的一个重要方面。

各种产品在生产过程中的耗能情况可以通过相关的核算数据或技术参数得到。例如，炼一吨钢消耗的焦炭、电力、油料等折合约 761 千克标准煤，生产一吨电解铝消耗电能 14795 度（千瓦/时），火力发电厂发一度电消耗 376 克标准煤，等等。这种能耗是生产过程中的直接能耗，不能直接用于计算出口产品的能耗。如用这种能耗指标去计算会低估出口产品的能耗，原因很简单，它没有包括间接能耗。以钢为例，在炼钢过程中除了直接消耗能源外，还要消耗各种其他原料、辅助材料，为了生产出这些原料、辅助材料供炼钢用，也需要消耗能源，这是为了获得钢这种产品而间接消耗的能源，当然也应该计算进去。这就是说，出口产品作为最终产品，其对能源的消耗应该是直接消耗与间接消耗之和，即完全消耗。这里就自然而然地引出计算出口产品能耗应该采用的方法：投入—产出模型。

进口产品同样也包含耗能量，不过是在国外生产，消耗的是外国能源。然而，进口产品含有的国外耗能量并不能作为本国的省能量，必须从进口产品在本国经济运行过程中所起作用的角度来考虑。进口产品是国内产品的替代品，如果没有进口，国内就需要多生产这些产品，当然就要多消耗能源。通过进口就可以少消耗这部分能源，所以，应该把这些进口产品假如在本国生产而需要消耗的能源量作为本国的省能量。显然，进口产品的省能量只与本国的生产技术和生产联系有关，与进口来源国的情况无关。进口某一部门的产品可以减少该部门的产出，但不能以该部门产品对能源的直接消耗作为进口产品的省能量。原因与考虑出口产品时相同，即该部门生产的产品不仅直接消耗能源，还要消耗其他部门的产品而间接消耗能源。所以，进口产品的省能量也应该按照国内最终产品的完全耗能量来计算。

国民经济各部门都有出口产品和进口产品，耗能情况各不一样。只要计算出各部门单位最终产品的耗能量（也即各部门单位出口的耗能量或单位进口的省能量），分别乘上各种产品的出口量和进口量，就可以得到各部门出口产品的耗能量或进口产品的省能量，把各部门加总就得到全部出口产品的耗能量和全部进口产品的省能量。

国家统计局已经公布了《2002 年中国投入产出表》，其中包括有 42×42 产品部门和 122×122 产品部门两个投入产出表，同时附有两类产品部门划分的对照表。由于 122 个产品部门数过多，给讨论带来不便，本章不采用 122 部门的投入产出表。本章考虑，在 42 个部门的基础上对若干产品部门进行合并，以进一步减少部门数。由于第三产业各部门消费的能源量较少，这里就把第三产业的 15 个部门合并成 3 个部门，其中交通、商业 2 个部门与统计年鉴上的两个主要第三产业部门相对应，余下的第三产业部门合并成"其他服务业"。

第二产业中的工业部门是能源消费大户，在 42 个部门的投入产出表中占据了 24 个。这里基本上予以全部保留，只对其作微调，即把其中的 4 个部门分别合并成 2 个部门；又把另外 2 个工业部门分别一拆为二，这样总部门数仍保持不变。作这样的合并和拆分是为了更好地分析其部门产品对能源消费的影响。合并和拆分的具体情况如下：

在 42 部门中合并的部门有：

（04）金属矿采选业＋（05）非金属矿采选业＝采矿选矿业

（21）其他制造业＋（22）废品废料＝其他制造业

（27）交通运输及仓储业＋（28）邮政业＝交通运输仓储邮政业

（30）批发和零售贸易业＋（31）住宿和餐饮业＝批发零售住宿餐饮业

（29）信息传输、计算机服务和软件业＋｛（32）金融保险业~（42）公共管理和社会组织（共 11 个部门）｝＝其他服务业

利用 122 部门投入产出表中的相关数据，对 42 部门中的 2 个工业部门进行了拆分：

（10）造纸印刷及文教用品制造业。拆分成：造纸及纸制品业，印刷及文教用品制造业。

（14）金属冶炼及压延加工业。拆分成：黑色金属冶炼及压延加工业，有色金属冶炼及压延加工业。

经合并减少 15 个部门，经拆分增加 2 个部门，总共减少 13 个部门。部门总数由 42 个减为 29 个。其中农业 1 个，工业 24 个，建筑业 1 个，第三产业 3 个。

为了便于计算和讨论，对 29 个部门重新进行编号：把农业放到工业部门之后，成为 25 号；把 5 个能源生产、加工转换部门放在前 5 位；建筑业和第三产业编号不动。42 部门合并、拆分成 29 部门的对照情况见附表 1-1。

第三节 最终产品能耗分析

下面将利用投入产出模型进行分析，表 1-2 是投入产出简表。

表 1-2 投入产出简表

	部门	中间产品	最终产品				进口	总产出
		1，2，…，n	消费	资本形成	出口	合计		
中间投入	1，2，…，n	x_{ij}	c_i	in_i	ex_i	y_i	$-M_i$	X_i
增加值		v_j						
总投入		X_j						

最终产品包括消费品、资本形成品、出口产品，其中前两项用于国内，第三项出口产品卖给国外。出口产品是最终产品中的一种，各部门单位最终产品的能耗，也就是单位出口产品的能耗，这可由列昂节夫逆矩阵直接得到。

根据投入产出公式：$X = (I - A)^{-1} Y$，式中，X 是各部门总产出向量，$(I - A)^{-1} = (b_{ij})$ 是列昂节夫逆矩阵，Y 是最终产品产量。考虑第 k 部门提供 1 单位最终产品时需要其他部门的总产出：

$$\begin{bmatrix} X_1 \\ \vdots \\ X_i \\ \vdots \\ X_n \end{bmatrix} = \begin{bmatrix} b_{11} & \cdots & b_{1k} & \cdots & b_{1n} \\ \vdots & \cdots & \vdots & \cdots & \vdots \\ b_{i1} & \cdots & b_{ik} & \cdots & b_{in} \\ \vdots & \cdots & \vdots & \cdots & \vdots \\ b_{n1} & \cdots & b_{nk} & \cdots & b_{nn} \end{bmatrix} \begin{bmatrix} 0 \\ \vdots \\ 1 \\ \vdots \\ 0 \end{bmatrix} = \begin{bmatrix} b_{1k} \\ \vdots \\ b_{ik} \\ \vdots \\ b_{nk} \end{bmatrix} \qquad (1\text{-}1)$$

由（1-1）式可知，第 k 部门提供 1 单位最终产品，需要所有部门都提供总产出（体现了完全消耗），其中第 j（j = 1，…，n）部门提供的总产出就是列昂节夫逆矩阵的第 k 列 $(b_{1k} \cdots b_{ik} \cdots b_{nk})^T$ 中的第 j 个元素 b_{jk}：

$$X_j^{(k1)} = b_{jk}, \quad (j、k = 1，…，n) \qquad (1\text{-}2)$$

式中的上标（k1）表示"由 k 部门 1 单位最终产品所引致"。

根据投入产出模型中直接消耗系数的定义 $a_{ij} = x_{ij}/X_j$，x_{ij} 是 j 部门消耗 i 部门的产品数量，X_j 是 j 部门的总投入（也即总产出）。直接消耗系数 a_{ij} 就是 j 部门单位总产出消耗 i 部门的产品量。直接消耗系数矩阵 A 的前 5 行（a_{ij}，i = 1，2，…，5；j = 1，2，…，29）就是各部门单位总产出消耗 5 个能源部门的产品量。注意到这是价值型直接消耗系数，即以价值表示的能源消耗量。

为要得到实物标煤消耗量，需要作一下转换。做法如下：根据表 1-3"按行业分能源消费量（2002 年）"中的数据，编一张 5×29（与投入产出表相对应的 5 行 29 列）的能源部门实物标煤产出分配表。假定第 i（i = 1，2，…，5）能源部门分配到第 j（j = 1，2，…，29）部门的实物标煤量是 e_{ij}，即第 j 部门消耗第 i 能源部门的实物标煤量。它与价值型投入产出表中 5 个能源部门的价值流量 x_{ij} 一一对应。

令 $r_{ij} = e_{ij}/x_{ij}$，（i = 1，2，…，5；j = 1，2，…，29） $\qquad (1\text{-}3)$

r_{ij} 就是 j 部门消耗第 i 能源部门单位价值所对应的标煤量。于是可得 j 部门单位总产出消耗第 i 能源部门的实物标煤量 E_{ij}：

$$E_{ij} = r_{ij} \cdot a_{ij}, \quad (i = 1，2，…，5；j = 1，2，…，29) \qquad (1\text{-}4)$$

把 5 个能源部门的消耗量相加，就是 j 部门单位总产出消耗的能源实物标煤量 E_j：

$$E_j = \sum_{i=1}^{5} E_{ij} = \sum_{i=1}^{5} (r_{ij} \cdot a_{ij}), \quad (j = 1，2，…，29) \qquad (1\text{-}5)$$

把（1-5）式和（1-2）式结合起来，可得到 k 部门 1 单位最终产品需要 j 部门产出 $X_j^{(k1)}$ 所消耗的能源实物量 $E_j^{(k1)}$：

$$E_j^{(k1)} = E_j X_j^{(k1)} = \sum_{i=1}^{5} (r_{ij} \cdot a_{ij}) \cdot b_{jk}, \quad (j = 1，2，…，29) \qquad (1\text{-}6)$$

把 k 部门 1 单位最终产品需要所有部门的总产出所消耗的能源实物量加起来，得 k 部门 1 单位最终产品的实物标煤完全消耗量 $E^{(k1)}$：

$$E^{(k1)} = \sum_{j=1}^{29} E_j^{(k1)} = \sum_{j=1}^{29} \left(\sum_{i=1}^{5} (r_{ij} \cdot a_{ij}) \cdot b_{jk} \right), \quad (k = 1，2，…，29) \qquad (1\text{-}7)$$

有了各部门单位最终产品的实物标煤完全消耗量，再分别乘以各部门出口、进口，就得到各部门出口标煤消耗量、进口标煤节省量。计算结果如表 1-4 所示。由合计数可

表1-3 按行业分能源消费量（2002年）

行业	能源消费总量（万吨标准煤）	煤炭消费量（万吨）	焦炭消费量（万吨）	原油消费量（万吨）	汽油消费量（万吨）	煤油消费量（万吨）	柴油消费量（万吨）	燃料油消费量（万吨）	天然气消费量（亿立方米）	电力消费量（亿千瓦小时）
消费总量	148221.13	136605.53	12343.69	22541.05	3749.70	919.19	7667.89	3873.87	291.84	16331.45
农、林、牧、渔业	6514.29	1622.89	140.98		187.93	1.40	1484.31	0.41		776.23
工业	102181.18	124195.37	11977.83	22357.50	632.14	87.35	1732.08	2950.86	227.53	11793.16
采掘业	10406.15	8921.14	165.77	3378.87	104.10	8.15	317.02	197.44	79.98	1127.86
煤炭采选业	4242.42	7273.82	47.73	1.18	30.10	5.99	54.80			498.82
石油和天然气开采业	4517.70	898.34	5.00	3377.69	39.10	0.40	187.36	196.30	79.97	349.51
黑色金属矿采选业	399.76	60.71	52.15		6.18	0.03	15.52			75.55
有色金属矿采选业	427.46	82.57	28.12		4.87	1.31	13.72	0.11		88.00
非金属矿采选业	654.54	505.23	32.62		8.57	0.42	34.11	1.03	0.01	95.55
其他矿采选业	38.23	2.00	0.03		0.28		1.01			9.40
木材及竹材采运业	126.04	98.47	0.12		15.00		10.50			11.03
制造业	79532.95	48996.36	11780.00	18909.36	499.79	78.66	1150.46	1851.46	138.67	8011.57
食品加工业	1604.63	1337.05	14.23	0.30	30.66	0.29	33.07	8.38	0.15	195.19
食品制造业	947.38	572.51	14.00	0.43	13.18	0.07	19.84	9.11	0.10	113.69
饮料制造业	662.64	571.03	3.30	0.59	8.46	0.08	11.84	8.08	0.02	67.81
烟草加工业	259.27	124.74	1.26		30.54	0.10	4.55	1.47	0.12	31.23
纺织业	2984.43	1266.89	4.54	0.05	35.44	4.34	43.94	65.16	0.81	454.11
服装及其他纤维制品制造	355.20	107.88	2.17	0.12	8.06	0.51	15.35	14.67		58.97
皮革毛皮羽绒及其制品业	209.77	62.85	1.53		4.81	0.15	14.05	3.35		35.70
木材加工及竹藤棕草制品业	324.27	204.31	1.55		3.00	0.10	6.09	3.04		37.59
家具制造业	87.95	38.82	1.14		3.87	0.05	3.29	0.74		11.21
造纸及纸制品业	2180.54	1747.30	1.73	0.50	15.65	2.93	29.73	21.85	0.27	284.97
印刷业记录媒介的复制	197.46	46.72	0.26		6.51	5.96	7.89	1.65	0.10	33.80
文教体育用品制造业	154.52	10.32	1.70	0.09	2.86	1.20	15.68	1.14		32.05
石油加工及炼焦业	8478.69	9843.29	67.69	16317.92	15.98	17.00	76.51	479.59	15.30	330.62
化学原料及制品制造业	14507.73	7530.93	1169.03	1876.95	55.03	10.25	125.34	370.39	102.02	1355.56

续表

行 业	能源消费总量（万吨标准煤）	煤炭消费量（万吨）	焦炭消费量（万吨）	原油消费量（万吨）	汽油消费量（万吨）	煤油消费量（万吨）	柴油消费量（万吨）	燃料油消费量（万吨）	天然气消费量（亿立方米）	电力消费量（亿千瓦小时）
医药制造业	845.44	483.20	0.72		10.65	0.10	6.81	4.63	0.98	97.93
化学纤维制造业	1942.76	720.23	25.56	646.40	3.64	0.37	10.55	87.72		206.46
橡胶制品业	643.59	251.72	2.37	0.06	8.29	0.05	7.34	12.40		108.87
塑料制品业	702.84	104.16	5.13	0.50	11.68	0.49	40.55	9.17	0.10	143.53
非金属矿物制品业	10624.64	8868.88	371.71	49.61	55.70	1.72	301.64	339.18	3.50	879.64
黑色金属冶炼及压延加工业	19327.49	11845.42	9319.68	13.47	31.22	6.46	81.10	263.11	2.30	1323.10
有色金属冶炼及压延加工业	4372.95	1307.05	233.22	1.00	11.02	0.63	42.81	69.30	0.66	823.81
金属制品业	1481.75	217.27	152.57	0.04	19.78	2.17	43.63	12.76	0.82	282.10
普通机械制造业	1325.07	330.34	227.49	0.09	22.14	3.53	31.83	8.41	0.22	201.52
专用设备制造业	782.46	266.83	69.34	0.25	27.48	1.18	11.18	9.79	2.22	102.86
交通运输设备制造业	1555.65	679.60	43.37	0.05	19.79	6.64	42.20	11.93	1.79	258.58
电气机械及器材制造业	725.47	159.39	10.46	0.50	18.19	0.32	27.44	12.19	1.02	129.98
电子及通信设备制造业	798.87	57.73	0.49		9.70	0.25	60.94	15.49	4.83	150.15
仪器仪表文化办公用机械	169.42	24.77	5.68		3.03	0.33	11.46	0.14	0.03	32.04
其他制造业	1280.07	215.13	28.08	0.44	13.43	11.39	23.81	6.62	1.31	228.50
电力煤气及水生产供应业	12242.08	66277.87	32.06	69.27	28.25	0.54	264.60	901.96	8.88	2653.73
电力蒸汽热水生产和供应业	11150.53	65173.60		69.27	24.34	0.50	251.24	883.38	6.93	2476.90
煤气的生产和供应业	547.72	1068.69	32.06		1.47	0.00	11.00	18.56	1.93	36.95
自来水的生产和供应业	543.83	35.58			2.44	0.04	2.36	0.02	0.02	139.88
建筑业	1610.13	553.54	23.38	4.20	122.32	0.00	251.99	19.10	0.68	164.14
交通运输、仓储及邮电通信业	11086.49	1054.95	11.44	177.94	1503.00	616.74	2964.80	872.10	6.37	338.00
批发和零售贸易餐饮业	3464.02	809.08	42.60	0.12	224.22	13.00	280.79	12.30	6.10	500.00
其他行业	6333.27	767.06	12.34	1.29	916.29	140.00	870.00	19.10	0.00	758.50
生活消费	17031.75	7602.64	135.12		163.80	60.70	83.92		51.16	2001.42

资料来源：《中国统计年鉴》(2004)，中国统计出版社，2004年。

表1-4　2002年各部门出口耗能和进口省能

部门编号	部　门	单位最终产品耗能（吨标煤/万元）	出口（亿元）	出口耗能（万吨标煤）	部门出口耗能占总耗能比重（%）	进口（亿元）	进口省能（万吨标煤）	部门进口省能占总省能比重（%）
1	煤炭开采和洗选业	2.336	157.6	368.1	0.8	28.8	67.3	0.1
2	石油和天然气开采业	1.328	121.0	160.7	0.4	1095.7	1455.4	3.1
3	石油加工、炼焦及核燃料加工业	2.552	263.0	671.3	1.5	410.8	1048.5	2.3
4	电力、热力的生产和供应业	2.432	5.1	12.3	0.0	237.0	576.4	1.2
5	煤气生产和供应业	2.154	48.7	104.8	0.2	10.6	22.9	0.0
6	采矿业	1.754	169.8	297.9	0.7	544.5	955.1	2.1
7	食品制造及烟草加工业	0.946	893.5	845.3	1.9	527.1	498.7	1.1
8	纺织业	1.555	2719.9	4228.2	9.4	1202.4	1869.2	4.0
9	服装皮革羽绒及其制品	1.134	2775.2	3147.8	7.0	428.0	485.4	1.0
10	木材加工及家具制造业	1.236	666.4	823.8	1.8	191.0	236.2	0.5
11	造纸及纸制品业	2.113	130.1	275.0	0.6	455.0	961.6	2.1
12	印刷及文教用品制造业	1.339	857.0	1147.6	2.6	92.1	123.3	0.3
13	化学工业	2.485	2176.4	5408.1	12.0	3513.2	8729.8	18.9
14	建材工业	3.021	417.7	1262.1	2.8	197.9	598.0	1.3
15	黑色金属冶炼及压延加工业	3.915	165.1	646.5	1.4	1021.9	4000.8	8.6
16	有色金属冶炼及压延加工业	2.729	296.1	808.1	1.8	567.3	1548.5	3.3
17	金属制品业	2.262	1065.8	2410.8	5.4	540.7	1223.0	2.6
18	通用、专用设备制造业	1.749	1307.3	2287.0	5.1	3135.0	5484.6	11.8
19	交通运输设备制造业	1.604	653.5	1048.2	2.3	1003.5	1609.6	3.5
20	电气机械及器材制造业	1.699	2032.9	3454.0	7.7	1664.8	2828.6	6.1
21	通信设备、计算机及其他电子设备制造业	1.252	4967.7	6220.4	13.8	5567.1	6971.0	15.1
22	仪器仪表及文化、办公用机械制造业	1.424	1483.5	2112.7	4.7	1611.3	2294.7	5.0
23	其他制造业	1.693	421.5	713.8	1.6	99.3	168.2	0.4

部门编号	部 门	单位最终产品耗能（吨标煤/万元）	出口（亿元）	出口耗能（万吨标煤）	部门出口耗能占总耗能比重（%）	进口（亿元）	进口省能（万吨标煤）	部门进口省能占总省能比重（%）
24	水的生产和供应业	1.907	1.1	2.0	0.0	136.7	260.7	0.6
25	农、林、牧、渔、水利业	0.792	474.2	375.7	0.8	681.2	539.7	1.2
26	建筑业	1.654	104.6	173.0	0.4	79.8	132.0	0.3
27	交通运输、仓储和邮政业	1.475	1451.9	2141.7	4.8	292.0	430.7	0.9
28	批发、零售和住宿、餐饮业	0.753	2887.9	2175.6	4.8	3.8	2.9	0.0
29	其他服务业	0.732	2228.3	1631.8	3.6	1605.4	1175.7	2.5
	合计		30942.8	44954.3	100.0	26944.0	46297.8	100.0

得，2002 年的出口耗能为 44954.1 万吨标煤，进口省能为 46298.1 万吨标煤。

表 1-4 中的第 3 列给出了各部门单位最终产品耗能（吨标准煤/万元），这是一列特别令我们感兴趣的数字，它反映了在当前的生产技术和部门生产联系下，各部门提供一单位出口产品的完全耗能量或进口一单位产品的完全省能量。各部门之间的差别很大，总体说来，重工业部门产品的耗能量远高于轻工业部门。如"黑色金属冶炼及压延加工业"高达 3.915 吨标准煤/万元，"建材工业"为 3.021 吨标准煤/万元，"有色金属冶炼及压延加工业"为 2.729 吨标准煤/万元。相比之下，轻工业部门产品要低得多，如"食品制造及烟草加工业"只有 0.946 吨标准煤/万元，"服装皮革羽绒及其制品"只有 1.134 吨标准煤/万元，"木材加工及家具制造业"只有 1.236 吨标准煤/万元。这表明，在目前的生产水平下，如果在对外贸易中，轻工业产品多出少进，重工业产品多进少出，将有利于节能降耗。反之亦反。

第四节　出口耗能强度和进口省能强度分析

出口产品的耗能总量和进口产品的省能总量是两个十分重要的总量指标，用进口省能总量减出口耗能总量可得对外贸易的净省能。从节能的角度来看，自然是净省能越大越好。例如，2002 年就是 1344 万吨标准煤，这就是当年对外贸易对节能降耗的贡献。要想加大净省能，办法似乎很简单：尽量减少出口量或尽量增加进口量，即尽量减少净出口。不过这样一来，就会降低国内生产总值（因为 GDP = 消费 + 投资 + 出口 - 进口）。这与加快经济增长相矛盾，显然不是好办法。正确的思路是，在保持净出口不变的前提下增加净省能；或者，在保持净省能不变的前提下增加净出口。这两种说法体现了一个原则：降低净出口的耗能强度，即降低单位净出口的能源消耗量。把它分解到出口和进口上就是，降低出口耗能强度，提高进口省能强度。这就引出了两个指标：出口耗能强度和进口省能强度。

设出口（价值）为 EX，其耗能总量为 E^{EX}，定义出口耗能强度 $\eta^{EX} = E^{EX}/EX$，这是单位出口价值的能源消耗量。

设进口（价值）为 IM，其省能总量为 E^{IM}，定义进口省能强度 $\eta^{IM} = E^{IM}/IM$，这是单位进口价值的能源节省量。

2002 年的情况是，出口总价值是 30942.5 亿元，出口产品消费能源 51981 万吨标准煤，则出口耗能强度为 1.453 吨标准煤/万元。进口总价值是 26944 亿元，由进口产品而节省能源 46298.1 万吨标准煤，则进口省能强度是 1.718 吨标准煤/万元。由此可以看出，出口耗能强度小，进口省能强度大，所以，2002 年的对外贸易有利于国内的节能降耗。

再对出口耗能强度和进口省能强度作进一步考察。出口耗能强度是从总体上考量的指标，它与组成总出口的各部门出口密切相关，现在来考察其关系。令总出口量为 EX，出口产品耗能量为 E^{EX}，第 k 部门的出口量为 EX_k，k 部门产品的出口耗能强度为 η_k（等于 k 部门单位最终产品耗能量，也是 k 部门的进口省能强度，故不加上标），则 k 部门产品的出口耗能量就是 $E_k^{EX} = \eta_k \cdot EX_k$，全部出口产品的耗能量 E^{EX} 为：

$$E^{EX} = \sum_{k=1}^{29} E_k^{EX} = \sum_{k=1}^{29} \eta_k \cdot EX_k \tag{1-8}$$

根据出口耗能强度 η^{EX} 的定义，有：

$$\eta^{EX} = E^{EX}/EX = \sum_{k=1}^{29} \eta_k \cdot EX_k/EX = \sum_{k=1}^{29} w_k^{EX} \cdot \eta_k \tag{1-9}$$

（1-9）式中 $w_k^{EX} = EX_k/EX$，是第 k 部门出口量 EX_k 占总出口量 EX 的比重。

由（1-9）式可知，出口耗能强度 η^{EX} 是部门出口耗能强度 η_k 的加权平均，权重 w_k^{EX} 就是部门出口量 EX_k 占总出口量 EX 的比重。

以上讨论同样适用于进口，只需把出口 EX 换成进口 IM 即可，故有进口省能强度：

$$\eta^{IM} = E^{IM}/IM = \sum_{k=1}^{29} \eta_k \cdot IM_k/IM = \sum_{k=1}^{29} w_k^{IM} \cdot \eta_k \tag{1-10}$$

由（1-10）式可知，进口省能强度 η^{IM} 是部门进口省能强度 η_k 的加权平均，权重 w_k^{IM} 就是部门进口量 IM_k 占总进口量 IM 的比重。

比较（1-9）式和（1-10）式，由于同一部门的出口耗能强度与进口省能强度相同，则总体上的出口耗能强度 η^{EX} 与进口省能强度 η^{IM} 的差别就取决于出口的部门权重 w_k^{EX} 与进口的部门权重 w_k^{IM} 之间的差别。在出口总量不变的前提下，要降低出口耗能强度，就需降低出耗能强度大的部门产品的比重，加大出口耗能强度小的部门产品的比重。对于进口来说正好相反，要降低进口省能强度，就需加大进口省能强度大的部门产品的比重，降低进口省能强度小的部门产品的比重。这就是从节能降耗出发，提高外贸对节能降耗的贡献，也即提高对外贸易质量的途径。

第五节 2003~2006 年对外贸易的能源消耗

有了 2002 年投入产出表就可以直接计算得到当年对外贸易的耗能、省能情况，然而，这只是一年的静态情景。更令我们感兴趣的是连续多年的情景，以此来判断对外贸易对节能降耗贡献的发展趋势。如果每年都有全国的投入产出表，事情就好办了，可惜没有，投入产出表 5 年才编一次。好在我们现在只是分析对外贸易的节能降耗，《海关统计》完整地提供了各年详细的进出口统计，在一定的假设下，仍然可以得到近似结果。

《海关统计》提供了 2003 年以后各年我国货物贸易的出口量和进口量（不包括第三产业），但是其产品分类却与投入产出表中的分类相去甚远，不能直接引用，必须先作加工转换。这里先利用 2002 年的投入产出表数据和当年的海关统计数，建立两者的对应关系。

以出口为例。把投入产出表中前 26 个部门的出口数据放入列向量 F（26 行 1 列，对应第一、第二产业），把海关统计中 22 类 98 章的出口数据放入列向量 M（98 行 1 列），编一个转换矩阵 T（26 行 98 列），使满足如下关系式：

$$T_{(26 \times 98)} \, M_{(98 \times 1)} = F_{(26 \times 1)} \tag{1-11}$$

转换矩阵 T 是一个只有 98 个元素为 1，其他元素为 0 的稀疏矩阵。转换对应关系见附表 1-2。有了转换矩阵 T，就可以把 2003~2006 年的 22 类 98 章的海关出口、进口数据转换成投入产出表所需要的出口、进口数据。

假定 2003~2006 年各部门之间的投入产出关系保持不变，则各年的部门出口耗能强度和部门进口省能强度与 2002 年相同。计算出各年的部门货物出口、进口分别占总出口、总进口的比重，再根据（1-9）式、（1-10）式，就可计算得到各年的货物出口耗能强度和货物进口省能强度，计算结果列于附表 1-3。当然，这是以 2002 年价计算得到的结果，且只包括货物贸易。

仅仅得到 2003~2006 年的货物出口耗能强度和货物进口省能强度还不够，我们更需要得到这些年份的货物出口耗能实物标煤量和货物进口省能实物标煤量。为此需要把各年的当年价出口、进口总值换算成 2002 年的价格，再分别乘以各年的出口耗能强度、进口省能强度，得到各年的出口耗能实物标煤量、进口省能实物标煤量。[①] 各年出口、进口平减指数如表 1-5 所示。各年部门货物出口量和出口耗能计算结果见附表 1-4，部门货物进口量和进口省能量计算结果见附表 1-5。表 1-6 列出了各年货物贸易出口耗能和进口省能的汇总结果。

---

① 这里直接用总平减指数对出口总量和进口总量平减以得到不变价总量，是一种简化做法，好处是计算过程简单，缺点是会有一定的误差。更好的做法是分别用各部门的出口、进口价格指数（得到它们有难度）去换算得到各部门 2002 年价出口、进口总值，再分别乘各部门的出口耗能强度和进口省能强度，即得到各部门出口耗能量和进口省能量，加总后得到全部出口耗能和进口省能。

表1-5 中国出口、进口平减指数

年 份	2000	2001	2002	2003	2004	2005
出口平减指数（2000年=1）	1.0000	0.9770	0.9213	0.9646	1.0157	1.0484
进口平减指数（2000年=1）	1.0000	0.9770	0.9262	1.0160	1.1207	1.1414
出口平减指数（2002年=1）	1.0854	1.0604	1.0000	1.0470	1.1025	1.1379
进口平减指数（2002年=1）	1.0797	1.0549	1.0000	1.0970	1.2100	1.2323

资料来源：根据世界银行世界发展指数（WDI）数据库中的数据推算。暂无2006年数据。

表1-6 2002~2006年货物贸易的出口耗能强度和进口省能强度

年份	出口耗能强度（吨标煤/万元）	进口省能强度（吨标煤/万元）	进口省能强度与出口能耗强度之比	出 口（2002年价，亿元）	进 口（2002年价，亿元）	出口耗能（万吨标煤）	进口省能（万吨标煤）	外贸净省能（万吨标煤）
2002	1.600	1.785	1.115	24374.5	25042.7	39005.1	44688.9	5683.8
2003	1.594	1.802	1.130	34678.4	31171.4	55293.5	61613.3	6319.7
2004	1.634	1.775	1.086	44536.7	38397.4	72775.4	82481.5	9706.2
2005	1.639	1.771	1.081	55064.6	44050.7	90231.6	96160.2	5928.5
2006	1.657	1.737	1.048					

注：2002年的出口、进口数据来自《2002年中国投入产出表》。2003年及以后年份的出口、进口数据来自《海关统计》，美元价值量用当年汇率换算成人民币价值量，再用平减指数换算成2002年价。

根据表1-6的计算结果，我们可从两个方面来判断外贸产品对能源消费的影响。

其一，横向比较，即出口耗能强度和进口省能强度间的比较。表1-6中的数字表明，从2002~2006年，每一年的出口耗能强度都小于进口省能强度，这就意味着，单位出口产品内含的能源消耗低于单位进口产品带来的能源节省。即这些年来，从总体上说，对外贸易有助于节约能源消费，有助于降低单位产值能耗。

其二，纵向比较，即随着时间的推移出口耗能强度、进口省能强度的变化。在出口方面，从2002~2006年，出口耗能强度从1.600吨标煤/万元逐年上升至1.657吨标煤/万元，（除2003年外）大体上呈上升趋势（上升了3.6%）。这表明，出口产品的结构在趋坏。进一步分析为什么会出现这种趋势。表1-7列出了几个典型部门2002~2006年进出

表1-7 2002~2006年进出口货物贸易结构

部门编号	最终产品能耗强度（吨标准煤/万元）	部门出口产品比重（%）					部门进口产品比重（%）				
		2002年	2003年	2004年	2005年	2006年	2002年	2003年	2004年	2005年	2006年
9	1.134	11.39	10.38	9.04	8.49	7.80					
12	1.339	3.52	3.12	2.72	2.65	2.40					
13	2.485						14.03	13.69	13.48	13.56	12.95
14	3.021						0.79	0.64	0.58	0.51	0.50
15	3.915	0.68	0.78	1.93	1.98	2.59	4.08	5.38	4.22	3.97	2.53
16	2.729	1.21	1.19	1.39	1.29	1.71					
17	2.262						2.16	1.25	1.28	1.33	1.36
18	1.749						12.52	11.18	10.54	9.43	8.91

口贸易结构（为附表1-3的一部分）。能耗强度较低的第9部门（服装皮革羽绒及其制品业），其出口产品在总出口中占的比重逐年下降，由2002年的11.39%下降到2006年的7.8%；第12部门（印刷及文教用品制造业）出口产品的比重由3.52%下降到2.40%。与此同时，能耗强度较高的第15部门（黑色金属冶炼及压延加工业，即钢铁产品）的出口产品在总出口中占的比重明显上升，由2002年的0.68%上升到2006年的2.59%；第16部门（有色金属冶炼及压延加工业）的出口比重从1.21上升到1.71。这两种变化都造成了出口耗能强度的上升。

在进口方面，进口省能强度从1.785逐步下降到1.737吨标煤/万元，呈下降趋势（下降了2.7%）。说明进口产品的结构也在趋坏。由表1-4可知，第13、第14、第15、第17、第18部门（分别对应化学工业、建材工业、黑色金属冶炼及压延加工业、金属制品业、通用专用设备制造业）都是进口省能强度较大的部门，但它们的进口量在总进口中的比重却呈下降趋势，分别从14.03%下降为12.95%、从0.79%下降为0.50%、从4.08下降为2.53、从2.16%下降为1.36%、从12.52下降为8.91%，这些变化促成了进口省能强度的下降。

从节能的角度来说，对出口和进口的上述不良趋势反其道而行之，就是改善外贸产品结构的调整方向。其中第15部门（黑色金属冶炼及压延加工业，即钢铁）的能耗强度最高，减少出口、增加进口会对整体国民经济的节能降耗起到明显的作用。

把进口省能强度除以出口耗能强度，所得比值可用于直观判断对外贸易对节能降耗的影响。只要该比值大于1，就表明对外贸易有利于节能降耗。然而，随着时间的推移，该比值越来越小，从1.115逐年下降到1.048，说明对外贸易对节能的贡献越来越小，也即对外贸易的质量在下降。

表1-8列出了2002~2005年我国货物出口耗能、货物进口省能和净省能占能源消费总量的比例。仅从对外贸易净省能占当年能源消费总量的比例来看似乎不是很高，分别为3.7%、3.6%、4.8%、2.7%。然而，出口耗能或进口省能占能源消费总量的比例都相当高（与出口、进口占GDP的比例很高相对应），2005年分别高达40.4%和43.1%。更为重要的是，目前我国对外贸易依然保持着强劲的增长趋势，出口耗能和进口省能占能源总消费的比例将继续攀升。可以想象，其中蕴藏着巨大的节能潜力。只要有针对性地改变出口、进口产品的结构，把此节能潜力释放出来，就将有助于整体国民经济的节能降耗。

表1-8　我国货物出口耗能、货物进口省能和净省能占能源总消费比例

年份	能源消费总量（万吨标煤）	出口耗能（万吨标煤）	进口省能（万吨标煤）	出口耗能占能源总消费（%）	进口省能占能源总消费（%）	净省能占总消费（%）
2002	151797	39005.1	44688.9	25.7	29.4	3.7
2003	174990	55293.5	61613.3	31.6	35.2	3.6
2004	203227	72775.4	82481.5	35.8	40.6	4.8
2005	223319	90231.6	96160.2	40.4	43.1	2.7

特别需要指出的是外贸顺差对节能降耗的巨大影响。2002年以来，我国的对外贸易

都是出口大于进口，保持着巨大的顺差。如前面的表1-1所示，2002~2006年的货物贸易顺差依次为2517.6亿元、2092.3亿元、2667.5亿元、8374.4亿元、14217.7亿元。姑且不论巨额外贸顺差正在引起越来越多的贸易摩擦，就是仅从节能降耗的角度来看，也应该认真审视大量贸易顺差中包含的能源消耗。出口远大于进口，必定会增加国内的能源消耗，若能降低外贸顺差，就可降低能耗（不过降低外贸顺差的连带副作用是会降低经济增长率，需要权衡）。

以2005年为例。2005年GDP总量183867.9亿元，货物出口总额62648.1亿元，货物进口总额54273.7亿元，出口和进口分别占GDP的34.1%和29.5%，货物外贸顺差8374.4亿元，占GDP的4.55%（见表1-1）。2005年GDP比上年增长10.4%，假设GDP总量降低0.4%，由减少外贸顺差来实现，则外贸顺差减少735.5亿元。再假定：出口减少400亿元（占出口总额的0.64%），进口增加335.5亿元（占进口总额的0.62%）。

根据表1-8中2005年的数据可得：出口耗能下降0.64%，为576.1万吨标煤；进口省能增加0.62%，为594.4万吨标煤。两项合计可节能1170.5万吨标煤，占当年能源消费总量223319万吨标煤的0.52%。这就是以GDP总量降低0.4%换来的节能效果。需要说明的一点是，这里降低出口、增加进口是从平均的角度考虑的。如果有针对性地降低高耗能产品的出口，增加高省能产品的进口，节能效果会更加明显。

第六节　结论和启示

随着我国对外贸易的快速发展，外贸产品内含的耗能量和省能量也在快速增加，并对我国的总体能耗产生越来越大的影响。

从总体上来看，我国进出口贸易在能源消耗方面对整体经济是正影响，进口产品的省能多于出口产品的耗能，这有利于降低国内的能耗。但从近年的发展趋势来看，这种有利影响正在逐渐减小，或者说外贸产品的结构（无论是出口产品结构还是进口产品结构）在趋坏。我国的对外贸易发展很快，最近几年的增长率都超过了20%。然而，用外贸对能源消耗的影响来衡量对外贸易质量的话，我国对外贸易的质量在下降。

如果有针对性地改变出口、进口中各类产品的比重，就有助于节约国内能源消耗，国家可制定相应的外贸政策。例如，在出口方面制定差别出口退税政策，鼓励低耗能产品的出口，限制（甚至禁止）高耗能产品的出口；在进口方面，降低高耗能产品的进口关税以鼓励进口，不降或少降低耗能产品的进口关税。[①]巨大的出口量意味着巨大的能源消耗，与此同时，巨大的进口又意味着巨大的能源节省，其间巨大的节能潜力有待开发、释放。

---

① 据最新消息（新华网北京6月19日电）：6月19日，财政部和国家税务总局下发《关于调低部分商品出口退税率的通知》，规定自2007年7月1日起调整部分商品的出口退税率，以抑制外贸出口的过快增长，缓解外贸顺差过大带来的突出矛盾，优化出口商品结构，抑制"高耗能、高污染、资源性"产品的出口，促进外贸增长方式的转变和进口贸易的平衡，减少贸易摩擦。

参考文献

1. 中华人民共和国国家统计局:《中华人民共和国 2006 年国民经济和社会发展统计公报》,2007 年 2 月 28 日。

2. 国家统计局国民经济核算司编:《2002 年中国投入产出表》,中国统计出版社,2006 年 8 月。

3. 陈向东、王娜:《国际贸易框架下出口国能耗—环境成本问题分析》,《国际贸易问题》,2006 年第 3 期。

4. 海关总署综合统计局:《海关统计》,中国海关杂志社,2002~2006 各年的 12 期。

5. Lenzen, M., (1998) "Primary Energy and Greenhouse Gases Embodies in Australian Final Consumption: An Input–output Analysis", *Energy Policy* 26 (6): 495–506.

6. Lenzen, M., (2002) "Energy and Greenhouse Gax Emissions Embodied in Trade", Paper Presented at the 14th International Conference on Input–output Techniques held at UQAM, Montreal, Canada, October.

7. Machado, G., Schaeffer, R., Worrell, E., (2001), "Energy and Carbon Embodied in the International Trade of Brazil: An Input–output Approach", *Ecological Economics* 39 (3): 409–424.

8. Mukhopadhyay Kakali (2004) "Impact of liberalized trade on energy use and environment in India". *J Env Ecol Manag*, 1 (1): 75–104.

附表 1–1　42 部门合并、拆分成 29 部门对照表

旧号	42 部门	新号	29 部门
01	农业		
02	煤炭开采和洗选业	01	煤炭开采和洗选业
03	石油和天然气开采业	02	石油和天然气开采业
		03	石油加工、炼焦及核燃料加工业
		04	电力、热力的生产和供应业
		05	燃气生产和供应业
04	金属矿采选业	06	采矿选矿业
05	非金属矿采选业		
06	食品制造及烟草加工业	07	食品制造及烟草加工业
07	纺织业	08	纺织业
08	服装皮革羽绒及其制品业	09	服装皮革羽绒及其制品业
09	木材加工及家具制造业	10	木材加工及家具制造业
10	造纸印刷及文教用品制造业	11	造纸及纸制品业
		12	印刷及文教用品制造业
11	石油加工、炼焦及核燃料加工业		
12	化学工业	13	化学工业
13	非金属矿物制品业	14	非金属矿物制品业
14	金属冶炼及压延加工业	15	黑色金属冶炼及压延加工业
		16	有色金属冶炼及压延加工业
15	金属制品业	17	金属制品业
16	通用、专用设备制造业	18	通用、专用设备制造业
17	交通运输设备制造业	19	交通运输设备制造业

旧号	42 部门	新号	29 部门
18	电气、机械及器材制造业	20	电气、机械及器材制造业
19	通信设备、计算机及其他电子设备制造业	21	通信设备、计算机及其他电子设备制造业
20	仪器仪表及文化办公用机械制造业	22	仪器仪表及文化办公用机械制造业
21	其他制造业	23	其他制造业
22	废品废料		
23	电力、热力的生产和供应业		
24	燃气生产和供应业		
25	水的生产和供应业	24	水的生产和供应业
		25	农业
26	建筑业	26	建筑业
27	交通运输及仓储业	27	交通运输仓储邮政业
28	邮政业		
29	信息传输、计算机服务和软件业		（并入其他服务业）
30	批发和零售贸易业	28	批发零售住宿餐饮业
31	住宿和餐饮业		
32	金融保险业	29	其他服务业
33	房地产业		
34	租赁和商务服务业		
35	旅游业		
36	科学研究事业		
37	综合技术服务业		
38	其他社会服务业		
39	教育事业		
40	卫生、社会保障和社会福利事业		
41	文化、体育和娱乐业		
42	公共管理和社会组织		

附表 1-2 投入产出表部门与海关统计类章对照表

	投入产出表部门	海关统计类章		投入产出表部门	海关统计类章
1	煤炭开采和洗选业	27 章	8	纺织业	50~61 章，
2	石油和天然气开采业	27 章	9	服装皮革羽绒及其制品业	41~43 章，62~63 章，65~67 章
3	石油加工、炼焦及核燃料加工业	27 章	10	木材加工及家具制造业	44~46 章，94 章
4	电力、热力的生产和供应业	27 章	11	造纸及纸制品业	47~48 章
5	煤气生产和供应业	27 章	12	印刷及文教用品制造业	49 章
6	采矿业	25~26 章	13	化学工业	28~40 章
7	食品制造及烟草加工业	01~05 章，16~24 章	14	建材工业	68~70 章

续表

	投入产出表部门	海关统计类章		投入产出表部门	海关统计类章
15	黑色金属冶炼及压延加工工业	72 章	21	通信设备、计算机及其他电子设备制造业	85 章
16	有色金属冶炼及压延加工工业	74~80 章	22	仪器仪表及文化、办公用机械制造业	90~92 章, 95 章
17	金属制品业	73 章, 81~83 章	23	其他制造业	71 章, 93 章, 96~97 章
18	通用、专用设备制造业	84 章	24	水的生产和供应业	74 章
19	交通运输设备制造业	86~89 章	25	农、林、牧、渔、水利业	06~15 章
20	电气机械及器材制造业	84 章	26	建筑业	98 章

附表 1-3　2002~2006 年进出口货物贸易结构

部门编号	最终产品能耗强度（吨标准煤/万元）	部门出口产品比重（%）					部门进口产品比重（%）				
		2002 年	2003 年	2004 年	2005 年	2006 年	2002 年	2003 年	2004 年	2005 年	2006 年
1	2.336	0.65	0.67	0.65	0.61	0.49	0.12	0.12	0.14	0.16	0.18
2	1.328	0.50	0.52	0.50	0.47	0.37	4.38	4.38	5.28	5.99	6.95
3	2.552	1.08	1.12	1.08	1.02	0.81	1.64	1.64	1.98	2.25	2.61
4	2.432	0.02	0.02	0.02	0.02	0.02	0.95	0.92	1.11	1.26	1.46
5	2.154	0.20	0.21	0.20	0.19	0.15	0.04	0.04	0.05	0.06	0.07
6	1.754	0.70	0.37	0.35	0.43	0.37	2.17	2.05	3.40	4.27	4.35
7	0.946	3.67	2.95	2.65	2.35	2.16	2.10	1.31	1.17	1.17	1.10
8	1.555	11.16	9.60	8.76	8.18	8.49	4.80	4.47	3.94	3.41	3.12
9	1.134	11.39	10.38	9.04	8.49	7.80	1.71	1.23	1.09	0.98	0.94
10	1.236	2.73	3.94	3.94	3.93	3.91	0.76	1.29	1.08	0.99	0.94
11	2.113	0.53	0.53	0.48	0.52	0.56	1.82	2.01	1.77	1.60	1.43
12	1.339	3.52	3.12	2.72	2.65	2.40	0.37	0.17	0.15	0.15	0.14
13	2.485	8.93	7.09	6.99	7.24	6.95	14.03	13.69	13.48	13.56	12.95
14	3.021	1.71	1.58	1.57	1.61	1.60	0.79	0.64	0.58	0.51	0.50
15	3.915	0.68	0.78	1.93	1.98	2.59	4.08	5.38	4.22	3.97	2.53
16	2.729	1.21	1.19	1.39	1.29	1.71	2.27	2.48	2.69	2.78	3.12
17	2.262	4.37	3.71	3.96	4.12	4.35	2.16	1.25	1.28	1.33	1.36
18	1.749	5.36	7.50	7.84	7.74	7.59	12.52	11.18	10.54	9.43	8.91
19	1.604	2.68	3.56	3.54	3.73	3.97	4.01	4.25	3.47	3.01	3.75
20	1.699	8.34	11.54	12.07	11.91	11.67	6.65	6.13	5.78	5.17	4.88
21	1.252	20.38	20.30	21.85	22.61	23.47	22.23	25.17	25.30	26.48	27.66
22	1.424	6.09	6.02	5.76	6.24	6.01	6.43	6.45	7.45	7.85	7.68
23	1.693	1.73	1.29	1.28	1.24	1.19	0.40	0.57	0.58	0.63	0.68
24	1.907	0.00	0.05	0.09	0.10	0.15	0.55	0.43	0.47	0.49	0.54
25	0.792	1.95	1.76	1.14	1.12	0.96	2.72	2.45	2.71	2.19	1.88
26	1.654	0.43	0.22	0.19	0.21	0.25	0.32	0.31	0.27	0.30	0.26
	合计	100.0	100.0	100.0	100.0	100.0	100.0	100.0	100.0	100.0	100.0

附表 1-4　2003~2006 年货物出口与出口耗能

部门编号	出口能耗强度（吨标准煤/万元）	部门货物出口（亿元）				部门出口耗能（万吨标煤）			
		2003 年	2004 年	2005 年	2006 年	2003 年	2004 年	2005 年	2006 年
1	2.336	243.6	317.1	383.6	389.4	568.9	740.5	895.8	909.5
2	1.328	187.0	243.4	294.5	299.0	248.4	323.4	391.2	397.2
3	2.552	406.5	529.1	640.1	649.9	1037.4	1350.5	1633.6	1658.7
4	2.432	7.9	10.3	12.4	12.6	19.2	25.0	30.2	30.6
5	2.154	75.3	98.0	118.5	120.3	162.1	211.0	255.3	259.2
6	1.754	134.4	173.2	271.2	299.8	235.7	303.8	475.7	525.8
7	0.946	1071.8	1300.8	1471.7	1731.7	1014.0	1230.7	1392.4	1638.3
8	1.555	3487.0	4303.5	5122.6	6811.6	5420.6	6689.8	7963.1	10588.8
9	1.134	3768.2	4439.5	5319.4	6258.9	4274.1	5035.5	6033.6	7099.2
10	1.236	1429.1	1934.9	2461.4	3134.0	1766.7	2392.1	3042.9	3874.4
11	2.113	192.8	236.9	326.0	451.6	407.5	500.5	689.0	954.3
12	1.339	1131.1	1335.5	1661.2	1924.6	1514.8	1788.4	2224.6	2577.4
13	2.485	2573.2	3433.9	4534.0	5577.6	6394.0	8532.7	11266.5	13859.5
14	3.021	574.4	773.0	1008.0	1286.5	1735.6	2335.5	3045.6	3887.1
15	3.915	283.0	949.0	1240.9	2081.1	1108.1	3715.5	4858.2	8147.5
16	2.729	430.6	680.5	806.3	1368.8	1175.4	1857.2	2200.7	3735.9
17	2.262	1348.0	1946.2	2584.3	3490.7	3049.0	4402.1	5845.5	7895.7
18	1.749	2723.4	3851.5	4849.8	6084.6	4764.5	6738.0	8484.4	10644.7
19	1.604	1291.5	1737.8	2336.1	3180.8	2071.6	2787.5	3747.1	5102.0
20	1.699	4189.9	5925.4	7461.2	9360.9	7118.9	10067.6	12677.0	15904.8
21	1.252	7369.6	10729.7	14169.7	18824.7	9228.0	13435.4	17742.9	23571.8
22	1.424	2185.9	2828.3	3907.6	4822.5	3113.0	4027.8	5564.8	6867.6
23	1.693	467.1	628.2	778.4	957.2	791.0	1063.9	1318.2	1621.0
24	1.907	19.7	44.3	62.8	120.7	37.6	84.5	119.8	230.1
25	0.792	638.4	559.8	704.4	768.8	505.8	443.5	558.1	609.1
26	1.654	78.8	91.7	132.2	197.4	130.3	151.7	218.7	326.6
合计		36308.2	49101.5	62658.3	80205.7	57892.2	80234.1	102674.9	132916.8

附表 1-5 2003~2006 年货物进口与进口省能

部门编号	进口省能强度	部门货物进口（亿元）				部门进口省能（万吨标准煤）			
		2003年	2004年	2005年	2006年	2003年	2004年	2005年	2006年
1	2.336	39.3	64.5	85.5	119.7	91.9	150.7	199.8	279.5
2	1.328	1496.8	2454.1	3254.0	4552.8	1988.3	3259.8	4322.4	6047.5
3	2.552	561.2	920.1	1220.0	1706.9	1432.3	2348.3	3113.8	4356.6
4	2.432	314.3	515.4	683.4	956.1	764.5	1253.4	1661.9	2325.2
5	2.154	14.5	23.7	31.5	44.0	31.2	51.1	67.8	94.9
6	1.754	700.1	1580.1	2317.6	2850.8	1228.1	2771.7	4065.5	5000.7
7	0.946	448.5	541.4	634.6	723.1	424.4	512.3	600.4	684.1
8	1.555	1527.5	1831.0	1851.0	2042.0	2374.6	2846.3	2877.4	3174.3
9	1.134	421.2	507.8	533.5	616.6	477.8	576.0	605.2	699.3
10	1.236	441.2	503.7	540.0	615.8	545.5	622.7	667.5	761.2
11	2.113	686.2	821.9	869.2	939.8	1450.2	1737.0	1836.9	1986.2
12	1.339	59.5	70.2	80.2	94.8	79.7	94.0	107.3	126.9
13	2.485	4682.7	6261.8	7358.3	8483.2	11635.9	15559.8	18284.5	21079.8
14	3.021	217.7	269.2	278.2	328.0	657.9	813.5	840.4	991.0
15	3.915	1840.6	1960.5	2155.2	1658.3	7206.1	7675.4	8437.7	6492.3
16	2.729	846.9	1251.7	1509.0	2045.8	2311.4	3416.4	4118.7	5583.8
17	2.262	426.2	594.8	724.4	889.1	964.0	1345.4	1638.5	2011.1
18	1.749	3824.7	4897.0	5118.1	5836.7	6691.1	8567.2	8953.9	10211.1
19	1.604	1452.5	1611.5	1635.5	2459.8	2329.8	2584.8	2623.3	3945.5
20	1.699	2097.4	2685.5	2806.7	3200.8	3563.6	4562.8	4768.8	5438.4
21	1.252	8607.7	11756.6	14376.9	18124.8	10778.3	14721.3	18002.3	22695.4
22	1.424	2204.9	3461.8	4259.9	5035.1	3139.9	4929.9	6066.4	7170.4
23	1.693	193.9	271.4	341.7	442.7	328.3	459.6	578.7	749.6
24	1.907	148.4	216.9	265.1	355.7	282.9	413.6	505.5	678.3
25	0.792	836.5	1261.3	1190.1	1233.0	662.7	999.3	942.9	976.8
26	1.654	104.6	126.5	164.8	168.0	173.0	209.2	272.7	277.9
合计		34195.1	46460.6	54284.3	65523.2	61613.3	82481.5	96160.2	113837.8

（本章作者：沈利生）

第二章 我国林产品进口变动的经济影响及政策含义：动态可计算一般均衡分析

第一节 引 言

我国森林资源匮乏，人均木材蓄积量仅 8.6 立方米，只相当于世界人均水平的14.2%。因此，我国林产品贸易基本上是补缺型的进口贸易。近年来，我国林产品进口迅速增长，目前已成为最主要的进口商品之一。随着林产品进口量的快速增长，我国林产品市场对进口产品的依存度逐渐提高。同时，近年来，我国林产品的进出口结构亦发生显著变化。进口林产品中，原料类商品进口继续快速增长，在林产品总进口额中的比重进一步增加，其中，原木进口成倍增长，胶合板进口大幅度下滑，锯材和单板的增幅平稳、热带锯材进口量大幅度增加，纸浆和废纸及纸和纸板进口继续以较大幅度增长、纸制品进口呈减少趋势。出口林产品中，我国出口林产品传统上一直以经济林产品和松脂加工产品为主，木材产品出口量较少；但近年来，随着林产品工业的发展和外商投资企业的迅速增加，虽然出口林产品仍以木材制品为主，不过木制家具和纸、纸板等高附加值产品出口额大幅增加，在全部林产品出口总额中的占比继续上升，林产品出口结构日趋优化。

近一段时期，由于限制原木出口的国家日益增多，原木价格连续暴涨，加上中国国内市场需求结构出现明显变化，中国的原木进口量出现了回落现象。国家全面启动"天然林资源保护工程"以来，木材市场原已存在的优质大径材缺口进一步扩大，特别是胶合板用材和锯材原木及各种装修用材的供需矛盾更加突出。为了弥补优质大径材资源的不足，国家从 1999 年 1 月起实施新的木材进口关税政策。目前，原木、锯材、薪材、木片、纸浆和废纸等的进口税已调减到零，胶合板的进口关税率亦进一步下调。与此相比较，各种纸产品、纸浆及单板和锯材的进口量依然保持旺盛的增长势头。造成废纸进口量急剧增长的主要原因，则是中国国产木浆严重不足，国内需求量不断扩大，而且进口废纸要比进口木浆便宜得多。

在我国原木需求稳步增长、进口关税下降空间很小的条件下，限制原木出口国家的日益增加和原木价格的连续暴涨使我国面临的原木进口约束日益增强。如何综合评价这种约束对我国林产品进口的影响以及对国内木材市场，林产品加工业，林业社区以及生态环境的影响成为一个具有现实意义的重要课题。研究不仅有利于中国政府和国际社会加深对中国林产品市场的理解，而且有利于中国政府制定适当的林业中长期发展规划和合理的林产品贸易管理。

要综合评估原木等林产品进口约束的影响，从国际经验来看，一般采用可计算一般均衡（CGE）模型。CGE 模型由于其具有的多部门联系、价格内生、综合效应等方面的优势，是综合评估原木等林产品进口约束的整体效应的一个重要的政策模拟和分析工具。

下面，我们在第二节先给出应用于进行林产品贸易政策的 CGE 模型的基本框架，在第三节讨论该 CGE 的基准数据集和相关参数，在第四节则应用该 CGE 模型进行基准前景和若干政策前景的模拟，给出模拟结果和机制分析，在第五节给出分析结论，最后，在第六节则给出了相关分析的政策含义。

第二节　PRCGEM 模型的基本结构

原始的 PRCGEM 模型，由中国社会科学院数量经济与技术经济研究所与澳大利亚 Monash 大学政策研究中心于 1996 年合作构建。不过，根据多年来的应用实践，我们对其进行了许多改进。下面，只简要介绍改进后的 PRCGEM 模型的基本结构。

一、基本结构

这个模型由两个部分构成：第一部分是静态部分，包括各经济主体和政府在一个时期内的行为方程设定；第二部分是动态组成部分，包括各类经济主体和政府的跨时决策方程设定，以投资和资本积累方程为主体。

像大多数应用型可计算一般均衡模型一样，PRCGEM 模型基本上是为比较静态分析设计的。静态模型本身是非时间性的，主要用于模拟一个或一些政策冲击的即时效应，并不能模拟相应的时间路径调整。不过，现在的环境版本可以启动动态组成部分，这使得它可以通过内含投资随预期收益实现资本积累机制而成为递推动态模型，以预测所有外生变量的时间路径效应。

静态部分由以下几个方面构成：

第一是生产决策模块。分为投入决策和产出决策。图 2-1 揭示了相应的决策。

第二是国内最终需求模块。模型识别了四类国内最终需求，即投资需求、居民消费、政府支出和存货需求，并就其需求行为分别做了假设。

模型假设投资商使用进口投资品和国产投资品生产合成资本品，假设投资商是价格接受者，在规模收益不变的列昂节夫/CES 二层嵌套的生产技术约束下使成本最小化。模型假设居民消费总需求按占 GDP 的固定比例确定；居民消费需求的合成商品构成，则由预算约束和效用最大化原则决定，且农村和非农村两类居民的效用函数分别采用 STONE-GEARY 效用函数，从而允许不同合成商品之间的不完全替代，使得居民最终需求是合成商品的线性支出函数。政府消费需求既可以作为外生变量处理，也可以作为内生变量处理。大多数 CGE 模型都将政府购买作为外生变量处理。但本环境 CGE 模型则

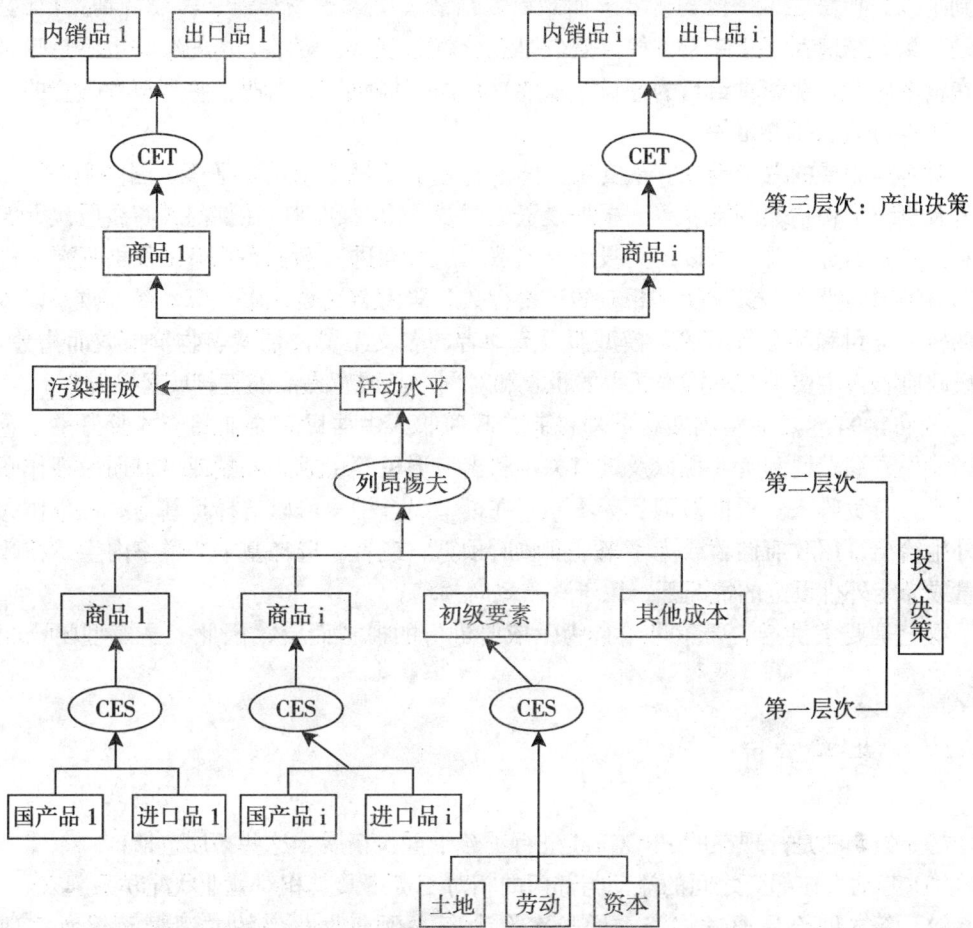

图 2-1　生产结构框图

将政府需求作为内生变量处理，假设政府需求随居民总需求一起变动。

第三是国际贸易模块，分为进口供给和出口需求。本环境 CGE 模型接受 ARMINGTON 假设，承认国产与进口品之间的差异和不完全替代。同时，模型假设：进口品的世界平均价格外在设定，中国处于价格接受者的地位；在该价格下，进口供给具有无限弹性，完全由国内需求和贸易平衡状况所确定。换言之，对于进口供给，本环境 CGE 模型采用小国假设。假设出口需求用固定价格弹性的向下倾斜曲线描述。

第四是价格模块。本环境 CGE 模型的价格体系基于如下两个假设，即：一是市场完全竞争，因此，商品的生产和销售活动都是零纯利润的。二是每种商品的生产者价格是唯一的，不因该商品的生产部门或使用者不同而异，也不因进口者不同而异。这里的生产者价格，是国内品的生产者接受的价格或进口品的进口者接受的到岸价格加关税等费用之后的国内供给价格。这样，模型对生产活动的零纯利润条件和规模收益不变的假设，意味着生产者价格只是投入价格的函数；模型对销售活动的零纯利润条件假设，则意味着购买者价格是该商品的生产者价格、销售税和佣金之和。

第五是市场结清模块。在一般均衡条件下，商品和要素的最优供给、最优需求必须达到平衡。换言之，一般均衡要求商品市场结清、要素市场结清。需要特别指出的是，劳动市场的结清并不意味着本模型必然是充分就业模型，资本市场的结清也不意味着不存在资本闲置。要素供给行为假设，依要进行的模拟而定，因此，它是模型闭合的一部分，而且与动态部分相关。

第六是必要的总量定义。从支出方面讲，包括贸易总量及其平衡、国内吸收、GDP总量及相应价格指数的定义等。根据投资、消费、出口和进口在部门或商品层次上的数量和价格，通过加总，可以得到投资、消费、出口和进口各自的总量和价格指数，进而可以得到国内吸收、GDP 及其相应的价格指数。居民名义收入由工资、资本收益以及政府的转移支付和补贴等组成。模型假设劳动者的名义工资依消费者物价指数而指数化，假设政府收入主要来自对资本所得的税收和对国产品或贸易品的直接或间接税收。

按照 1994 年之后中国实行的新税制，政府收入由居民和企业的资本所得税、企业的增值税、消费税和营业税以及进口关税和出口退税等组成。补贴或出口退税视作政府支出或政府负收入。根据模拟目标不同，在模型闭合中，可以选择将基本的税率作为参数外生给出，用政府储蓄或赤字来平衡政府预算；或者，选择基本的税率内生，在政府储蓄或赤字外生设定的情况下，用于平衡政府预算。

第七是要素供给。要素供给行为，依要进行的模拟而定，因此，是模型闭合的一部分。

二、若干拓展

需要强调的是，现在的 PRCGEM 进行了若干重大拓展。这些拓展包括：

（1）劳动力在部门之间的流动与部门的相对工资率及其相对就业状况联系起来。

（2）资本供给是通过将资本增长率作为资本预期收益率的逆逻辑函数而实现的（Dixon and Rimmer，2002）。这里的预期收益率根据静态预期决定，因此意味着投资者形成其收益率预期时只考虑当期的租金和资产价格。物资资本的积累则通过投资扣除折旧实现，以确保资本供给。

（3）增加了要素生产率的度量，以反映历史闭合中的技术和偏好变动。

第三节　PRCGEM 模型的基准数据和参数

一、PRCGEM 模型的基准数据

PRCGEM 模型所需数据，包括 2002 年投入产出表基础上的社会核算矩阵、劳动力和工资分行业结构等。

社会核算矩阵（Social Accounting Matrix，简称 SAM）是"以矩阵形式反映的国民经济核算体系（SNA，System of Nation Accounts）账户，它刻画供给表和使用表与部门账户之间的关系"（联合国，System of National Accounts，1993）；是对一定时期内一国（或地区）各种经济行为主体之间发生的交易数额的全面而又一致的记录；是 SNA 账户的平衡报表、图示法、等式法和矩阵表述形式这四种表达方式之一。SAM 是一种用矩阵方法来反映经济系统内流量（存量）收支（增减）平衡关系的统计平衡表。SAM 的构建包含了以下三个原理：①从哲学角度看，平衡是相对特定的时间、特定的空间而言的，SAM 就是建立一个对象封闭的经济系统，在限定的时间和空间内，反映经济运行中的内在平衡关系；②从经济学角度看，每一笔收入都有其相对应的支出，每一笔资产都有其相对应的负债，这一定律对经济学来说，就如同能量守恒定律对于物理学一样；③从统计平衡表式的相互关系看，矩阵式平衡表是账户式平衡表的综合形式。统计平衡表有三大类：单式平衡表、账户式平衡表和矩阵式平衡表。单式平衡表是核算的初级形式，账户式平衡表是核算的基本形式，而矩阵式平衡表则是核算的高级形式。

在 SNA 中，国民经济部门按照不同的分类依据，有三种不同的分类方法：产业部门分类、机构部门分类和产品部门分类。SNA 的所有账户都可以以机构单位/机构部门为主体进行核算，只有生产账户和收入形成账户既能以机构单位/机构部门为主体进行核算又能以基层单位/产业部门进行核算。相应地，在 SNA 中有这样两类账户。一类是国民经济产业部门账户，"反映产业部门的生产过程，也就是反映产业部门在一定时期内生产过程转换或消耗的货物和服务价值、新创造的货物和服务价值，以及生产过程所产生的增加值"（许宪春：《中国国民经济核算体系改革与发展（修订版）》，经济科学出版社，1999 年版）。其代表就是被广泛用来提供货物和服务流量以及生产成本构成详细资料的投入产出（I–O）表。投入产出表容纳了比 "T" 形账户多的货物和服务、生产和收入形成的资料，它描述了按产品或来源产业部门的最终消费支出，同时还描述了按产品或来源产业部门以及按产品或去向产业部门的中间消耗；它揭示了国民经济运行过程中各产品部门之间、各产品部门与最终使用部门之间的相互依存、相互制约的数量关系。国民经济产业部门账户侧重于对生产活动的刻画，没有描述出增加值和最终支出之间的关系。另一类就是国民经济机构部门账户，它用来核算资金流量、资产负债，反映各机构部门（企业部门、住户部门、政府部门、国外部门）之间的收入与分配、金融交易和负债以及各机构之间的相互关系；侧重于对经济中收入分配的刻画。在机构部门账户中，不包括按货物和服务分类以及产业部门双重分类的供给表和使用表，不能反映产品的生产过程和使用过程。

通过扩展供给表和使用表（投入产出表），将灵活的分类原则应用到国民经济账户体系，连接产业部门账户和机构部门账户，描述出"生产—分配—使用—积累"全过程的收入和支出流量，描述出增加值和最终产出之间的相互关系，就形成了一个社会核算矩阵（SAM）。社会核算矩阵在投入产出表的基础上增加了非生产性部门（机构账户），以矩阵表的形式全面反映了整个经济活动的收入流和支出流，不仅能反映生产部门之间的联系，还能反映非生产部门之间以及非生产部门和生产部门之间的联系。因此，SAM 可以看成是投入产出表和国民经济账户的一个综合（Robinson，Yunez-Naude，Hinojosa-Ojeda，Lewis，Shantayanan；1999），它将国民经济产业部门账户和国民经济机构部门账户结合起来，不仅能够提供传统国民经济核算方式所能反映的数据（包括各种经济活动部门投入产出数据），而且还能提供各种要素收入在不同组织和机构部门之间的再分配的数据，提供各种商品支出数据和储蓄投资数据，全面地描绘了整个经济的图景。

实际的 SAM 表并不是将所有的 SNA 账户都转化成矩阵再加入 SAM 中，而是对 SNA 账户作了一定的调整和简化，主要按照产品、活动、要素、机构、资本等账户的形式进行组织，将 SNA 账户矩阵中的一些账户合并到同一主体下，使结构更加清晰以有利于分析。虽然还没有一个完整的 SAM 表标准，但实际常见的 SAM 表一般包括五类账户：生产活动账户、商品账户、生产要素账户、机构账户、资本账户。

表 2-1 SAM 表框架及含义

| | 商 品 | 活 动 | 要素 | | 居民 | 企业 | 政府 | 资本账户 | 世界其他地区 | 汇 总 |
			劳动	资本						
商品		中间投入			居民消费		政府消费	资本形成	出口	国内商品总需求
活动	总产出（国内销售）									生产部门总产出
要素 劳动		劳动增加值							要素出口收入	要素收入
要素 资本		资本增加值								
居民			劳动收入				经常转移	转移支付	转移支付	居民收入
企业				资本收入			转移支付		利润分成	企业收入
政府	关税	间接税费			居民直接税	企业直接税			转移支付	政府收入
资本账户					居民储蓄	企业储蓄	政府储蓄		资本转移	总储蓄
世界其他地区	进口		要素进口支出			利润分成	转移支付			国外收入
汇总	国内商品总供给	生产部门总成本	要素支出		居民支出	企业支出	政府支出	总投资	国外支出	

编制实际 SAM 表，一般选择先综后分法，是在对已知总量进行分解的基础上求得 SAM。在实际编制 SAM 过程中，使用的最主要的数据来源是投入产出表和国民经济循环账户。编制 SAM 表的一般思路是扩展投入产出表，增加收入流量方面的描述。根据社会核算的等价原则，国民经济核算账户的支出必然等于其相应的账户的收入，在 SAM 表中表现为对应行和列的合计项相等。我国学者对 SAM 的研究开始于 20 世纪 90 年代初期，伴随着国民经济核算体系的演变，20 世纪 90 年代中期以来，国内一些研究机构和有关部委才开始编制现实的 SAM。我国最近的投入产出表是 2005 年公布的 2002 年中国 122 个部门投入产出表。因此，我们的分析基年为 2002 年，编制 2002 年中国宏观 SAM 所使用到的原始数据主要来源如下：《2002 年中国投入产出表》；《中国统计年鉴》

（2006）；《中国统计年鉴》（2003）（国际收支平衡表 2002）；《中国统计年鉴》（2004）（国民经济核算，财政）；《中国统计年鉴》（2005）（资金流量表 2002）；《中国国民经济核算年鉴》（2004）（国民经济账户）。

表 2–2　活动和商品的分类

序号	行　业	序号	行　业
1	林业	7	造纸及纸制品业
2	木材及竹材采运业	8	其他工业
3	其他农业	9	木材建筑业
4	木材加工业	10	其他建筑业
5	木家具制造业	11	林产品运输业
6	其他家具制造业	12	其他服务业

按照先综合后分解的持续，我们先编制了 2002 年中国宏观 SAM 表。2002 年中国宏观 SAM 表是根据研究目标需要，通过计算机构部门之间的净转移支付实现的。

在给出中国 2002 年宏观 SAM 表的简化表后，我们又根据进行林产品贸易政策模拟和分析的需要，将其进一步分解，主要是将活动和商品分别分解为 12 类，见表 2–2。需要说明的是，其中的林业、木材及竹材采运业、其他农业、木材加工业、造纸及纸制品业、其他工业是根据 2002 年投入产出表 122 个部门进行取舍和加总的，数据可以直接从投入产出表获取；但是，把家具制造业分解成木家具制造业和其他家具制造业，把建筑业分解成木材建筑业和其他建筑业，将林产品运输业从运输业中分解出来并把除林产品运输业以外的服务业都归并为其他服务业，则是根据调查按比例实现分解的。

编制中国社会核算矩阵，实际上就是 GDP 核算、投入产出核算、资金流量核算、国际收支核算和财政收支核算的协调过程。社会核算矩阵提供了系统而一致的信息，为可计算一般均衡模型提供了标准的基准数据。

二、PRCGEM 模型的参数

大部分参数是通过模型本身的校准（Calibration）得到的，这种校准确保了在基期（2002）模型解与实际数值的一致；其他一些参数则是通过估计得到的。例如，我们根据 1997 年、2002 年投入产出表，对一些反映技术变动和消费偏好的参数进行了估计。这种估计对于实现 CGE 模型的动态化，具有非常重要的意义。至于替代弹性和转换弹性等系数，大部分是通过参照国外数据给出的，Armington 替代弹性取值 2.0，出口需求弹性取值–5.0，CET 转换弹性取值 3~10，但工业各行业的劳动和资本之间的替代弹性则是根据 1995 年普查数据进行截面估计而得到的。

第四节　林产品贸易政策影响的模拟及分析

一、林产品贸易政策的情景设计

CGE 模型的宏观闭合，主要区分外生变量和内生变量；外生变量的不同选择，反映了对要素市场和宏观行为的不同假设。

林产品贸易政策是产业政策的一个重要组成部分。我国对原木等林产品需求很大，进口关税为零。在原木等林产品方面，我国面临着国外通过提高价格、实施非贸易壁垒等进行的贸易保护，这种贸易保护意味着我国进口下降，原木等林产品进口价格上涨、进口下降，必然抑制我国在原木等林产品方面的消费、生产、贸易、就业等方面的调整，进而间接地影响林产品的上下游产业的需求、供给和价格，最终对我国国民经济产生影响。

（一）基准情景

一般代表没有政策变动的常态情景（Business-as-usual Scenario）。就基准情景而言，我们根据 1998~2005 年历史再现模拟决定的技术偏好变动，隐含地进行了 2006~2010 年 GDP、国民收入（GNP）、投资、消费、出口、进口、劳动力和资本等宏观经济指标的基准预测。图 2-2 显示了作为 2006~2010 年基准情景的宏观经济动态轨迹。

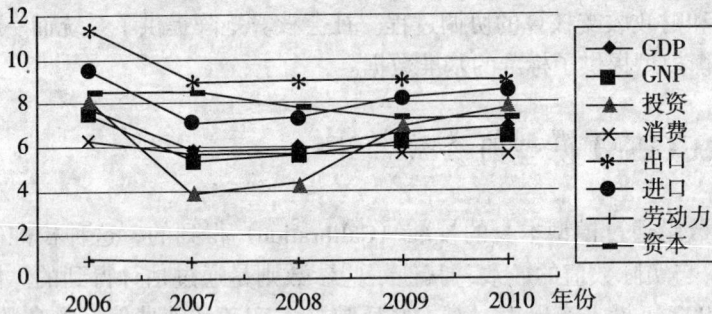

图 2-2　2006~2010 年中国宏观经济基准预测

（二）原木进口下降情景

假设原木进口降低是由于国外提高原木出口壁垒或价格，其结果表现为原木进口价格分别提高 5%、10% 和 20%。应用 PRCGEM 模型进行贸易政策变动的比较静态影响模拟，模拟结果见表 2-3、表 2-4、表 2-5 和表 2-6。由于模型模拟结果高度依赖于基准数据和相关假设，因此必须联系假设来看待模拟结果。

建立 CGE 模型的基本思路是寻找一个价格向量，以使供求双方达到均衡。市场是联结供求双方的主要渠道。在模型的供求关系部分，主要对市场均衡以及对与之关联的预算均衡进行描述，包括产品市场均衡、要素市场均衡、居民收支均衡、政府预算均衡和国际市场均衡等。实际上，由于库存、失业、赤字等的存在，CGE 模型并非如一般均衡理论所要求的那样同时达到这些均衡，而只是有条件的均衡。

在本研究中，我们利用模型模拟进口价格总水平的变动对我国经济的影响。其影响过程见图 2-3。图 2-3 以木材价格上升为例，说明了进口木材变动对中国经济影响的过程。一方面，进口木材价格上涨，首先直接影响着以进口木材作为中间投入的部门的中间投入成本，成本的提高必将带来这些部门产品价格的上涨，如家具等加工产品价格的上涨；另一方面，进口木材价格的上涨将导致木材的进口量下降，国产木材需求上升和国产木材价格和替代品价格的上升。这些都将导致与木材相关产品价格的上升，并最终导致国内物价指数的上升。由于物价的上升，居民的消费需求将随之下降，这将抑制国内的生产，导致实际 GDP 的下降和居民收入的下降，最终这种影响将达到一个新的动态均衡。这一系列影响主要表现为：成本即价格的上升和社会总需求的下降。

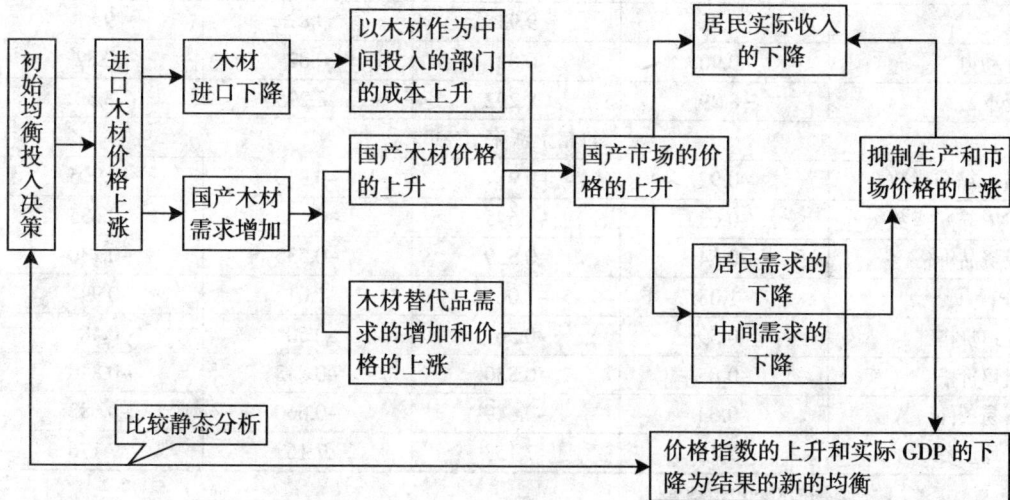

图 2-3 进口木材变动对中国经济影响的过程

需要指出的是，我们的研究目标是利用模型模拟进口变动对我国经济的影响，但这里却利用模型模拟进口价格总水平的变动对我国经济的影响，这似乎与研究目标不符。事实上，典型的 CGE 模型都假设进口价格采用小国假设，由国际市场外生确定，而进口需求由固定替代弹性函数（CES）确定，因此意味着在国际价格下进口是无限供给的，进口平衡通过需求拉动。如果直接模拟进口变动，就需要调整典型 CGE 模型，改变进口的小国假设。这里用进口价格总水平变动代替进口变动作为政策工具，意味着进口变动通过进口配额之类的机制实现，并将进口配额换算为进口价格等值（Equivalent）。这样做既可以考虑进口变动的直接供给效应，又可以考虑进口变动的间接替代效应。如图 2-3，除非增加行为关系反映进口变动引致国内供给变动效应；否则，如果直接模拟进口变动，容易忽略国产木材供给变动效应。

二、林产品贸易政策变动的影响和分析

（一）宏观经济影响

2006~2010 年基准预测和原木进口价格上涨情景的模拟结果，见表 2-3。

表 2-3　降低原木进口的宏观经济影响（%）

	基准情景	原木进口价格上涨		
		5%	10%	20%
实际增长率（%）				
GDP	7.80	7.802	7.806	7.811
投资	8.77	8.80	8.83	8.87
消费	6.30	6.29	6.275	6.24
出口	11.30	11.302	11.305	11.31
进口	9.98	9.93	9.87	9.81
劳动力	0.90	0.82	0.82	0.82
资本	8.29	8.292	8.295	8.301
价格上涨率（%）				
GDP 缩减指数	−0.92	−0.917	−0.910	−0.905
GNP 缩减指数	−0.65	−0.645	−0.640	−0.635
投资品价格	−0.54	−0.539	−0.535	−0.530
CPI	−1.08	−1.06	−1.01	−0.99
进口价格	−0.59	−0.56	−0.50	−0.48
出口价格	−0.85	−0.850	−0.848	−0.840
贸易条件	−0.63	−0.649	−0.660	−0.683
平均工资	7.15	7.153	7.167	7.176

资料来源：模型基准假设和模拟结果。

模拟结果表明：

（1）原木进口价格上涨将引致原木相关的上下游产品成本提高，总进口下降，出口上升，同时使我国贸易条件下降。原木进口价格上涨 5%、10% 和 20% 将使进口减少 0.05、0.11 和 0.17 个百分点，将分别引致出口增加 0.002、0.005、0.01 个百分点，分别引致我国贸易条件下降 0.019、0.03、0.053 个百分点。

所谓贸易条件，是指一国产品与他国产品的相对价格，即以出口价格/进口价格来衡量。当作为分子的出口价格上涨，或者作为分母的进口价格下降时，贸易条件改善，本国的购买力提高；相反，当出口价格下降，或者进口价格上涨时，贸易条件恶化，本国的实际收入下降。

随着我国林产工业的迅速发展，我国林产品出口量大幅度增加，特别是家具、木地板等产品在世界市场上所占份额不断扩大，已具有影响世界价格的能力。但我国出口的

产品仍是以低附加值的劳动密集型产品为主。目前，此类产品大都已进入成熟期，市场出现供大于求和激烈竞争。然而，由于诸如产品技术更新能力薄弱、品牌核心价值低、同质性与替代性强等因素，我国企业在市场竞争中，特别是开创国际市场时，主要采取价格竞争手段，导致盲目出口、竞相压价、出口增量不增值。随着原木等原料价格的提高，我国林产品的贸易条件将进一步恶化。这一判断可以用中国林产品不断遭到的反倾销指控作为佐证。不管这些反倾销调查的结果如何，有一点是可以肯定的，那就是中国的出口林产品价格非常低廉。

与中国的情形相反，由于美国、欧盟等国出口技术和资本密集型林产品，进口劳动密集型林产品。换言之，中国的贸易条件是劳动密集型林产品的价格/技术密集型林产品价格，而美国、欧盟的贸易条件则正好是分子与分母颠倒过来。受此影响，中国贸易条件的恶化意味着美国、欧盟贸易条件的改善。对美国、欧盟的消费者而言，来自中国（以及与中国竞争的国家）的进口产品价格便宜，从而使实际收入提高，对企业而言，由于投入价格的下降和产出价格的上升而使利润增加。因此，中国林产品贸易的发展由于自身贸易条件的恶化和美国、欧盟等发达国家贸易条件的改善，正在给这些发达国家经济带来巨大的实惠。对中国而言，这就是一种"丰收贫困"的情形，出口增加越多，其单价越低。相反，美国、欧盟等发达国家却在享受这种"丰收"的成果。

（2）原木进口价格上涨将传导到居民消费价格和投资价格，从而抑制消费、引导投资。原木进口价格上涨 5%、10% 和 20% 将分别引致 CPI 上涨 0.02、0.07、0.09 个百分点，使消费下降 0.01、0.025、0.06 个百分点；将分别引致投资品价格上涨 0.001、0.005、0.01 个百分点，使投资增长 0.03、0.06、0.10 个百分点。

目前，国家统计局公布的物价指数（CPI）包含以下八个大类：食品；衣着；家庭设备用品及维修服务；交通与通信；医疗保健及个人用品；教育、文化娱乐；居住（房租、煤气、电、水）；医疗。其中，食品占 34% 的权重，居住占 23% 的权重，两者加在一起超过 50%。原木等林产品价格的上涨影响的是家庭设备用品及维修服务、交通与通信中一些大众消费品的价格，另外就是居住类价格。由于我国农业的丰收，粮食和食品价格大幅上涨的可能性不大。其他几种产品中，目前也普遍存在"产品过剩"现象，一般的大众消费品价格不可能出现非常规性的涨价，也就是说，目前与大众生活息息相关的普通商品不会由于原木价格的上涨而出现上涨，原木等原材料涨价向下游传导存在较长的滞后效应。但是，原材料价格的连续大幅上扬后，必然会有一部分价格传导到下游去，进而成为 CPI 上涨的重要源头之一。

一般来说，上游原材料价格的变动会反映在下游的加工工业和生活资料上。但是，从模拟结果来看，上游原木价格变动对下游的投资和消费的影响还不显著，主要原因有以下几个方面：第一，上下游产品定价机制不一样。由于我国经济对外开放程度越来越高，贸易壁垒逐步减少，原木等原材料价格基本上由全球的供求因素决定，而生活资料价格基本上由国内供求决定。第二，上下游市场结构不同。上游生产资料和投资品生产企业由于进入壁垒能力较强，企业相对处于垄断地位，具有较强的定价能力。与此相反，下游的消费品市场由于进入壁垒能力低，接近于完全竞争市场，目前大部分产品基本上还处于供过于求的状态。上下游企业所处的市场环境不同，使得上游价格上涨传导到最终的消费领域的难度增加，程度减小，时滞延长。第三，"高投资、低消费"的经济增长格局。近几年我国投资增长速度持续加快，而消费增长相对缓慢，反映在物价变化上，就是生产资料价格上涨较快，而生活资料价格指数上涨较慢。

（3）原木进口价格上涨将由于进口替代效应减弱而促进经济增长。原木进口价格上涨 5%、10% 和 20% 将分别引致 GDP 缩减指数提高 0.003、0.01、0.015 个百分点，使GDP 分别增长 0.002、0.006、0.011 个百分点。当然，这可能意味着森林采伐和生态环境的恶化。

在国内生产总值核算中，为了真实反映国民经济的运行状况，除了按当年价格进行核算外，还需按可比价格（不变价格）进行核算，即剔除其中纯粹价格因素的影响，也就是由于通货膨胀或紧缩而造成核算结果的虚增或虚减，从而真实地反映国民经济发展的实际水平和状况。GDP 缩减指数就是按当年价格核算的国内生产总值（增加值）和按可比价格（不变价格）核算的国内生产总值（增加值）之间的系数。其计算公式如下：GDP 缩减指数 = 按当年价格核算的国内生产总值（增加值）÷ 按可比价格核算的国内生产总值（增加值）或按可比价格核算的国内生产总值（增加值）= 按当年价格核算的国内生产总值（增加值）÷ GDP 缩减指数。GDP 缩减指数的作用主要有：一是可以反映国内生产总值（增加值）的实际水平（如实际总量规模等）；二是可以核算国内生产总值（增加值）的实际发展水平（如实际发展速度、实际增长速度或发展指数等）；三是可以综合反映一个国家（或地区）物价变动的总水平。

原木等林产品价格的上涨，将导致原木等林产品进口的减少，为了促进国内有关林产品的生产，我国将逐渐在国内市场上以本国产品替代进口品，为本国林产工业的发展创造了一定的条件，实现工业化。一般做法是国家通过给予税收、投资和销售等方面的优惠待遇，鼓励外国私人资本在国内设立合资或合作方式的企业；或通过来料和来件等加工贸易方式，提高工业化的水平，引致 GDP 缩减指数提高，这将有利于我国 GDP 的增长。但同时也会产生一个重要的问题，原木等原材料价格过快上涨，对于我国经济秩序和林业产业结构产生不良的影响。在原木等原材料大幅涨价的驱使下，容易诱发市场投机，囤积炒作，造成虚拟需求膨胀，更易引起市场供求交替攀升，推动价格轮番上涨。而在不正确的价格信号引导下，上游原材料供应行业又可能出现过度扩张，浪费资源，影响原材料行业的结构调整，不利于资源的合理配置。这将在一定程度上产生追求 GDP 的增长而导致国内森林采伐的加剧和生态环境的恶化。

（二）行业影响

由于不同行业与原木的关联程度不同，因此原木价格上涨、降低原木进口的前向和后向关联效应以及直接和间接效应不同，从而对不同产业产生不同的综合效应。

就各行业增加值而言：2006~2010 年基准预测和原木进口价格上涨情景的模拟结果（见表 2-4）表明：

（1）原木下游产业，如木材及竹材采运业、木材加工业、木家具制造业、造纸及纸制品业、木材建筑业、林产品运输业由于进口价格上涨、成本上升，而使 GDP 增长速度放缓。例如，原木进口价格上涨 5%、10%、20% 将引致木材加工业增加值分别下降

0.04、0.07、0.10 个百分点；引致木家具制造业增加值分别下降 0.018、0.036、0.40 个百分点。

（2）关联度强的林业由于进口替代效应减弱而获益，原木进口价格上涨 5%、10%、20%将引致林业增加值分别提高 0.04、0.15、0.23 个百分点，进口木材的减少将有助于国内资源的培育，速生产丰林的建设将弥补国内资源的不足。其他家具制造业、其他工业、其他建筑业、其他服务业由于对木家具制造业、木加工相关工业、木材建筑业、林产品运输业的替代效应增强而获益。例如，原木进口价格上涨 5%、10%、20%将引致其他家具制造业增加值分别提高 0.013、0.028、0.070 个百分点。

表2-4 降低原木进口对分行业增加值的影响（%）

	基准情景	原木进口价格上涨		
		5%	10%	20%
林业	3.2	3.24	3.35	3.43
木材及竹材采运业	4.0	3.98	3.972	3.970
其他农业	3.1	3.10	3.10	3.10
木材加工业	8.8	8.76	8.73	8.70
木家具制造业	9.2	9.182	9.164	9.160
其他家具制造业	9.0	9.013	9.028	9.070
造纸及纸制品业	8.2	8.16	8.11	8.10
其他工业	12.0	12.02	12.06	12.12
木材建筑业	8.2	8.15	8.09	8.07
其他建筑业	9.4	9.45	9.52	9.56
林产品运输业	8.6	8.56	8.50	8.48
其他服务业	8.2	8.20	8.206	8.22

资料来源：模型模拟结果。

就各行业出口而言：2006~2010 年基准预测和原木进口价格上涨情景的模拟结果（见表2-5）表明：

（1）关联度强的林业资源培育由于原木国际价格上涨而出口扩大，原木进口价格上涨 5%、10%、20%将引致林业资源出口分别提高 0.005、0.011、0.023 个百分点。其他农业、其他家具制造业、其他工业、其他建筑业、其他服务业都会由于国际价格的上涨而扩大出口，原木进口价格上涨 5%、10%、20%将引致其他家具制造业出口分别提高 0.009、0.025、0.038 个百分点。

（2）原木下游产业，如木材加工业、木家具制造业、造纸及纸制品业，由于原木进口价格上涨、成本上升，而使出口增长速度放缓。例如，原木进口价格上涨 5%、10%、20%将引致木材加工业出口分别下降 0.05、0.09、0.11 个百分点；引致木家具制造业出口分别下降 0.05、0.14、0.25 个百分点。

就各行业进口而言：

2006~2010 年基准预测和原木进口价格上涨情景的模拟结果（见表2-6）表明：

（1）关联度强的林业资源培育和下游的木材加工业、木家具制造业、造纸及纸制品

表 2–5　降低原木进口对分行业出口的影响（%）

	基准情景	原木进口价格上涨		
		5%	10%	20%
林业	2.8	2.805	2.811	2.823
木材及竹材采运业	—	—	—	—
其他农业	4.4	4.402	4.408	4.413
木材加工业	10.1	10.05	10.01	9.99
木家具制造业	10.6	10.55	10.46	10.35
其他家具制造业	11.2	11.209	11.225	11.238
造纸及纸制品业	11.7	11.641	11.623	11.611
其他工业	12.4	12.46	12.64	12.80
木材建筑业	—	—	—	—
其他建筑业	7.9	7.902	7.906	7.910
林产品运输业	—	—	—	—
其他服务业	8.6	8.605	8.611	8.623

资料来源：模型模拟结果。

表 2–6　降低原木进口对分行业进口的影响（%）

	基准情景	原木进口价格上涨		
		5%	10%	20%
林业	3.2	3.17	3.09	3.04
木材及竹材采运业	—	—	—	—
其他农业	5.0	5.05	5.11	5.24
木材加工业	9.7	9.665	9.650	9.625
木家具制造业	11.2	11.15	11.03	10.90
其他家具制造业	11.6	11.68	11.73	11.82
造纸及纸制品业	10.1	10.05	9.987	9.965
其他工业	9.9	10.11	10.23	10.30
木材建筑业	—	—	—	—
其他建筑业	8.1	8.14	8.19	8.23
林产品运输业	—	—	—	—
其他服务业	8.3	8.34	8.39	8.43

资料来源：模型模拟结果。

业由于成本上升而放缓进口。例如，原木进口价格上涨 5%、10%、20% 将引致林业资源进口分别降低 0.03、0.11、0.16 个百分点；引致木家具制造业进口分别降低 0.05、0.17、0.3 个百分点。

（2）与原木关联度弱的行业，如其他农业、其他家具制造业、其他工业、其他建筑业、其他服务业由于国内市场需求而进口扩大。例如，原木进口价格上涨 5%、10%、20% 将引致其他农业进口分别提高 0.05、0.11、0.24 个百分点。

第五节　结　论

　　我们通过开发林产品贸易 CGE 模型进行了林产品贸易政策模拟。考虑到原木进口引发的贸易摩擦呈增长趋势，我们希望模拟中国降低原木进口对国内经济的影响。我们假设中国原木进口降低的具体途径是由于原木进口价格提高。通过模拟原木进口价格提高 5%、10%、20%对中国各行业进口、出口、增加值和宏观经济的影响，可以发现：

　　（1）原木进口价格提高在引致原木进口减少的同时，通过前向、后向联系和直接、间接效应对相关行业产生影响，上游的林业资源培育由于原木国际价格上涨而进口放缓，出口扩大；下游的木材加工业、木家具制造业、造纸及纸制品业由于进口成本上升而放缓进口，出口增长速度也将减缓。和原木关联度较弱的其他农业、其他家具制造业、其他工业、其他建筑业、其他服务业由于原木国际价格上涨，替代效应增强而进口增长，出口扩大。

　　（2）随着我国经济的快速增长，原木等原材料需求对外依存度迅速上升，产品的价格与国际市场也紧密相关。原木等原材料价格不再仅仅是由国内行业供求因素决定，同时由全球供求因素决定。国际原木价格的上涨将直接提升我国国内林产品原料价格水平；国际原木价格上涨将使得我国原料进口价格上涨，这将增加林产品加工企业的生产成本，使得下游企业面临比较大的涨价压力；原木等原料涨价将带动其替代产品的价格上涨，从而带动更大范围的物价上涨。

　　（3）从模型模拟的结果来看，上游价格涨幅高于下游，压缩了下游企业的生产成本，挤压了下游企业的利润空间。从各地原木价格变化反映的情况看，原材料价格特别是上游产品价格的较大幅度上涨，将导致一些地区部分下游产品生产成本的大幅度增加和利润的明显减少，个别企业不敢满负荷生产，甚至出现半停产、停产的现象。下游产品的生产企业生产经营的困难，将影响这些企业的发展，进而影响到对上游产品的需求，最终的结果，很有可能是上游产品需求下降、价格回落。

　　（4）原木进口价格上涨将由于进口替代效应减弱而有可能促进经济增长。原木进口价格提高对与原木关联度强的行业及其下游行业的进口具有抑制作用，从而由于进口替代效应减弱而对 GDP 具有积极作用；对与原木关联度弱的行业的进口具有激励作用，从而由于进口替代效应增强而对 GDP 具有不利影响。两方面的影响共同作用，在我们的模拟过程中表现为进口替代效应减弱影响大，从而促进国内经济的增长。因此，只要我们应对得当，原木等原材料价格的上涨对国内经济的冲击还是可以向好的方面发展。

　　（5）原木进口价格上涨将引致原木相关的上下游产品成本提高，林产品进口价格增加、出口价格下降，使我国林产品贸易条件下降。虽然我国并没有出现国际贸易教科书上的那种典型的"贸易条件恶化"的现象，这主要因为中国进出口林产品不同质，即进口和出口的不是同类商品。但客观地讲，中国确实存在"出口价格下降，进口价格上升"的趋势。10 年前中国已经提出要寻求"新的出口增长方式"，但至今出口鼓励政策还是不分行业、不分产品，给出口企业创造了竞相降价、抢占国际市场的条件，直接造成企业利润一再减少，中国林产品宏观外贸条件逐步恶化。近年来，中国鼓励出口的措施遭到了越来越多的外国贸易伙伴的攻击，这也是中国目前改变财政出口补贴、出口退税等诸多措施的外部因素。

应该讲，我们目前构建的林产品贸易 CGE 模型还是初步的，既受林产品生产和贸易方面数据的限制，也受林产品生产和贸易行为计量分析方面的限制。不过，我们的实验表明，林产品贸易 CGE 模型是一个非常有价值的贸易政策分析工具，具有广阔的应用前景。与国际实践比较，我们开发和应用林产品贸易 CGE 模型存在不足，但也意味着我们改进的余地和发展的空间。

第六节　政策含义

通过上面模拟分析国际原木等原材料价格不同程度的上涨对我国经济的影响，结果表明原木等价格的上涨会对我国实际 GDP、投资、消费等产生一定的影响，影响我国的消费物价水平和人民生活、林产品进出口以及我国的经济增长等。

由于林产品贸易在我国整个贸易体系中所占的比重还不太大，原木等原材料价格的变动对整个国民经济的影响不是十分明显，但从长期发展来看国际原木等原材料价格的波动必将对中国经济产生一定的影响。在科学发展观深入人心的时代，人类对森林资源的依赖有增无减，依然在以资源消耗、环境破坏换取经济增长。近年来以原木为主的林产品原材料价格持续上涨，反映了森林资源真实价值的回复，也反映了世界对即将到来的资源危机的焦虑。中国是发展中国家的代表，虽然经济发展取得了举世瞩目的成就，然而，如果不改变传统的粗放经济增长方式，不摆脱对进口森林资源的依赖，经济社会可持续发展将只是一厢情愿的梦想。在这个背景下，我们模拟国际原木价格的升高具有积极的意义，我们应更多去关注和解决价格的升高暴露出的深层次问题，让资源危机成为可持续发展的契机。从宏观调控和保持林业产业健康协调发展的考虑，我们应着眼于森林资源的可持续供应，尽量缓解价格上涨对国内经济的冲击。

一、立足国内森林资源的培育，有效避免资源价格的上涨对国内市场的冲击

解决我国木材工业发展的原料问题主要还是应依托国内资源的培育，进口木材只能起辅助作用。在目前我国进口的全部林产品中，以纤维材为原料的纸浆、废纸和纸及纸板所占比重已上升到85.4%。这类产品均可以速生小径材为原料。世界林产工业发展的总趋势，是以速生小径材和枝桠材为原料的产品（如纸板和各种非单板型人造板）来取代必须依赖大径材为原料的产品，如锯材、胶合板和单板，以及各种包装、家具、建筑施工、结构及装饰用材。中国拥有充足的可发展速生用材林的土地，有条件在较短时间

内满足纤维材市场的需求。

在继续发展速生丰产林的同时，应有计划地培育一些周期长的珍贵大径材资源，尤其是优质硬阔叶材。目前国内木材供应的特点是小径材多、大径材少，针叶材多、阔叶材少，低质材多、珍贵材少。在今后相当长的一段时期内，国内对优质大径材，特别是珍贵硬阔叶材的需求依然需依赖国际市场调剂。国内每年需要进口大量的珍贵大径材资源满足基建、装饰装修和家具等原料的需求。随着各国对本国资源保护的日益加强，特别是优质大径材和珍贵硬阔叶材资源，中国进口此类资源会越来越困难，而且进口的价格也会越来越高。实现木材自给是一个渐进过程，优质大径材生长周期长，在短时期内难以培育，而且有些树种难以人工培育。国家应制定相应的长期稳定的政策来培育和发展优质大径材和珍贵硬阔叶材资源，鼓励跨国公司、国内大企业甚至民间参与投资营造。

二、拓宽进口渠道，规避市场风险，努力开发和培育可持续的国际木材供应市场

鉴于国内资源在满足国内林产品市场需求方面存在着较大的缺口，特别是实施"天然林保护工程"之后，结构性短缺更加突出。中国政府近年来先后出台了一系列政策和措施，进一步调减林产品进口关税、放宽对进口单位的限制和鼓励中国国内公司、企业到海外去开发和投资建厂，促进了林产品贸易的发展。随着世界环保意识的高涨，许多国家都出台了禁止过度砍伐的法律法规。目前，我国进口原木的原产国大都集中在少数几个木材生产国，进口产地过于集中，不利于回避市场的供应风险。此外，企业过度地在相对单一的市场中竞争，也容易形成竞价采购的不良局面。因此，要拓宽进口渠道，规避市场风险。同时，在一些条件合适、资源丰富、关系良好的国家开展森林资源开发与合作，建立持续的木材供应市场。为开发和培育可持续的国际木材供应市场，可采取购置产权，合作开发或期货贸易的方式，以保证资源的稳定供应，尽量减少因现货交易造成的各种风险。同时还必须尽量减少贸易磨擦，遵守贸易规则，重视国际社会有关环境问题的关注，并与交易方营造双赢局面，如在供材国建立初加工基地、投资合作经营开发森林，甚至营造人工林基地等。

三、不断提高林产品档次和知名度，延长产业链，改善林产品贸易条件

中国林产品进口价格在不断增长的同时，我们也应该清醒地看到中国目前的林产品出口以"层次低、品牌少、收入少"的产品为主，贸易条件恶化，企业利润率比较低。由于中国的国际贸易顺差日益加大，国家将不断取消和减少对林产品出口退税，提高产品档次和知名度、延长产业链成为我国林产工业的紧迫任务。具体来说，急需开展以下三方面工作：第一，国家林业产业主管部门应当制定国家林业产业的长期发展规划，对符合产业化政策方向的林产加工企业进行扶持；第二，引导企业扩大经营规模，提升产品档次，提高综合利用水平，形成一批具有区域特色的产业带；第三，为企业研发和创

新提供支持，提高企业新产品研发能力，提升产品国际知名度。

四、改进加工技术，大力发展可代替须以天然林大径材为原料的产品，扩大竹材、农作物秸秆、三剩物和城市木材废弃物利用

世界林产工业发展的总趋势，是以速生小径材和枝桠材为原料的产品（如纸板和各种非单板型人造板）来取代必须依赖大径材为原料的产品。应着力调整木材产品结构，主要产品从消耗大径材的原木、锯材、胶合板转向以消耗小径材的中密度纤维板、刨花板、集成材，增加人造板二次加工、实木家具和强化木地板等深加工产品。通过改进加工利用技术，提高林产品的产量和质量，能相应增加木材替代能力。今后要在可持续发展的前提下尽量合理利用木材，推行和积极以定向刨花板、竹胶板、重组木等各种新型的木质重组材料和木材基复合材料替代成材，充分利用一切可再生资源来发展木材工业，以满足人们的生产、生活需要。同时加大对木材进行干燥和防腐处理，大大延长木材使用寿命。加大木材加工及综合利用的科技投入，降低木材加工残次品和剩余物的比例，倡导和鼓励木材制品的回收复用和废旧木材的循环利用。中国各种农业剩余物每年约5亿吨以上，如果能利用其中1%生产人造板，即可能生产各种人造板400万立方米/亩，每年大体可替代木材1100万立方米。扩大竹材、农作物秸秆、三剩物和城市木材废弃物利用。中国的竹材资源丰富，竹材产量居世界第一位。产值仅占林业总产值的1%，与资源极不相称，但发展潜力巨大，发展空间广阔。

（本章作者：樊明太[1]、陈勇[2]、乔宝华[3]、赵东旭[4]）

参考文献

1. 国家统计局国民经济核算司：《2002年中国投入产出表》，中国统计出版社，2005年。
2. 国家统计局国民经济核算司：《中国2002年投入产出表编制方法》，中国统计出版社，2005年。
3. 国家统计局国民经济核算司：《中国国民经济核算年鉴2004》，中国统计出版社，2005年。
4. 郑玉歆、樊明太：《中国CGE模型及政策模拟》，社会科学文献出版社，1999年。
5. 樊明太、郑玉歆、齐舒畅、陈杰：《中国贸易自由化及其对粮食安全的影响》，《农业经济问题》，2005年增刊。
6. 侯瑜：《理解变迁的方法——社会核算矩阵及CGE模型》，东北财经大学出版社，2006年。
7. Adams, P., M.Horridge, B.Parmenter and Xiao-guang Zhang (1998): *Long-run Effects on China of APEC Trade Liberalization*, General paper No.G –130, Center of Policy Studies, Monash University, Austalia.
8. Johansen, L. (1960): *A Multisectoral Study of Economic Growth*, North-Holland, Amsterdam (2nd edition 1974).
9. Hertel, T.W. (eds., 1996): *Global Trade Analysis: Modeling and Applications*. Cambridge University Press, New York and Cambridge.

① 樊明太：中国社会科学院数量经济与技术经济研究所，研究员。
② 陈勇：中国林业科学院林产品贸易中心，副研究员。
③ 乔宝华：中国社会科学院研究生院，硕士研究生。
④ 赵东旭：中国社会科学院研究生院，博士研究生。

第三章 企业并购申报制度的实证分析与设计

第一节 引 言

作为企业提高效率的重要手段之一，并购已经成为市场经济中的普遍现象。然而，不可否认的是，企业并购往往也会对市场竞争造成负面影响，从而降低社会福利。因此，为促进竞争，提高社会福利，需要反垄断机构制定恰当的并购控制政策。目前，在所有已经建立起反垄断政策的国家，[①] 并购控制政策都是其中极为重要的组成部分。

现代反垄断实践表明，在实施并购控制时，必须科学权衡并购的效率改进效应和限制竞争效应带来的社会福利影响。这种基于合理推定（Rule of Reason）原则的成本收益分析，对正确作出批准或禁止并购具有十分重要的作用。不仅如此，此类分析还可以更加深入，某些情况下，可以允许并购，但同时要求参与企业作出适当的补救措施，以约束其限制竞争效应。然而，尽管这种分析很重要，但具体实施起来难度相当大，特别是对并购效率改进的评估。为此，各国构建了多种便利并购控制的机制，企业并购申报制度便是其中之一。

所谓企业并购申报制度，是指当一项计划实施的并购交易满足一定条件时（例如达到申报标准要求、不属于适用除外情况等），需要按照反垄断法以及并购指南的规定（包括时间、内容、形式等），向反垄断机构申报并购交易。反垄断机构根据参与并购主体提交的相关文档，在规定的时间内对并购交易展开调查评估，并根据并购对效率和竞争两方面的综合影响，作出是否允许并购实施，以及是否需要对参并主体的行为加以约束的决定。可见，企业并购申报制度基本属于结构性的事前规制，其目的是通过事前审查，防止对事后可能出现的垄断行为进行干预所带来的高成本。不仅如此，通过要求参与企业提供与并购相关的重要信息，反垄断机构能够更快速准确地比较并购的成本和收益，进而作出是否批准并购申请，或者进一步采取谈判措施，限制参与企业行为的决定。目前，全球已有80多个国家制定了并购申报制度。

当然，实践中，从强制与自愿申报机制的选择，到并购申报标准的设定，各国采取

---

① 本章中的"国家"均仅指相对独立的经济体，不代表任何政治含义，即既包含普通意义上的国家，又包含拥有实际经济自治权的地区。

的申报机制都不一而同。反垄断经济理论表明，不同申报机制既有积极的一面，也有消极的一面，没有哪种是始终占优的。因此，一国究竟应该采取何种并购申报制度很大程度上是一个实证问题，它取决于多种复杂的权衡。不同的经济、制度环境，例如经济发展阶段、开放程度、政府效率、反垄断法结构和发展状况等，都可能对其并购申报制度选择产生重要影响。

然而，无论是在并购申报制度的政策效应方面，还是更深入的制度设计方面，目前的实证研究都非常少见。尽管 Evenett（2002）对不同并购申报机制如何影响并购交易数量进行过相关研究，但仅对交易数量的研究显然不足以说明并购申报制度真正效果的好坏，因为即便能证明并购申报制度影响到了并购交易进行，但如果限制的是对社会有利的交易，依然是有弊无利的。而在并购制度设计方面，相关实证研究更是未有所见。

本章正是在此背景下进行的研究，其目的是评估现行企业并购申报制度的实施效果，分析具体并购申报制度设计的内在机理，并在此基础上对中国的并购申报制度设计提出相关建议。对于正在制定并购申报实施细则的中国来说，该研究无疑具有更特殊的理论和现实意义。

本章接下来的结构安排是：第二节总结和回顾并购申报制度和反垄断政策实证研究两方面的进展；第三节采用计量方法，分别从政策效应和机制选择两方面对并购申报制度进行深入分析。为此，我们首先考查了并购申报制度的存在是否有助于促进竞争和提高经济效率，随后又初步评估了不同申报机制的政策效果。在此基础上，深入研究了不同申报机制选择的影响因素，这也是本章的核心；第四节首先采用基准法预测出中国并购申报门槛数值，进而结合国际经验和中国国情，对中国并购申报标准设计提出了具体建议；第五节总结本章，并提出未来研究方向。

第二节　文献回顾

一、并购申报制度的相关研究

（一）并购申报制度的作用

自 1976 年世界上第一个企业并购申报制度体系——美国《哈特—斯科特—罗迪诺》法案（Hart-Scott-Rodino Act，以下简称"HSR 法案"）诞生以来，围绕其作用，学者们进行了多方面的研究，达成了一些基本共识。

1. 初步补救（Preliminary Remedies）

企业并购申报制度产生之前，对并购活动，各国采取的主要是事后控制政策。然而，Elzinga（1969）等的研究发现，对于违法并购，从交易发生到达成最终解决办法，平均诉讼期长达五年半左右。如此漫长的时间跨度，耗费了反垄断机构高昂的诉讼成本。不仅如此，即便达成了解决方案，通常也很难实现补救，因为对已经完成的并购来说，参与企业的资产、技术、组织结构、品牌以及营销体系等内容往往都已经发生了根本性变化，有的甚至不复存在。想要强令企业恢复到并购前的状态在很多情况下是不可能的，即便能实现，实施成本之大通常也比维持现状还要糟糕（Smith 和 Lipstein，1979）。

并购申报制度的出现改变了这一历史。Titus（1979）在全面介绍美国 HSR 法案框架的基础上，较早揭示了并购申报制度两方面的积极作用：首先，为反垄断机构提供了足够的并购相关信息，以保证他们能在并购发生前初步决定一项特定交易是否可能违背反垄断法；其次，为反垄断机构提供了时间和机会，以期在交易完成前就阻止损害社会福利的并购发生。在此基础上，Johnson 和 Parkman（1991）证明，HSR 法案的出台，一定程度上对参与并购企业也有利，因为其通过向反垄断机构提供规定的信息，可以降低并购完成后被提出指控的可能性，从而降低诉讼风险（Legal Risk）。因此，无论是反垄断机构还是大多数参与并购企业，都有很强的激励去尽早确认并购是否合法。Pfunder（1979）则进一步提出，HSR 法案的实行，为反垄断机构与参与并购企业通过协商谈判达成补救措施提供了机会。这显然有利于改进并购的社会福利。

2. 甄选机制（Screening Device）

企业并购申报制度并非要求所有并购都向反垄断机构申报，只有那些可能对市场竞争和社会福利带来严重影响的交易才应受到反垄断机构的关注。因此，各国普遍通过设定并购申报标准的做法来甄选出那些真正需要加强反垄断监控的并购交易。Neven（2001）的研究和国际竞争网络（International Competition Network，2006）的《并购申报制度的建议程序》都指出了这种甄选机制的重要性。通过科学有效地甄选出对竞争影响较大的并购，既可以减少部分参与并购企业的申报成本，又可以降低反垄断机构的调查成本，使其能够更加有效地运用反垄断资源，更好地实现企业并购申报制度的目的。

3. 震慑效应（Deterrence Effect）

各国反垄断资源普遍有限的情况下，反垄断机构不可能谋求去审查全部的企业行为，而只能尽量将一些相关制度约束内部化到企业的经营过程中去。因此，反垄断政策的作用不仅体现在处理实际发生的反垄断案件中，更体现在它所具有的震慑效应方面。企业并购申报制度作为反垄断政策体系中的重要组成部分，也是如此。

Eckbo 和 Wier（1985）对 1963~1981 年 82 起被反垄断机构提出指控的横向并购案件分析后发现，相比于 HSR 法案颁布后的情况，非参并企业在 HSR 法案颁布之前的股票溢价更高，从而证明 HSR 法案确实可能阻止某些限制竞争的并购发生。Evenett（2002）是迄今为止极少数几篇专门研究并购申报制度的实证文献之一，其考查的是各类并购申报制度对美国企业[①]参与的跨国并购数量的影响。用虚拟变量反映各国并购申报制度情况，通过普通最小二乘回归，Evenett 发现，强制性事前申报制度会显著降低跨国并购的数目，它使得美国企业 1999 年参与的跨国并购数量减少将近一半。Seldeslchats 等（2006）则运用 OECD 成员国中 28 个国家 1992~2003 年的并购交易数据，验证了反

---

① 这里的美国企业仅指总部设在美国的企业，不论其所有权如何。

垄断机构增加预防性并购政策（主要是阻止限制竞争并购发生）运用所带来的震慑效应。他们证明正是由于这类政策的存在，降低了申报并购交易的数目，也降低了未来限制竞争并购的发生频率。

与上述研究有所不同，Besanko 和 Spulber（1993）并未直接研究并购申报制度是否具有震慑效应，而是分析了在参与并购企业和反垄断机构信息不对称的情况下，如何设计事前承诺机制，以使并购交易最大化社会期望福利。这实际上意味着，他们已经承认了并购申报制度震慑效应的存在，因为只有如此，才可能进行最优震慑机制设计。

此外，Eckbo（1992）、Aaronson（1992）、Neven 等（1993）、Davies 和 Majumdar（2002）、Crandall 和 Winston（2003）、Baker（2003）的研究也都在一定程度上证明了并购申报制度震慑效应的存在。当然，这其中有的是专门针对并购申报制度的研究，有的虽然只是针对一般性并购政策的研究，但可以比较容易地扩展至并购申报制度层面。

（二）并购申报制度设计

尽管企业并购申报制度对有效控制显著影响市场竞争的并购提供了事前控制工具，但通常来说，任何一项制度都存在两面性。并购申报制度固然会对阻碍竞争的交易产生震慑效应，但同时也可能阻止那些对社会有利的并购发生（Eckbo，1992）。不仅如此，并购申报制度也为反垄断机构滥用权力创造了可能（Smith 和 Lipstein，1979）。Pogue（1979）认为，HSR 法案带来了过多不必要的规则，从而将很多不会产生显著负面影响的并购都包含进了审查范围。而且，该法案提出的许多信息要求给企业带来了很多不必要的申报成本和交易延误。这些研究警示我们，要真正使并购申报制度起到既阻止限制竞争并购，又不影响企业正常并购交易的作用，必须非常小心地设计并购申报制度体系。为此，一些经济学家围绕企业并购申报制度的合理设计，进行了一定的研究。

1. 强制与自愿申报机制

尽管目前全球建立起企业并购申报制度的国家中，大部分采取的是强制申报制度，但也有像英国、澳大利亚这样的国家采取了自愿申报制度。两类制度的影响究竟有何不同？什么情况下应该选择强制申报机制，什么情况下又应该选择自愿申报机制？针对这些问题，Choe 和 Shekhar（2006）进行了较为深入的研究。在一个两阶段博弈框架下，他们证明：强制申报机制下，所有并购分为三类：一类是私人收益较低的并购，其将通过参并企业与反垄断机构谈判达成协议；另一类是私人收益较高，但社会福利较低的并购，其会受到反垄断机构的指控，并最终诉诸法院；还有一类是私人收益较高，社会福利也较高的并购，这类并购自然会被反垄断机构批准实施。自愿申报机制下则存在分离的精炼贝叶斯均衡，只有那些私人收益较低、社会福利也较低的并购才会被申报，并且通过谈判达成协议。其他类型的并购均不会被申报，只会在事后面临一定的审查风险（审查概率为正）。其中，具有高社会福利的并购在受到审查后会得到批准，具有较高私人收益、较低社会福利的并购则会受到反垄断机构指控，并诉诸法院。

可见，从并购控制效果看，强制与自愿申报机制大多数情况下是基本相同的，二者的差别主要在于两点：其一，自愿申报机制下企业的申报成本和反垄断机构的审查成本更低；其二，对于私人福利较低，但社会福利较高的并购，由于强制申报是通过谈判达成最终结果，当谈判成本不是很高时，就有可能实现比自愿申报更高的社会福利。因此，究竟选择哪种申报制度，还需要根据各国的实际情况进行选择，没有理论上的唯一解。

2. 并购申报标准

由 Besanko 和 Spulber（1989）的研究不难理解，[1] 信息不对称性使得反垄断机构无力对所有的并购都进行调查和干预。具体而言，当并购的调查成本过高，以致高于其可能带来的收益（更准确地说，是避免的损失）时，反垄断机构通常就不应干预。并购申报标准正是基于这一基本原则而设计的，其目的就是要从对竞争的影响角度尽可能甄选出那些对竞争负面影响较大的并购，这样的并购才是"更"需要干预的。

对于并购申报标准的具体制定，目前的研究还主要是原则性的，深入分析并不多。国际竞争网络（2006）提出了并购申报标准设计的几点基本原则：第一，应该体现出并购对境内市场的影响，因此可以采用如境内营业额或资产之类的标准；第二，应该考查至少两家参与并购企业对境内市场的影响；第三，应该清楚明白，以保证参与并购企业能很容易地清楚自己是否需要申报；第四，应该基于客观的数量指标；第五，应该根据参与并购企业比较容易获得的信息设计申报标准。可见，这些原则一方面是特别关注了并购交易对境内市场的影响，另一方面也照顾了反垄断执法的可操作性。至于影响并购申报门槛数值的具体因素，研究就更少了。目前所知，只有澳大利亚规制调查办公室（Office of Regulation Review，1995）提交给财政部的《并购申报计划》中曾指出，一国的市场规模、经济开放程度、市场成熟度都会对并购申报门槛设定带来一定影响。

总之，从目前的情况看，尽管对企业并购申报机制作用和制度设计的研究都有了一定的进展，并在某些方面达成了基本共识，但总体而言，这方面的研究还很不深入，对并购申报制度的总体效果，尚未有科学的评估，更不用说具体的制度设计了。

二、反垄断政策实证研究的新近发展

反垄断经济学研究表明，最优反垄断政策取决于一国的经济规模、发展水平以及市场经济取向等因素（Gal，2003）。因此，相同的制度设计在不同国家的实施效果通常存在差异。这也意味着，无论是反垄断政策效应分析，还是最优制度设计，很大程度上都是属于实证层面的问题。[2] 然而，在相当长的一段时期内，由于缺乏相关数据，此类研究，特别是比较严格的计量分析一直比较滞后。随着全球经济自由化和一体化进程的加快，20 世纪 90 年代以来，反垄断政策在世界各国迅速发展。与之相适应，相关数据不断丰富，指标纷纷构建，关于反垄断政策的实证研究也随之取得了一些重要成果。

（一）反垄断政策的竞争效应

传统经济理论认为，竞争对市场经济的健康运行至关重要。因此，一些经济学家从

---

① 尽管该研究是针对合谋行为的，但同样适用于并购交易。

② 从 Harberger（1954），Stigler（1966）和 Posner（1970）等人开始就进行了这方面的尝试。

对竞争影响的角度，用计量方法考查了反垄断政策的实施效果，如 Krakowski（2005），Hylton 和 Deng（2007），Borrell 和 Jiménez（2007）等。其基本思路是，以反映反垄断政策效果的指标[①] 为被解释变量，在合理引入总体经济、制度和其他变量的情况下，研究反垄断政策总体内容、制度细节或反垄断机构执法经验等在促进竞争方面的作用。

其中，Krakowski（2005）分别运用 OLS 和 3SLS 方法，通过对 101 个国家的回归分析，考查了反垄断执法经验和政府的总体效率水平对国内竞争程度的影响。结果均发现，反垄断法实行年限越长，经验越丰富，政府的治理水平越高，国内的竞争程度也越高，从而在一定程度上验证了反垄断政策在促进竞争方面的作用。

Hylton 和 Deng（2007）则通过 OLS 方法，在一个包含 102 个国家反垄断法相关特征的样本下，首先检验了反垄断政策的内容涵盖范围对一国境内竞争程度的影响，他们发现，二者存在一定的正相关关系，即反垄断政策内容越完整，国内竞争程度越强。在此基础上，Hylton 和 Deng 还考查了反垄断政策三大支柱——禁止滥用市场地位、禁止合谋和并购控制各部分规定的影响。结果发现，如果执行威胁足够高，反垄断政策可以通过减少合谋行为有效提高市场的竞争程度。但是，尚不能证明并购和市场支配地位方面的相关规定会提高市场竞争程度。

Borrell 和 Jiménez（2007）仍然是利用了简单的 OLS 方法，但主要考查的是反垄断政策制度细节，如反垄断执法原则、并购指南有无的影响。其结论是，反垄断机构独立性、宽大方案（Leniency Programs）的存在、经济推理方法的运用等都对反垄断政策有效性存在显著的正效应，关注竞争的并购政策比关注公共利益的并购政策更能提高政策有效性，进而提高国内市场竞争程度。

（二）反垄断政策的经济效应

尽管反垄断政策的直接目标是保护和促进竞争，但促进竞争充其量只是反垄断政策的中间目标。政府之所以制定反垄断政策，最终是为改善整体经济绩效。因此，通过研究对经济绩效的影响来揭示政策效果，已成为反垄断政策效应分析的主要趋势。此类研究的基本思路与前一部分基本相同，只是被解释变量变成了全要素生产率（Voigt，2006；Borrell 和 Tolosa，2007）、经济增长率（Dutz 和 Hayri，2000）、产业利润加价（Kee 和 Hoeckman，2003）等指标。这些研究初步证明，反垄断政策对经济绩效的确存在一定的影响。

Voigt（2006）是目前用实证方法分析反垄断政策有效性的文献中最具综合性的。在包含 96 个国家的样本下，通过 OLS 和 TSLS 法，其分别考查了反垄断法的基础和内容、执法原则、反垄断机构独立性是否有助于解释各国全要素生产率的差异。Voigt 发现，当不包含一般性制度水平变量时，上述内容均会对全要素生产率产生显著影响。但是，如果将政府有效性指数这一描述总体制度水平的变量引入方程时，上述内容对全要素生产

[①] 这类指标主要反映反垄断政策在促进市场竞争方面的作用，或者直接反映一国国内的市场竞争状况。目前，这些指标来自《全球竞争评论》（Global Competition Review）、《全球竞争力报告》（Global Competitiveness Report）和《世界竞争力年鉴》（the World Competitiveness Yearbook）等。

率影响的显著性就会消失。也就是说，反垄断法对全要素生产率的影响还不是非常稳定。[①]

Borrell 和 Tolosa（2007）也是通过对全要素生产率的影响考查反垄断政策效果，不同的是他们仅关注于反垄断政策的总体情况。采用 52 个国家的样本数据，通过联立方程模型，他们发现反垄断政策有效性指数的确会对全要素生产率产生显著的正效应，从而支持了促进竞争的反垄断政策同样有利于提高经济绩效的观点。

与上述研究不同，Dutz 和 Hayri（2000）在简化的经济增长模型下，运用 OLS 和极值边界分析（EBA），研究了反垄断政策有效性与经济增长率之间的关系。他们用两个不同的反垄断政策有效性指数[②]刻画反垄断政策总体情况，通过对 1986~1995 年 102 个国家的数据分析后发现，反垄断政策有效性与经济增长之间的确存在稳定的正相关关系。不仅如此，他们还发现，竞争对经济增长的贡献超过了贸易自由化、一般意义的制度有效性以及制度环境的影响。

Kee 和 Hoeckman（2003）则研究了反垄断法的存在性对产业利润加价的影响，其样本数据共涉及 42 个国家、28 个产业和 18 个年份。通过面板回归，Kee 和 Hoeckman 发现，尽管反垄断法生效年限对产业利润加价没有直接影响，但的确会影响国内的市场结构，特别是企业数目，而这种市场结构进而又会影响到产业的利润加价。这表明反垄断法颁布越早，生效时间越长，市场结构越趋于竞争性，产业利润加价越低，从而也从一个侧面反映出反垄断政策有助于提高消费者福利。

（三）离散选择模型与并购控制

近些年来，在反垄断政策的实证研究过程中，一些学者逐渐选择用离散选择模型作为分析工具，这对于寻找新的研究思路、深入分析一些定性变量的影响因素具有重要意义。

Coate 和 McChesney（1992）运用 Probit 模型，结合美国联邦贸易委员会（FTC）对 1982~1986 年 70 起横向并购案件的处理情况，分析了影响并购控制执行的因素。结果发现，赫芬达尔—赫希曼指数（HHI）的影响、相关市场进入障碍、合谋风险等都会显著影响到 FTC 的并购政策执行，但并购的效率收益没有成为 FTC 考虑的因素。不仅如此，Coate 和 McChesney 还发现，来自国会的政治压力也会影响到并购决定。与之类似，Weir（1992，1993）也是在 Probit 模型下，分析了英国垄断与合并委员会（Monopolies and Merger Commission，简称"MMC"）的并购审批决定与公共利益目标的关系。Weir 发现，实际上，只有少数几个公共利益目标会影响到 MMC 对并购申请的审批。只要不影响竞争、价格和国际收支平衡，并购申请基本都能获得批准。像并购对就业、出口、

---

① 这似乎表明，对经济增长而言，一国制度体系的总体水平更为重要，而反垄断法的存在性、内容、反垄断机构的独立性等并不是十分重要。但正如 Voigt 所指出的，结论可能并非如此简单。因为一方面，从长期看，可能正是由于反垄断法的引入才使得一国制度体系的总体水平得到显著提高；另一方面，由于该研究所涉及的国家中有一半以上是 1990 年以后才实施反垄断法的，现在就对反垄断政策的影响下结论还为时尚早，因此，上述反垄断政策四方面对经济的真实影响需要继续跟踪研究。

② 分别来自《全球竞争力报告》和《世界竞争力年鉴》。

研发的潜在影响等因素不会对并购审查产生显著影响。[1] Khemani 和 Shapiro（1993）则运用排序 Probit（Ordered Probit）模型，分析了加拿大反垄断机构在实施横向并购控制过程中所考虑的因素。通过对 1986~1989 年 98 起相关案件的分析，他们发现，市场份额和集中度始终是影响并购案件处理的最重要因素。当然，进入障碍、进口竞争也会起到重要作用。与 Coate 和 McChesney（1992）有所不同的是，Khemani 和 Shapiro 的研究表明，政治因素并未对加拿大反垄断机构的并购政策执行产生显著影响。这一点与 Bergman 等（2005）对欧盟并购执行的研究结论类似。Bergman 等运用 Logit 模型，对欧盟并购执行过程的分析表明，在欧盟委员会处理并购申报的过程中，主要还是市场份额、进入障碍、并购后的市场结构变化等经济因素起到了关键作用，而政治因素，例如参并企业的国籍等，并未带来显著影响。Lindsay 等（2003）对欧盟 2000~2002 年并购政策执行过程的研究也发现主要是市场份额和进入障碍情况决定了并购是否会被批准。此外，Avalos 和 Hoyos（2008）分别运用排序 Logit 和 Multinomial Logit 模型对墨西哥的并购审批影响因素也进行了深入分析。

Bougette 和 Turolla（2006）进一步运用 Multinomial Logit 模型分析了影响反垄断机构是否采取并购补救措施[2] 的因素。他们发现，当并购可能带来较强的市场势力，如主购企业规模较大时，反垄断机构比较倾向采取补救措施。

可见，目前离散选择模型在反垄断政策分析中的应用还主要是限于政策执行层面，通过这些研究也验证了一些基本的反垄断经济理论，但尚未有人将此类模型用于反垄断政策设计层面。

第三节　并购申报制度的政策效应与机制选择

如前所述，至少从目前来看，无论是反垄断政策效应分析，还是最优制度设计，很大程度上都属于实证问题，因此，本部分借鉴反垄断实证研究的新思路，深入分析并购申报制度的政策效果和机制选择问题。

一、数据描述

（一）基本情况

为进行企业并购申报制度的实证分析，我们以 LEXMUNDI 2007 年《并购申报制度调查》的信息为基本依据，首先整理得到了 58 个国家的并购申报制度数据。该报告较为详细地介绍了这些国家在企业并购申报方面的具体规定，包括并购规制机构、并购申报制

---

[1] 同时，Weir 也发现，恶意并购（Hostile Merger）通常不太可能得到 MMC 的批准。
[2] 即通过反垄断机构与参并企业通过谈判达成协议，允许并购实施，但要对事后企业行为施加约束。

度有无、强制/自愿申报机制、并购申报标准、申报审查期限、违规制裁设计等。

这里有三点基本处理需要说明：

第一，由于 LEXMUNDI（2007）报告本身存在一些事实上的错误，因此结合联合国贸发会议（UNCTAD）、国际竞争网络等其他一些可获得数据来源，本节首先对数据进行了核实修订，这就意味着有些数据与 LEXMUNDI 的原始数据并不完全一致；

第二，部分国家[①] 除了并购申报制度数据，其他相关数据由于各种原因缺失严重，特别是一些表示一般性制度水平的变量，几乎全部无从获得。为避免这一情况对实证分析带来的困难，这些国家被从数据集中删掉了。

第三，尽管 LEXMUNDI 报告中提供了有关中国企业并购申报制度的数据，但实际介绍的是中国《外国投资者并购境内企业暂行规定》（2006）的规定，一方面，这与其他国家的口径存在明显差异，含义不同；另一方面，本节的任务之一就是设计中国的企业并购申报制度，因此，我们所运用的数据集将中国也排除在外了。

这样一来，最终的样本数据实际只含有 53 个样本点。为反映上述国家的总体经济和制度环境，我们又计算和整理了上述国家全要素生产率、GDP、人均 GDP、政府支出、通货膨胀、开放程度、研发支出、反垄断机构预算支出占 GDP 比例、反垄断机构独立程度、殖民历史等方面的数据，从而形成了一个包括 53 个国家并购申报制度、经济效率、经济制度环境等信息的数据集。本章附表给出了所用全部变量的基本含义和来源。

（二）数据特征和基本统计量

从样本数据看，企业并购申报制度方面，53 个国家中只有 5 个尚未建立起并购申报制度。其中，厄瓜多尔、特立尼达和多巴哥、卢森堡三个国家甚至没有专门的并购规制制度。而在已经建立起并购申报制度的国家中，与目前全球的总体趋势一致，大部分国家采用了强制申报制度（41 个），其余 7 个国家采取的是自愿申报制度。在样本中，已经建立起并购申报制度的国家对并购申报标准的规定可以分为四种情形：第一种是只关注参与并购企业本身的规模[②] 大小，即仅规定主体规模申报标准（Size of Person Test）；第二种是只关注并购交易实际涉及的规模[③] 大小，即仅规定交易规模申报标准（Size of Transaction Test）；第三种是同时规定主体规模和交易规模申报标准；[④] 第四种是不规定申报标准，要求所有并购交易均须（可）申报。这四类国家分别有 32、2、8、10 个，也与当前的主流趋势一致。而对具体申报门槛的设定，种类更为复杂。仅以主体规模标准为例，有的国家是依据企业境内营业规模作出规定，有的是依据全球市场营业规模作出规定；有的是规定了全部参与并购企业的营业规模，有的只规定其中一家或几家企业的营业规模。如此多的种类，给相关的实证研究带来了不小的麻烦，因为要想做到既清楚

[①] 分别为欧盟、泽西岛、摩纳哥和波多黎各。
[②] 如营业额、资产等。
[③] 如交易金额、涉及股权份额等。
[④] 这类国家有的是要求同时满足两个标准的交易才须申报，有的是要求只要满足任一标准就要申报。

分类，又满足回归对样本容量的需求并非易事。正因为如此，本节后面对并购申报门槛的回归，只能结合国际经验，重点关注几个比较常用的指标。此外，申报审查期限、申报违规制裁等变量也存在类似的情况。

其他几个主要变量中，反垄断政策有效性指数，2005 年水平最高的国家为德国（6.3），最低的国家为厄瓜多尔（2.3），大部分国家为 4~6。而全要素生产率方面，样本中水平最高的国家是美国（1），最低的国家为肯尼亚（0.029），总体来看分布比较零散，没有明显的集中趋势。在反垄断资源投入力度上，2004 年反垄断预算经费占 GDP 比例最高的国家则是秘鲁（0.01435%），最低的是比利时（0.00005%），各国间的差异也是比较大的。

表 3-1 给出了本节所用全部变量的基本统计量。

表 3-1　基本统计量

变量名称	样本数	均值	中位数	最大值	最小值	标准差	偏度	峰度
TFP	52	0.42	0.347	1	0.029	0.29	0.40	−1.16
EAP	53	4.61	4.6	6.3	2.3	0.99	−0.27	−0.69
RMA	53	0.06	0	1	0	0.23	3.95	14.14
MN	53	0.91	1	1	0	0.30	−2.86	6.40
MAN	53	0.77	1	1	0	0.42	−1.35	−0.20
ST	53	0.04	0	1	0	0.19	4.99	23.84
SP	53	0.60	1	1	0	0.49	−0.44	−1.88
PAT	53	0.15	0	1	0	0.36	2.01	2.11
NT	53	1.70	2	3	0	0.97	−0.78	−0.40
DST1	36	12350.44	5106.5	68592	180	16772.39	1.93	3.39
DST2	15	2714.60	1466	8130	195	2902.79	1.09	−0.34
GT	15	41986.27	20270	162602	518	49438.90	1.56	1.89
REVP	40	40.58	30	120	10	27.06	1.84	2.74
PEN	26	454832.73	46621.5	3092800	0	743766.04	2.23	5.52
PRE	53	0.70	1	1	0	0.46	−0.89	−1.26
BGDP	38	35.27	27.65	143.5	0.5	30.52	1.49	3.12
DEF	36	0.71	0.799	0.969	0	0.26	−1.60	2.29
FB	37	0.42	0.404	0.75	0	0.22	−0.38	−0.67
GDP	53	649922.04	116879	11679200	4498	1749866.55	5.27	31.51
GDPG	53	5.64	5.73	10.39	1.58	2.02	−0.07	−0.28
PGDP	53	18121.92	10609	73185	500	16911.55	1.05	0.71
GC	53	21.31	18.88	47.69	8.36	7.55	1.03	1.38
INF	53	47.33	4.88	661.46	0.58	132.67	3.76	13.62
OPEN	53	87.90	79.09	270.78	24.35	48.43	1.45	2.96
GE	53	0.79	0.94	2.12	−1.01	0.87	−0.28	−0.84
RDE	52	1.20	0.795	4.93	0.05	1.11	1.35	1.61
UK	53	0.28	0	1	0	0.45	0.99	−1.06
SAP	53	0.21	0	1	0	0.41	1.48	0.21
OCL	53	0.28	0	1	0	0.45	0.99	−1.06

二、并购申报制度的政策效应

(一) 基本思路

借鉴已有研究反垄断政策效果的基本思路，为分析并购申报制度的政策效应，我们首先考查并购申报制度差异对反垄断政策有效性有无显著影响，即主要关注并购申报制度对竞争的影响。具体而言，主要研究如下三个层面：①并购申报制度有无；②强制申报与自愿申报选择；③不同并购申报标准规定方式。

在此基础上，我们还进一步考查了反垄断政策有效性是否会显著影响一国的全要素生产率水平，并据此间接反映不同并购申报制度对经济效率的影响。之所以并不去直接考查企业并购申报制度对经济效率的影响，是因为反垄断政策本身就只是一国制度体系的一部分，而并购申报制度又仅是反垄断政策体系中的一部分内容，因此，其对经济效率的影响很大程度上是细微的、间接的，很难直接捕捉到。但是，如果能通过前一步的分析证明申报制度特征对反垄断政策有效性存在显著影响，同时又能证明反垄断政策有效性对全要素生产率也存在影响的话，就有可能证明并购申报制度对全要素生产率的影响。

(二) 模型设定与估计结果

由于理论与数据所限，对并购申报制度政策效应的分析，本节采用的均是缩减的方程形式，主要运用 OLS 方法进行估计。基本的方程形式为：

$$Y_i = \beta_0 + \beta_1 NM_i + \beta_2 ANT_i + \beta_3 ECON_i + \beta_4 INS_i + \beta_5 OTH_i + \varepsilon_i$$

其中，被解释变量 Y_i 表示反垄断政策有效性或全要素生产率，NM_i、ANT_i、$ECON_i$、INS_i 和 OTH_i 分别表示并购申报制度特征、反垄断政策总体、总体经济、制度变量和其他外生变量。

1. 并购申报制度与反垄断政策有效性

为考查并购申报制度对反垄断政策有效性的影响，这里以世界经济论坛（WEF）(2006) 公布的反垄断政策有效性指数为被解释变量，结合反垄断资源投入、反垄断政策结构、经济发展特征等变量，对三个不同层面的并购申报制度设计分别进行回归。根据反垄断经济理论，不仅是并购申报制度本身，一国的经济规模、发展水平、反垄断资源投入、反垄断政策特征等也都可能对其反垄断政策效果产生影响。例如，一个国家的发展水平越高，一般而言意味着其也具有比较完善、成熟的制度体系，制度效率相对较高。其他条件相同时，反垄断政策的效果自然会更高一些。再如，即便是并购申报制度相同，反垄断政策实际效果如何，也要看其执行过程如何。无论是反垄断资源的投入状况，还是反垄断机构的实际地位，显然都会影响到政策的实施效果。在很大程度上，反垄断政策内容本身并不重要，而真正重要的在于执行。因为如果没有执行作保证，法律本身只是一纸空文，毫无意义。

因此，这部分的分析在用虚拟变量表示申报制度差异的基础上，根据需要，又分别引入了反垄断经费比例、反垄断机构独立性、反垄断法基础指数、GDP、人均 GDP、通货膨胀率和开放程度等作为控制变量。表 3-2 的第 (1)、(2)、(4) 列分别给出了并购申报制度存在性、强制/自愿申报机制、不同并购申报标准设定方式三个方面对反垄断政策有效性影响的估计结果。

表 3-2　企业并购申报制度对反垄断政策有效性影响估计结果

解释变量	(1)		(2)		(3)		(4)	
	系　数	标准差	系　数	标准差	系　数	标准差	系　数	标准差
RMA	−0.1485***	0.0884						
MN	0.1487****	0.0501						
MAN			−0.4328***	0.2559	−0.4971***	0.2542	−0.5311**	0.3214
ST							0.8560****	0.3904
SP							0.5914***	0.3272
PAT							0.9437***	0.4691
BGDP	0.0013***	0.0007	0.0050**	0.0031	0.0044*	0.0031	0.0027	0.0032
DUM1	0.0362	0.0701	−0.0373	0.2399	−0.0969	0.2469	−0.1864	0.2282
DEF	0.1878***	0.1051						
DUM2	0.1195	0.0875						
FB			−1.3474****	0.5164	−1.4041****	0.4938	−1.4392****	0.5113
DUM3			−0.8963****	0.3114	−0.8469****	0.3146	−0.7597****	0.3016
GDP	0.0377****	0.0171	0.1478****	0.0716	0.1055*	0.0784	2.56e−09	5.07e−08
PGDP	5.42e−06***	1.50e−06	2.80e−05****	6.03e−06	2.86e−05****	5.99e−06	3.38e−05****	5.81e−06
INF	−0.0003***	0.0002	−0.0017**	0.001	−0.0014*	0.0010	−0.0015**	0.0009
OPEN	0.0008**	0.0005	0.0005	0.0021	0.0006	0.0023	−0.0009	0.0018
LAMDA					−0.5823	0.5082		
CONS	0.6095****	0.2256	3.3924****	1.0927	4.0104****	1.1919	4.7475****	0.5840
R^2	0.7181		0.6801		0.6922		0.7068	
样本数	53		48		48		48	

注：①"*"、"**"、"***"、"****"分别表示通过 20%、15%、10%、5%的系数显著性检验，余表同。②表中所列的标准差均为回归系数的异方差稳健标准差，余表同。③方程 (1) 中，被解释变量和 GDP 采用对数形式，其他变量采用线性形式；方程 (2) 和 (3) 中，GDP 采用对数形式，其他变量采取线性形式；方程 (4) 中变量均为线性形式。④"LAMDA"表示逆米尔斯比率；"CONS"表示常数项。

　　由估计结果可以发现，总体而言，无论哪个层面，并购申报制度的不同均会对反垄断政策有效性产生比较显著的影响。其中，并购申报制度存在性的估计系数能够通过 5%的显著性检验，其他几个反映并购申报制度差异的变量也大多能通过 10%的系数显著性检验。这就意味着，并购申报制度设计确实会对反垄断政策的执行效果带来影响。

　　不但如此，由表 3-2 还可以看出，反垄断经费投入情况、反垄断政策基础水平以及经济规模、经济发展水平等因素基本也都会对反垄断政策的执行效果带来一定影响。只有开放程度似乎并不会显著影响到一国的反垄断执行效果，因为从三个方程的结果看，不但系数不太显著，而且符号也不一致。[1] 为检验估计结果是否存在异方差问题，我们对三个方程做了异方差 White 检验。结果表明，在 10% 的显著性水平上均不能拒绝同方差假设。[2]

需要注意的是，由于对自愿/强制申报机制和并购申报标准效应的考查，均是在有申报制度的情况下才有意义，因而这两部分实际运用的是 48 个国家的缩减样本，将没有并购申报制度的国家排除在外。从理论上说，这一做法可能带来样本选择偏误（Selection Bias）问题，对此常见的是采用 Heckman 两阶段法（Heckman，1979）进行修正。以强制/自愿申报机制为例，本节进行了修正比较。

首先用 Probit 模型估计一个申报制度选择方程：

$$U_i^* = \alpha' Z_i + \mu_i$$

$$Y_{i2} = \begin{cases} 1, & 如果 \ U_i^* > 0 \\ 0, & 如果 \ U_i^* \leqslant 0 \end{cases}$$

其中，U_i^* 为观察不到的隐含变量，表示选择建立企业并购申报制度时的净效用，Z_i 包含了影响 U_i^* 的主要因素，如经济规模、政府支出、制度水平、开放程度等。Y_{i2} 为可观察变量，当一国建立了企业并购申报制度时，该变量取值为 "1"，否则取值为 "0"。运用 53 个国家的数据，我们得到了表 3-3 所示的结果。

表 3-3 申报制度选择方程估计结果

解释变量	系　数	标准差
GDP	2.22e-05****	6.50e-06
GC	0.0721***	0.0273
GE	1.1747****	0.6691
OPEN	-0.0162****	0.0079
似然值	-8.6647	
样本数	53	

根据该结果计算出逆米尔斯比率（Inverse Mills Ratio），并引入强制/自愿申报机制与反垄断政策有效性关系原方程中的所有变量，重新回归，得到表 3-2 第（3）列的结果。由（2）和（3）的对比可以看出，尽管二者存在一定差异，但没有根本性影响，[3] 即便从绝对数值上看，选择偏误的影响也是非常微小的。就强制申报解释变量来说，原方程的估计系数为 -0.4328，Heckman 两阶段法下估计系数为 -0.4971，二者仅差不足 0.07。其他变量也大体类似。不仅如此，逆米尔斯比率的估计系数也很不显著。这说明对本节来说，样本选择偏误所带来的影响基本可以忽略。

由上述估计结果可以得到以下几点基本结论：

---

① 当然，这也有可能是因为对外开放所导致的国内市场竞争加强和反垄断难度加大两方面作用相互抵消了。

② 具体而言，三个方程的 White 检验统计量和伴随概率分别为：（ⅰ）White 统计量 8.79，伴随概率 0.92；（ⅱ）White 统计量 15.65，伴随概率 0.41；（ⅲ）White 统计量 23.48，伴随概率 0.17。

③ 即改变估计系数的符号。

（1）并购申报制度的存在提高了反垄断政策有效性。由表 3-2 第（1）列的估计结果可知，无并购规制制度的国家、有并购规制但无并购申报制度的国家和有并购申报制度的国家相比，最后一类国家的反垄断政策有效性水平最高，平均分别比前两类国家高出约 35% 和 16%。这首先说明并购规制制度作为反垄断政策的重要组成部分，的确非常有助于限制以并购方式提高市场势力的企图，有利于保护和促进市场竞争。不仅如此，并购申报制度的存在进一步提高了这种保护竞争的效果，这就在一定程度上验证了并购申报制度在初步补救和震慑非法并购等方面的确会起到积极作用。

（2）采用自愿申报机制的国家目前反垄断政策效果更好。由表 3-2 第（2）列的结果可以看出，其他条件都相同的情况下，采用自愿申报机制国家的反垄断政策有效性比强制申报国家平均要高出 0.43。乍看这似乎与各国的主流趋势并不一致，因为目前大部分国家采用的都是强制申报制度。但是，这却在一定程度上验证了 Choe 和 Shekhar（2006）的研究结论，即单从约束反竞争并购①的效果来看，自愿申报制度与强制申报制度大多数情况下是相同的，但是前者却比后者节约了许多成本。而反垄断政策有效性作为一个主观指数本身就含有很多综合评价的成分，因此，自愿申报下得分高就比较自然了。实际上，据统计，目前各国绝大部分申报的并购最终都得到了反垄断机构的批准，这就意味着企业并购申报制度要发挥的作用更多的应是震慑性的，而不是真正要逐一去审查拟实施的并购。这种情况下，赋予企业自我选择的权利，同时作出可信承诺，对那些限制竞争并购加大制裁力度，政策效果会更好。

当然，造成这一结果的原因还可能源于目前强制申报制度国家本身制度细节设计的不合理。相对而言，自动等候期、申报审查期限等方面的规定在强制申报制度下所带来的影响更大，因为这类机制涉及的企业通常更多。因此，如果自动等候期和申报审查期限过长，就容易给企业带来过重的延误成本，甚至会使一些本来有利于促进市场竞争的并购也无从实施；过短则会造成对并购市场势力影响的评估不准确，反垄断政策效果自然也会受到影响。这就意味着采取强制申报制度的国家至少应该更小心地去思考如何改进既定申报机制下的配套制度安排。

（3）同时兼顾交易本身和参与主体规模的并购申报标准更有效。从表 3-2 第（4）列的估计结果看，就并购申报标准的规定方式而言，目前同时规定两类申报标准的国家反垄断政策效果更好，其次是只规定交易规模申报标准，最差的是不规定任何并购申报标准。这是比较合理的，它首先说明，设立并购申报标准确实有助于更有针对性地执行并购控制政策，允许小规模并购及时实施有助于整合市场结构，促进企业更有效地展开竞争。不仅如此，同时从交易本身和参与并购主体两个层面衡量并购可能对市场竞争造成的影响，相比于只规定一种标准，更为准确有效，因为这两个层面分别侧重于从现实和潜在影响的角度考查并购对竞争的影响，每种影响都不可忽视。当然，如果选择只规定一种申报标准，由于交易规模反映的是并购交易给市场竞争带来的直接影响，这正是反垄断机构最为关心的，因而有助于其迅速采取行动，制止限制竞争行为。而规定主体规模申报标准，尽管便于操作，但在衡量并购对市场竞争的影响程度方面，显然不够直接

---

① 在 Choe 和 Shekhar（2006）的分析框架下，反竞争并购表现为带来的社会福利较低。

和准确。

2. 反垄断政策有效性对全要素生产率的影响

为考查反垄断政策有效性对全要素生产率的影响，我们参考 Hall 和 Jones（1999）的方法，计算出了各国的全要素生产率，并以此作为被解释变量。如 Voigt（2006）所指出的，用实证方法研究全要素生产率的影响因素，是基于这样的假设：生产率差异是由经济、制度环境差异造成的，好的经济、制度环境有利于提高生产率。作为一国制度体系的重要组成部分，反垄断政策如果设计和执行得当，自然也有助于提高该国的生产率水平。这一假设同时说明，在研究反垄断政策对全要素生产率影响时，除了反垄断政策有效性之外，还需要合理地引入一些其他的控制变量。为此，我们引入了 GDP、通货膨胀率、研发支出水平等经济变量和反映各国制度相似性的变量。

表 3-4 给出了该方程的估计结果。[1] 可见，解释变量的系数绝大多数非常显著，除了 SAP 之外，都能通过 5% 的系数显著性检验，这说明反垄断政策有效性、GDP、通货膨胀情况、研发支持力度、制度特点等的确会对全要素生产率产生显著影响。特别是，反垄断政策有效性的估计系数为 0.0807，这意味着其他条件相同时，平均而言，一国反垄断政策有效性指数每提高 1 分，其生产率与美国同期生产率的比值就会提高超过 8%，影响程度是比较可观的。该结果也反映出，至少从本节所使用的数据看，促进竞争和提高经济效率的目标是一脉相承的，这也与 Borrell 和 Tolosa（2007）等人的研究结论一致。

表 3-4　反垄断政策有效性对全要素生产率影响估计结果[2]

解释变量	系 数	标准差
EAP	0.0807****	0.0129
GDP	2.60e-08****	9.48e-09
INF	−0.0003****	0.0001
RDE	0.1185****	0.0214
DUM4	0.3618****	0.0502
UK	−0.1851****	0.0578
SAP	−0.0128	0.073
OCL	−0.1675****	0.0523
R^2	0.9077	
样本数	52	

注：方程中，所有变量均为线性形式。

结合前一部分的实证分析结果，就企业并购申报机制的经济效应来看，可以得到以下几点基本结论：①并购申报机制的存在有助于提高经济效率；②至少从目前的情况看，自愿申报机制比强制申报机制更有助于提高经济效率；③同时关注交易本身和参与

---

[1] 这里是对全部样本的估计，只是由于数据来源问题，卢森堡的全要素生产率数据未能计算出来，因此，实际回归中缺少了一个样本点。

[2] 异方差检验显示，该方程的 White 检验统计量为 5.93，伴随概率 0.91，因此不能拒绝同方差假设。

并购主体的并购申报标准更有助于反垄断政策的有效实施，从而也会提高经济效率。

三、并购申报制度的机制选择

（一）基本思路

尽管上述政策效应分析显示，至少目前来看自愿申报、规定两类并购申报标准的效果更好，但这并不意味着各国都应该选择自愿申报和规定两类申报标准。因为一方面，前述结论主要是平均意义上的，是对样本内各国影响的综合反映，因而并不能反映出对每个国家而言，某种机制究竟效果如何，因为毕竟各国有自己的具体国情；另一方面，如前所述，造成这种情况的原因也可能是源于各国对与特定机制配套的其他具体制度安排不合理。因此，政策效应分析更大程度上是警示各国，需要重新反思本国并购申报制度组合的合理性。

那么，究竟各国对并购申报机制的选择受到哪些因素的影响？一国应如何选择适合本国的申报制度？根据一般的经济学理论，一国的最优制度设计通常受到多种因素的制约。这些因素中既有属于一般性，对各国影响方式或程度类似的，又有属于国别特征，体现国家之间差异的。企业并购申报机制设计也是如此。无论在哪个经济体，企业规模越大，并购对市场竞争的影响往往也就越大，反垄断机构越需要关注这些企业之间的并购；但是不同国家在经济发展阶段和发展水平、产业政策、市场竞争状况以及反垄断执法经验、水平等方面的差异，决定了它们所采取的申报机制也应该有所不同。

基于这些考虑，本节采用 Multinomial Logit 离散选择模型分析并购申报机制选择问题。根据 McFadden（1973），[①] 其基本思想是：每个经济主体面临不同选择时，都会尽可能选择使自己效用最大的一种。而通常情况下，影响经济主体在特定选择下所获效用大小的因素又有许多。因此，如果经济主体放弃其他选择，只取 A 选择，意味着影响因素既定的情况下，其选择 A 所能获得的效用大于其他任何一种选择。因此，已知不同经济主体的具体选择，就可以分析某些可观察因素对经济主体选择的影响。具体到研究一国对并购申报制度选择的影响因素时，可以将强制与自愿申报、不同并购申报标准分别视为不同的选择，将国家视为选择主体。由于各国选择不同申报制度安排的效用（社会福利）受到各种经济[②] 和制度因素[③] 的影响，因此，结合不同国家既定的申报机制选择，就可以考查这些国别特征对各种申报机制选择的影响。

（二）模型设定与估计结果

根据 Multinomial Logit 模型的基本原理，假定共有 I 个国家，面对 J 种不同的企业并购申报机制选择。对于国家 i（i = 1，…，I），令其选择第 j（j = 1，…，J）种机制的效

---

① 详见 Greene（2000）。
② 如 GDP、人均 GDP 等。
③ 如政府效率、申报审查期限、申报违规制裁等。

用为 U_{ij}。该效用与许多因素相关，如 GDP、人均 GDP、政府有效性等。条件所限，本节采用缩减的方程形式描述各国选择不同申报机制的效用情况。假设效用函数为：

$$U_{ij} = \beta' X_{ij} + \varepsilon_{ij}$$

其中，方程右边第一项是效用函数中的确定性部分。向量 X_{ij} 表示可观测到的、影响国家 i 选择第 j 种申报机制效用的变量。β' 是待估参数。ε_{ij} 是随机效用部分，它综合反映了观察不到但也会影响国家 i 选择第 j 种机制效用的所有变量的影响。

根据 McFadden（1974），Multinomial Logit 模型下，假设 ε_{ij} 服从独立同 Weibull 分布，从而满足：

$$F\left(\varepsilon_{ij}\right) = \exp\left(-e^{-\varepsilon_{ij}}\right)$$

这样一来，国家 i 选择第 j 种申报机制的概率就是：

$$P_{ij} = \frac{\exp(\beta' X_{ij})}{\sum_{j=1}^{J} \exp(\beta' X_{ij})}, \quad j = 1, \cdots, J$$

1. 强制/自愿申报机制选择

从理论上说，一国的发展水平、对外开放程度、政府效率以及并购申报制度结构都会对其选择强制和自愿申报机制的概率产生影响。随着一国经济发展水平的提高，大企业实力逐渐增强。这种情况下，无论是大企业之间的并购，还是大小企业之间的并购，对市场竞争的潜在威胁更大，更需要引起反垄断机构的密切关注和严格监控，此时采取相对严格的强制申报制度应该更有助于社会福利的提高。而随着一国政府治理水平和执政效率的提高，即便采用自愿申报制度，政府也有能力及时发现和惩罚那些可能对社会造成严重危害的并购交易，这无疑又会进一步对那些危害竞争的潜在并购交易形成有效震慑。不仅如此，此时采用自愿申报制度还给能够改进社会福利的并购提供了降低并购申报成本的机会，因为它们可以选择不申报。所以，政府有效性提高可能会使选择强制申报机制的必要性降低。此外，并购申报体系中的一些制度细节，如申报审查期限、申报违规制裁等也可能对强制/自愿申报机制选择带来影响。以申报审查期限为例，时间越长，对企业而言，意味着越高的成本负担，这不仅包括向反垄断机构提供二次信息的成本，还包括因等待审查而耽误的盈利机会，它们都会对企业的正常并购产生负面影响。因此，随着申报审查期限的延长，允许企业首先自己根据市场势力评估决定是否申报交易，可能就会节约许多不必要的申报和审查成本，实现更高的社会福利。

基于这些考虑，在分析强制/自愿申报机制选择的影响因素时，我们主要引入了人均 GDP、开放程度、政府有效性、申报审查期限和申报违规制裁这些解释变量。同时，因为存在数据缺失情况，引入了虚拟变量加以控制。

表 3-5 是该方程的估计结果。估计过程中，本节将自愿申报机制作为了基准选择。由表 3-5 可以看出，各主要变量的估计系数均比较显著。其中，开放程度、申报审查期限、申报违规制裁的系数均通过了 5% 的显著性检验，政府有效性的系数通过了 10% 的显著性检验，人均 GDP 的系数稍微差些，但也能通过 15% 的显著性检验。这表明，经济发展水平、市场开放程度、政府治理水平、审查成本等的确会对一国的强制/自愿申报机制选择产生显著影响。

表 3-5 强制/自愿申报机制选择方程估计结果

解释变量	系　数	标准差
PGDP	0.00019**	0.00012
OPEN	0.03828****	0.01662
GE	−4.73186***	2.44343
REVP	−0.07107****	0.03275
DUM5	−1.64421***	0.94124
PEN	0.00013****	0.00005
DUM6	3.47668***	2.01414
似然值	−8.9892	
样本数	48	

注：①基准选择为自愿申报机制；②回归方程的 Pseudo R^2 为 0.7298。

由于 Multinomial Logit 模型下，系数估计值并不能直接表示变量对特定选择概率的边际效应大小，因此要考查各变量对特定选择概率的边际效应，必须将系数估计值进行转换。

根据 Greene（2000），连续变量 x_i[①] 对选择概率 P_j 的边际效应为：

$$ME_j = \frac{\partial P_j}{\partial x_i} = P_j \left[\beta_j - \sum_{k=0}^{J} P_k \beta_k \right] = P_j(\beta_j - \bar{\beta}) \qquad (3-1)$$

它表示 x_i 的边际变化会带来 P_j 变化的大小。对本节而言，P_j 表示一国作出第 j 种并购申报制度选择的概率；β_j 表示第 j 种申报制度方程的估计结果中，x_i 对应的系数估计值。

此外，与经济学中的弹性概念相对应，有时也用概率弹性（Elasticity of Probability）来表示变量对选择概率的边际影响程度。具体来说，变量 x_i 对选择概率 P_j 的概率弹性为：

$$EE_j = (\beta_j - \bar{\beta}) x_i \qquad (3-2)$$

显然，EE_j 表示 x_i 每变化 1%，概率 P_j 变化的百分比。

根据公式（3-1）和公式（3-2），我们计算出了方程中各解释变量的边际效应和概率弹性，见表 3-6。

表 3-6 各变量对强制申报机制选择概率的边际效应和概率弹性

解释变量	边际效应	概率弹性
PGDP	2.27e−05	0.4769
OPEN	4.57e−03	0.4487
GE	−0.5646	−0.5565
REVP	−0.0085	−0.3994
PEN	1.55e−05	8.1891

① 对于二元变量来说，无法用公式计算其边际效应，只能利用原始概率公式计算其对选择概率的影响。具体来说，如果 x_k 是一个二元解释变量，其他条件不变，x_k 从 0 变为 1 时，选择概率 P_j 的变化为：

$$\frac{\exp(\beta_0 + \beta_1 x_1 + \cdots + \beta_{k-1} x_{k-1} + \beta_k)}{\sum_{j=1}^{J} \exp(\beta_0 + \beta_1 x_1 + \cdots + \beta_{k-1} x_{k-1} + \beta_k)} - \frac{\exp(\beta_0 + \beta_1 x_1 + \cdots + \beta_{k-1} x_{k-1})}{\sum_{j=1}^{J} \exp(\beta_0 + \beta_1 x_1 + \cdots + \beta_{k-1} x_{k-1})}, \ j = 1, \cdots, J.$$

结合表 3-5 和 3-6，可以得到如下基本结论：

（1）随着经济发展水平的提高，更需要强制申报机制。人均 GDP 是衡量一国经济发展水平的重要变量，其边际效应为正，意味着在其他条件相同的情况下，随着一国经济发展水平的提高，总体而言其选择强制申报机制的概率也会提高。这就验证了我们的分析，即经济发展水平越高，并购对市场竞争的威胁越大，越需要采用更严格的强制申报机制。

（2）经济越开放，越需要强制申报机制。一国开放程度越高，国内外经济联系越紧密，国外企业通过并购方式冲击国内企业，从而影响国内市场结构和竞争程度的可能性越大，所以需要本国反垄断机构更多地关注，以防止这些企业为了垄断国内市场而实施并购。这种情况下，采用更严格的强制申报制度对并购控制而言更为有效。[1]

（3）政府效率的提高可以降低并购申报制度的严格性。存在并购申报制度的前提下，估计结果显示，政府有效性变量的边际效应为负，这意味着其他条件相同时，一国政府治理水平和执政效率的提高，总体而言会使其选择强制申报的概率也随之提高，而且从边际上看这种影响非常明显（-0.5646）。这一点也与我们的预期一致。

（4）并购申报制度细节会影响到强制/自愿申报机制选择。从申报审查期限看，其边际效应为负，意味着其他条件相同时，申报审查期限规定时间的延长，会使其选择强制申报的概率越低。这同样验证了我们的预期。与之相反，随着申报违规制裁额度的提高，总体而言会提高一国选择强制申报的概率。因为申报违规制裁越高，强制申报下对违法企业并购行为的震慑效应越强，反垄断效果越好。而自愿申报机制下，审查并购往往是在完成并购后才能进行，这种审查一般都需要经过漫长的调查期才能确定是否违法，以及是否需要执行制裁措施，此时真正实施制裁的难度更大，成本更高，对企业而言制裁更不可信。

2. 并购申报标准设计

设定并购申报标准主要是为了甄选那些更需要反垄断机构关注的并购。相对而言，采用强制申报机制的国家可能比采用自愿申报机制的国家更需要利用并购申报标准实现"初选"，因为自愿申报机制下企业自身具有"自我选择"的机会，根据市场影响状况，它可以首先预测交易是否需要申报。[2] 这样，即便没有并购申报标准的甄选，也可以通过企业"自我选择"避免一些不必要的申报和审查成本。而强制申报制度下，如果不规定并购申报标准，意味着所有并购都要申报，这就难免会产生大量不必要的申报行为，浪费许多反垄断资源。

随着一国 GDP 的扩大，与之相伴的是企业规模也在不断成长，这种情况下，一些中小企业之间的并购通常不会对市场竞争带来明显影响，因而就没有必要要求所有企业均申报交易，对于正常的竞争重组，反垄断机构不但不应限制，很多时候还应大力支持。因此，并购申报标准的设定就非常必要。

---

[1] 实际上，有些没有建立一般性企业并购制度的国家为了控制外资并购，专门出台了相关规定，如马来西亚。

[2] 这里的"是否需要"主要是指如果不申报，是否会被进行反垄断调查，甚至提出指控，和强制申报下有所不同。

基于上述考虑，在并购申报标准选择方程中，我们主要引入了 GDP、经济增长率、通货膨胀率、政府有效性和申报机制等解释变量。表 3-7 给出了该方程的估计结果。估计过程中，我们将不规定任何申报标准作为了基准选择。从结果看，各主要解释变量的系数都比较显著，大都至少能通过 15% 的显著性检验，强制申报、经济增长率等变量更是基本能通过 5% 的显著性检验。这说明一国的经济、制度水平和并购申报制度结构都会影响到其对并购申报标准的选择。而且，强制申报、GDP 变量的符号也与预期一致。从表 3-7 的各解释变量边际效应看，由自愿申报到强制申报，会使一国选择规定主体规模申报标准的概率提高近 0.7，这种影响是非常大的。

表 3-7　并购申报标准选择方程估计结果

解释变量	仅交易规模		仅主体规模		两类标准	
	系　数	标准差	系　数	标准差	系　数	标准差
MAN	5.4080****	2.5055	6.3139****	2.9281	5.2045***	2.7592
PRE	−5.7664****	2.2738	−2.4295*	1.8883	−3.0457***	1.8243
DUM8	−206.4146****	3.2933	−210.9986****	1.8142	−172.1565	—
GDPG	−0.2676	0.2166	−0.8456****	0.3719	−0.9826****	0.3634
GDP#	0.4320**	0.2808	0.4443**	0.2803	0.4501	0.2803
INF	−1.0403****	0.3656	0.0056*	0.0042	0.0086**	0.0047
GE	2.7855***	1.6715	1.8493	1.4527	1.9099***	1.5057
似然值	−28.1368					
样本数	48					

注：①基准选择为无并购申报标准；②回归方程的 Pseudo R^2 为 0.5772；③方程中 GDP# 是在 GDP 原始数据基础上除以 10000 后的数值，表 3-7 也是如此。

表 3-8　各变量对不同并购申报标准选择概率的边际效应和概率弹性

解释变量	仅交易规模		仅主体规模		两类标准	
	边际效应	概率弹性	边际效应	概率弹性	边际效应	概率弹性
MAN	0.0079	—	0.6960	—	0.0136	—
PRE	−0.1496	—	−0.0265	—	−0.1466	—
GDPG	0.0200	2.5513	−0.0770	−0.6566	−0.0429	−1.3396
GDP#	0.0020	3.3333	0.0396	4.3937	0.0135	5.4722
INF	−0.0434	−51.1239	0.0293	2.3143	0.0086	2.4837
GE	0.0510	1.0028	0.0951	0.1253	0.0808	0.3901

由估计结果还可以看出，随着政府有效性的提高，其制定并购申报标准的必要性也在增加。因为通过设定并购申报标准，不仅有利于免除正常并购交易企业的申报负担，同时节约了很多不必要的审查成本，而政府有效性提高后，免除一些企业的并购申报任务不会导致市场竞争受到明显的负面影响，因为一旦出现旨在削弱市场竞争的并购，反垄断机构通常有能力及时发现并制止。进一步结合强制/自愿申报机制选择的分析结果，不难发现，实际上，存在并购申报制度的情况下，政府有效性的提高总体而言允许一个

国家采取更"宽松"的申报制度，以降低对企业并购活动的事前干预。表3-7、表3-8还表明，如果一国的经济增长率较高，无论设定哪种并购申报标准，效果都会比较差，因为此时反垄断机构很难制定有效的申报标准，根据当前情况制定的申报标准可能很短时间就失效了，难以起到应有的作用。

第四节　中国企业并购申报制度设计

2007年8月30日，《中华人民共和国反垄断法》已经第十届全国人民代表大会常务委员会第二十九次会议审议通过，并于2008年8月1日正式实施。该法对企业并购申报制度中的几个主要方面已经作出规定，[①] 但在最重要的并购申报标准方面却尚未明确。结合前面并购申报制度的机制选择分析，本节首先验证中国已有申报机制选择的合理性，并在此基础上重点关注并购申报标准应如何设计。

一、基本机制选择

根据上述并购申报机制选择的实证分析结果，可以预测出中国两个主要层面并购申报制度的选择概率。2007年中国的GDP为246619亿元人民币（约合34773亿美元），人均GDP约2644美元，1989年以来年均经济增长率为12.19%，通货膨胀率为5.28%，开放程度为47.37%，政府有效性指数为-0.11，《反垄断法》规定的并购第一阶段审查期限为30天，最高申报制裁数额为50万元人民币，将这些变量代入申报机制选择方程，可以预测出中国：

选择强制申报机制的概率为0.9999，选择自愿申报机制的概率为0.0001。

选择不规定申报标准的概率为0，仅规定交易规模申报标准的概率为0.0007，仅规定主体规模申报标准的概率为0.8，规定两类申报标准的概率为0.1993。

上述结果似乎与政策效应分析的结论不太一致。以强制/自愿申报制度选择为例，政策效应分析部分的基本结论是目前实行自愿申报制度的国家总体而言政策效果好于强制申报国家，而这里却预测中国应该选择强制申报制度，原因何在？实际上，这恰恰说明了一国在设计本国的企业并购申报制度时，不仅要考虑申报机制本身的特点，还必须充分考虑本国的实际情况。由Choe和Shekhar（2006）的分析可以发现，相对而言，采用自愿申报机制对政府效率提出了很高的要求。要想通过自愿申报机制的实施，既避免不必要的申报行为，节约申报和审查成本，又有效阻止对市场竞争存在显著影响的并购发生，就要求反垄断机构的审查和调查效率必须非常高（政府有效性的边际效应高达0.5646）。正因为如此，目前采用自愿申报制度的国家中，只有英国、澳大利亚、新西兰

---

① 如适用范围（第四章第二十条）、申报机制（第四章第二十一条）、申报审查期限（第四章第二十五、二十六条）、豁免条款（第四章第二十二条）和罚则（第七章第四十八条）等。

等几个比较发达、政府效率较高的国家[1] 政策效果比较好,[2] 而印度、委内瑞拉等国尽管也采用了自愿申报制度，但效果并不好。[3] 对中国而言，目前政府治理能力还比较差（政府有效性指数仅为-0.11，远低于样本平均水平），反垄断执法经验更是非常缺乏，此时采用自愿申报制度效果很可能会非常差。相比之下，采用强制申报制度对反垄断机构的执法水平要求要低一些。从这个意义上说，中国《反垄断法》中规定强制性并购申报机制是比较合理的。

与此类似，尽管单从总体政策效果看，规定两类申报标准要相对好一些，因为这样可以更全面地反映市场势力影响状况。但从操作层面上看，从交易规模角度认定并购是否需要申报，对反垄断机构而言显然难度很大，因为实践中，往往很难界定哪些部分属于并购交易涉及的内容，哪些部分与交易无关。只有当反垄断机构执法经验足够丰富、能够准确界定交易内容范围时，规定两类申报标准才能真正实现较好的政策效果。如果没有足够有效的反垄断机构，规定两类标准带来的可能是高昂的执法成本。从各国经验看，规定两类申报标准的，基本都是反垄断政策水平非常高的国家，如美国、日本、加拿大、英国等。而对于中国来说，显然不具备这样的条件。因此，采用相对简单、易于操作的主体规模申报标准可能是更为现实的选择。遗憾的是，因为数据原因，我们所用的方程中，并没有反映反垄断法执法经验的变量，也就无法考查这类影响的程度如何。

二、并购申报门槛估计

确定了从主体规模角度规定并购申报标准之后，下一步还要确定如何设计具体的主体规模申报门槛数值。对此，我们采用国际基准法来进行估计。该方法的基本思路是，决定不同国家并购申报门槛的因素是相似的，因此可以根据国外的并购申报门槛来预测中国的情况。当然，采用这一方法预测中国的并购申报门槛时，较理想的做法是选择结构性模型，即依据经济理论，建立能反映变量之间结构性关系的计量经济学方程，在此基础上再做预测。但是，由于受到反垄断经济理论发展和数据的限制，目前尚不具备建立复杂结构性模型的条件，只能以 GDP、人均 GDP、政府有效性等数据作为解释变量或某些解释变量的替代变量（Proxy），采用缩减的方程形式进行估计。

（一）理论基础

根据反垄断经济学理论，下列经济和制度因素可能影响到一国并购申报门槛的制定：

（1）有效的并购申报门槛与一个国家的经济发展阶段，以及该国的产业结构和经济社会特征有关。一方面，在市场经济发展的初期，特别是对发展中国家来说，企业规模比较小，因此，申报门槛会制定得相对低一些，否则就会漏掉一些对市场竞争有显著影响的并购，我们将这种影响称为规模效应（Scale Effect）；但另一方面，在经济发展阶

---

① 政府有效性指数均接近 2。
② 反垄断有效性指数均超过 6。
③ 反垄断有效性指数分别为 4.6 和 3.6，政府有效性指数分别为-0.11 和-0.83，均低于平均水平。

段，特别是在市场制度尚不成熟时，经济垄断的可能性也比较小。[①] 为了促进市场经济的发展，不影响正常的并购重组，申报门槛又会制定得相对高一些。因此，总体来看，经济发展阶段对申报标准的影响不确定，实际影响取决于对这两种效应的综合权衡。

（2）并购申报门槛的确定取决于第一类错误（Type I Error）和第二类错误（Type II Error）带来的成本权衡。作为事前审查，并购的申报门槛如果过高，就会增加本无严重影响的并购受到审查的可能性，从而降低效率，最终降低总福利水平；而如果企业并购的申报门槛过低，就会增加本会产生严重影响的并购逃脱审查的可能性，从而使得某些垄断行为得不到相应的规制，最终同样会降低总福利水平。这两类错误带来的成本权衡，会对有效申报门槛的设定产生重要影响。

（3）有效的并购申报门槛与某些制度特征相关，例如政府有效性、并购申报审查期限等。以政府有效性为例。一方面，实施反垄断法需要公共支出。根据经济学理论，公共资金的社会成本[②] 是决定政府支出有效性的重要参数。张昕竹（1995）的研究表明，发达国家公共资金的社会成本远远低于发展中国家，[③] 因而相同的公共支出下其能够实现的并购审查数量就多于发展中国家。又因为并购申报门槛是决定反垄断机构工作量的重要因素，因此，其他条件相同时，发达国家的申报门槛应低于发展中国家。但另一方面，既然发达国家的政府有效性更强，即便允许一些并购免于申报，一旦事后出现滥用市场势力的行为，它们也能够迅速作出反应，限制市场势力滥用。从这个意义上说，通过事前申报降低事后补救成本的必要性就会降低，同时却有利于节约反垄断机构审查成本和企业申报成本。因而政府有效性越强，申报门槛又应该越高。所以，总体而言政府有效性对申报门槛的影响究竟是正是负也是一个实证问题。

（二）模型设定与估计结果

基于上述理论基础，结合所获数据情况，我们分别设定三个方程，考查"所有参与并购企业境内总营业额"、"至少两家参与并购企业境内营业额"[④] 和"所有参与并购企业全球总营业额"三类申报门槛受哪些因素影响。为此，我们既需引入代表一国经济总体情况的变量，如 GDP，又要引入代表各国政府效率的变量，如政府有效性；同时，为了考查并购申报制度结构对申报门槛数值的影响，还要引入代表申报机制、审查期限以及申报门槛设定特征[⑤] 等变量。因此，并购申报门槛估计方程的基本形式为：

$$Y_i = \beta_0 + \beta_1 ECON_i + \beta_2 INS_i + \beta_3 NM_i + \varepsilon_i$$

[①] 不考虑行政垄断。

[②] 由于税收会造成生产者所获得的实际销售价格和消费者所支付的实际购买价格发生偏离，故会带来效率损失或称社会成本，而度量这个社会成本的概念就是公共资金的社会成本。所谓"公共资金的社会成本"是指，每 1 元钱的税负所带来的额外的社会成本。例如，如果 A 国公共资金的社会成本是 2，就意味着每 1 元钱的税负所带来的额外社会成本为 2 元钱。

[③] 发达国家的公共资金的社会成本一般为 0.3，而中国的公共资金的社会成本为 1.5 以上。

[④] 它表示至少两家参与并购企业境内营业额均要达到x时，并购交易才须申报。

[⑤] 部分国家是从某几家参并企业而非全部参并企业的角度去规定并购申报门槛的，从尽可能有效利用数据的角度出发，我们将这些国家的规定也折算成了所有参与并购企业全球总营业额门槛。为控制这种处理方式的影响，我们引入了虚拟变量加以控制。

其中，被解释变量 Y_i 分别表示三类不同的并购申报门槛，NM_i、$ECON_i$、INS_i 的含义在政策效应分析部分已经介绍过。表 3-9 给出了三个并购申报门槛估计方程的回归结果。需要说明的是，由于存在一定的异方差性，所有参与并购企业全球总营业额申报门槛方程采用了 WLS 法进行估计，以 OLS 估计结果残差的标准差为权；其他两个方程均是采用 OLS 法进行估计。从三组结果看，各主要解释变量的系数都比较显著。其中，GDP 的系数均能通过 5% 的显著性检验，政府有效性、并购审查期限变量也基本能通过 10% 的系数显著性检验。这说明，不同的经济、制度和并购申报制度结构都会对申报门槛数值带来重要影响。只有强制申报机制变量的系数不够显著，但基于方程主要目的是预测，而非结构性分析的考虑，我们还是保留了该变量，因为从经济意义上说，申报机制的差别也应该对申报门槛的高低产生影响。强制申报机制下，由于所有参并企业都要申报交易，因此申报门槛应该相对高一些，以此来免除一些中小规模并购的申报义务，既节约成本，也尽量不影响企业的正常交易。

表 3-9　并购申报门槛估计结果

解释变量	境内总营业额		两家境内营业额		全球总营业额[①]	
	系　数	标准差	系　数	标准差	系　数	标准差
GDP	0.6341****	0.0362	0.4506****	0.0776	0.7010****	0.0708
GE	0.3524	0.3163	0.9467****	0.4232	1.0615***	0.5871
MAN	0.9714	0.8374				
REVP	0.0102*	0.0071	0.0174***	0.0092		
DUM5	1.0515****	0.4101	−0.3318	0.6097		
DUM7					−1.1014**	0.7000
R^2	0.9824		0.9913		—	
样本数	36		15		15	

由回归结果可以发现：

（1）随着一国经济规模的扩大，并购申报门槛数值也需要相应提高。这是因为尽管经济规模扩大通常意味着经济发展水平也在不断提高，垄断产生的可能性也越大，需要密切关注并购对市场势力的影响，但同时，所有企业规模都在扩大，这意味着申报标准要真正起到甄选显著影响市场竞争的并购的作用，门槛数值就需要提高。而且，从实证结果看，后一种影响更为重要。

（2）政府效率越高，申报门槛数值也会有所提高。从实证结果看，尽管政府有效性提高会降低公共资金的社会成本，从而降低并购审查的成本，但同时也意味着政府对并购完成后的滥用市场势力行为控制力提高，这使得事前干预的必要性下降，并且这种影响更重要。因此，申报门槛会随之提高。

（3）申报审查期限越长，申报门槛应该越高。尽管对反垄断机构而言，审查期限延长意味着有充足的时间去调查评估并购的影响，以制止那些损害社会整体福利的并购，

① 数据所限，该方程估计不出 R^2，但是用 OLS 估计时的 R^2 为 0.9864，可供一定参考。

但同时却给申报企业带来了更大的负担，不但提高了它们的直接申报成本，而且贻误了很多市场机会，因此应尽可能减少那些小规模并购企业的申报。

为检验异方差是否存在，我们对前两个方程做了 White 异方差检验。结果显示，在10%的显著性水平上，均不能拒绝同方差假设。[1]

（三）预测中国

根据上述估计结果，代入 2007 年中国的 GDP、人均 GDP、政府有效性指数、申报审查期限，虚拟变量均取 0，预测出中国：

所有参与并购企业境内总营业额申报门槛点估计值为 18365.98 万美元，90%的置信区间为（8787.10，38386.83）万美元。

至少两家参与并购企业境内营业额均须达到的申报门槛点估计值为 1336.99 万美元，90%的置信区间为（232.45，7689.82）万美元。

所有参与并购企业全球总营业额申报门槛点估计值为 34268.91 万美元，90%的置信区间为（4624.66，253932.27）万美元。

三、现实考虑

在具体设计并购申报标准的过程中，我们又考虑了以下几个主要的现实问题：

（一）市场份额申报标准是否需要

从理论上说，无论是市场份额还是企业销售额，均可以在一定程度上衡量参与并购企业在市场中的影响力，所不同的只是前者是用相对数指标反映企业实力，后者是用绝对数指标反映企业实力。如果能够清楚地界定相关市场，并且合理计算出企业的市场份额状况，应该说市场份额指标对市场势力的反映更具一般性，它不受不同产业、不同部门的影响。但是，至少从目前看，界定相关市场和计算市场份额操作起来都有很大困难。因此，国际上真正采用市场份额指标规定申报标准的国家很少，而单独用市场份额指标规定申报标准的只有澳大利亚等极少数国家。相反，采用销售额指标规定申报标准，最大的优势就在于容易操作，便于执法。中国目前尚未正式实施反垄断法，此前尽管有《关于外国投资者并购境内企业的规定》的执法积累，但反垄断执法机构经验不足是不争的事实。因此，为降低执法困难和不确定性，我们认为中国目前尚不适合用市场份额指标规定并购申报标准。

（二）是否需要分行业规定申报标准

尽管从理论上说，由于不同产业特征各异，企业规模之间差异明显，规定统一的申报标准[2] 无法体现这一特征。但是，任何国家都是产业数目众多，要分别作出规定，无

---

① 两个方程的 White 统计量和伴随概率分别为：第一，White 检验统计量 9.34，伴随概率 0.31；第二，White 检验统计量 8.89，伴随概率 0.26。

② 特别是具体的申报门槛数值。

论是从制度设计成本，还是法律实施成本来说，势必非常高昂。而从国际经验看，也没有哪个国家是详细分行业、部门规定企业并购申报标准的，只是相当一部分国家对少数行业，如金融业等有专门规定。[1] 综合这些因素，中国也不宜分行业规定并购申报标准，但可以效仿大多数国家的做法，也对金融机构做出特别规定。

（三）发展阶段与任务

中国目前仍处于较低的经济发展阶段，当务之急仍是提高国家的总体经济实力，在微观层面，还需在国家产业政策的指导下通过重组、兼并、联合等方式提高产业集中度和企业的国际竞争力。基于这一现实，并购申报门槛数值显然不应过低。

（四）其他考虑

此外，我们还考虑到：①从审查效果看，相对而言，如果并购申报标准规定很细，既可以避免出现"漏网之鱼"，遗漏对社会影响较大的并购，又可以减少对一些市场影响不大的并购的审查任务，无论对企业、社会、还是反垄断机构都有利。因此，各国普遍是从多个角度分别规定并购申报标准的，[2] 这一点对中国来说也具有重要的借鉴意义。但问题是，规定越细，操作就会越复杂，对企业而言，也增加了守法成本。相反，如果申报标准规定过于一般化，事前审查就会出现很多漏洞，并购申报的目的可能也无法很好地实现。因此，必须综合考虑如何使并购申报标准设计粗中有细、详略得当。②一国经济总体规模和企业规模都在不断成长壮大，并购申报门槛也理应反映这一趋势。

四、建议方案

以前面几部分的实证分析为基础，综合上述考虑并借鉴国际经验，我们给出两套并购申报标准设计方案、四组具体的并购申报门槛数值：

（一）方案一

（1）以点估计值为依据规定并购申报门槛时，规定：

当至少两家参与并购企业上一会计年度在中国境内的销售额均达到 1 亿元人民币，并且满足下列条件之一：①所有参与并购企业上一会计年度全球总销售额达到 24 亿元人民币；②所有参与并购企业上一会计年度在中国境内的总销售额达到 13 亿元人民币时，并购交易需要向反垄断执法机构申报，金融机构另行规定。

（2）以区间估计的均值为依据规定并购申报门槛时，规定：

当至少两家参与并购企业上一会计年度在中国境内的销售额均达到 3 亿元人民币，

---

[1] 如欧盟、英国等。

[2] 例如，有的是结合参并企业在境内市场和全球市场的营业规模作出规定，如法国、德国、芬兰等；有的是仅规定境内业务规模，但不仅考虑了所有参并企业的总营业规模，还同时顾及其中几家较大企业的规模，如比利时、捷克、丹麦等。

并且满足下列条件之一：①所有参与并购企业上一会计年度全球总销售额达到 90 亿元人民币；②所有参与并购企业上一会计年度在中国境内的总销售额达到 17 亿元人民币时，并购交易需要向反垄断执法机构申报。金融机构另行规定。

（二）方案二

（1）以点估计值为依据规定并购申报门槛时，规定当同时满足：①所有参与并购企业上一会计年度全球总销售额达到 24 亿元人民币；②至少一家参与并购企业上一会计年度在中国境内的销售额达到 2 亿元人民币。

或者同时满足：①所有参与并购企业上一会计年度在中国境内的总销售额达到 13 亿元人民币；②至少两家参与并购企业上一会计年度在中国境内的销售额均达到 1 亿元人民币时，并购交易均需要向反垄断执法机构申报。金融机构另行规定。

（2）以区间估计的均值为依据规定并购申报门槛时，规定当同时满足：①所有参与并购企业上一会计年度全球总销售额达到 90 亿元人民币；②至少一家参与并购企业上一会计年度在中国境内的销售额达到 6 亿元人民币。

或者同时满足：①所有参与并购企业上一会计年度在中国境内的总销售额达到 17 亿元人民币；②至少两家参与并购企业上一会计年度在中国境内的销售额均达到 3 亿元人民币时，并购交易均需要向反垄断执法机构申报。金融机构另行规定。

对这两套方案，都要加上调整条款：申报门槛数值每年按 CPI 指数或经济增长率进行相应调整。

上述两套方案的设计，都既考虑了企业总体业务规模，又考虑了对中国市场的实质影响。以第一套为例，其首先要求当所有参与并购企业上一会计年度全球总营业额达到一定门槛数值，并且至少两家参与并购企业上一会计年度在中国境内的营业额均达到一定数值时，需要向反垄断执法机构申报并购交易。因为当企业规模足够大时，其通常拥有很强的市场势力，至少是对市场竞争存在很强的潜在威胁，所以对这部分企业之间的并购必须高度关注。特别是对那些具有世界级规模的外资企业，为防止其通过并购的形式垄断中国市场，即便他们当前在中国的业务规模不是很大，也需要严加防范。

不仅如此，第一套方案还要求，当所有参与并购企业上一会计年度在中国境内的总营业额达到一定门槛数值，并且至少两家参与并购企业上一会计年度在中国境内的营业额均达到一定数值的并购时，也要向反垄断机构申报。这就意味着，即便是那些总体业务规模不是很大的企业，如果其在中国境内已有较大业务规模，即境内营业额达到一定的总量和结构条件时，也需要申报。显然，这部分规定主要是针对国内企业中的较大者，但同时也包含了一部分在中国境内有相当业务规模的外资企业。之所以既强调所有参与并购企业的总量规模，又强调其中两家企业的规模，是因为即便是总量规模相同，大多数情况下，大企业并购小企业，不但对市场竞争形势的影响相对较小，而且很多情况下是优胜劣汰、提高经济效率所必需的。而两家相似规模企业之间的并购，则更可能通过强强联合，显著提高市场势力，甚至垄断某一市场。

当然，严格来说，分别从所有参与并购企业全球总营业额和中国境内总营业额两个方面设计申报标准时，对"至少两家参与并购企业上一会计年度在中国境内的营业额均达到×"门槛的规定，也应有所区分。但限于数据条件，这里无法作出准确预测。

第二套方案与第一套方案有一部分内容完全相同，即也是要求同时满足所有参与并购企业上一会计年度在中国境内的总营业额达到一定数值和至少两家参与并购企业上一会计年度在中国境内的营业额均达到某一数值的并购，要向反垄断机构申报。不同之处在于，对所有参与并购企业上一会计年度全球总营业额达到一定规模的并购，第一套方案又规定了其中两家参与并购企业在中国境内的业务规模，第二套方案则是又规定了其中一家参与并购企业在中国境内的业务规模，可见，第二套方案更侧重其中最大的一家参与并购企业的规模，这主要是针对外资企业收购国内企业而设计的。但总体来说，视实际交易中参与并购企业之间的营业额构成关系不同，第一套方案既可能比第二套严格，也可能相反。

第五节　结　语

企业并购申报制度诞生至今已经 30 多年，但是有关并购申报制度政策效果和制度设计的研究还非常缺乏。运用 LEXMUNDI（2007）等提供的并购申报制度调查数据，结合 53 个国家的总体经济、制度数据，本节首次采用实证方法研究了并购申报制度的政策效应和机制选择问题。

分别以反垄断政策有效性和全要素生产率为被解释变量，我们首先考查了不同并购申报机制的竞争效应和经济效应。通过普通的多元线性回归模型，我们发现，并购申报制度的存在的确有助于促进市场竞争和提高经济绩效。而从不同的申报机制对比看，目前采取自愿申报机制的国家无论是从竞争效应还是经济效应来说，都优于采用强制申报机制的国家。就并购申报标准而言，同时关注交易本身和参与并购主体的设定方式更为全面和有效。

在此基础上，我们又采用 Multinomial Logit 模型分析了哪些因素会影响并购申报机制的具体选择。结果发现，无论是经济发展特征、政府执政效率，并购申报制度结构，都可能影响到不同申报机制的选择概率。因此，每个国家在制定本国的并购申报制度体系时，必须既考虑到机制本身的特点，又要结合本国国情。

以上述分析结论为依据，针对中国的并购申报制度体系设计，我们验证了现有基本机制设计的合理性，并且采用基准法，对中国的并购申报门槛数值进行了预测。最后，结合实证结果和国际经验，给出了中国并购申报标准设计建议。该建议已被国务院法制办采纳，成为《国务院关于经营者集中申报的规定（征求意见稿）》中第三条规定的重要理论依据。

有关并购申报制度的实证研究，未来还需要在以下方面继续深化：①对并购申报制度政策效应的研究，无论是被解释变量的选取还是方程的设定，还有待于进一步合理化。特别是目前尚无这方面的结构性模型可资借鉴，采用缩减的方程形式给结论的经济解释带来一定困难。未来如果可能，应尝试运用结构性模型考查并购申报制度的政策效应。而且，随着数据的丰富，有必要在分析方法的严谨性上有所加强，如采用工具变量法进行估计，以降低内生性问题带来的影响等。②在并购申报制度的机制选择方面，随着数据的不断丰富，还应该考察一些更"微观"的因素，如产业特征、并购交易数目、并购审查成本、反垄断执法经验等对申报机制选择的影响。③各国对企业并购申报标准的规定总体来说形式各异，种类繁多，特别是各国通常都是同时规定多个申报标准，这就给分别估计每类标准的门槛数值带来很大困难。因为如果区分过细，面对样本点非常有限的现实，就很难得到明确的结果。在能够有效扩充样本容量和合理分类的情况下，可以继续细化对并购申报门槛的研究。

参考文献

1. Aaronson, R., 1992, Do Companies Take Any Notice of Competition Policy, *Consumer Policy Review*, Vol. 2, No. 3, pp. 140–45.

2. Alesina, A., A. Devleeschauwer, W. Easterly and S. Kurlat, 2003, Fractionalization, *Journal of Economic Growth*, Vol. 8, No. 2, pp. 155–94.

3. Avalos, M. and R. E. D. Hoyos, 2008, An Empirical Analysis of Mexican Merger Policy, *World Bank Policy Research Working Paper*, No. 4527.

4. Baer, W. J., 1997, Reflections on Twenty Years of Merger Enforcement under the Hart–Scott–Rondino Act, *Antitrust Law Journal*, Vol. 65, pp. 825–863.

5. Baker, J. B., 2003, The Case for Antitrust Enforcement, *Journal of Economic Perspectives*, Vol. 17, No. 4, pp. 27–50.

6. Bergman, M., M. Jakobsson and C. Razo, 2005, An Econometric Analysis of the European Commission's Merger Decisions, *International Journal of Industrial Organization*, Vol. 23, No. 9–10, pp. 717–37.

7. Besanko, D. and D. F. Spulber, 1989, Antitrust Enforcement under Asymmetric Information, *Journal of Law, Economics, & Organization*, Vol. 99, No.396, pp. 408–25.

8. Besanko, D. and D. F. Spulber, 1993, Contested Mergers and Equilibrium Antitrust Policy, *Journal of Law, Economics, & Organization*, Vol. 9, No. 1, pp. 1–29.

9. Borrell, J. R. and M. Tolosa, 2007, Endogenous Antitrust: Cross–Country Evidence on the Impact of Competition–enhancing Policies on Productivity, *Applied Economics Letters*, forthcoming.

10. Borrell, J. R. and J. L. Jiménez, 2007, The Drivers of Effectiveness in Competition Policy, *Mimeo*.

11. Bougette, P. and S. Turolla, 2006, Merger Remedies at the European Commission: A Multinomial Logit Analysis, *MPRA Paper* No. 2461.

12. Central Intelligence Agency, 2007, The World Fact Book, *available at https: //www.cia.gov/library/publications/the–world–factbook*.

13. Choe, Ch. and Ch. Shekhar, 2006, Compulsory or Voluntary Pre–merger Notification: A Theoretical and Empirical Analysis, *available at http: //ssrn.com/abstract=912925*.

14. Coate, M. B., 2005a, Empirical Analysis of Merger Enforcement under the 1992 Merger Guidelines, *Review of Industrial Organization*, Vol. 27, No. 4, pp. 279–301.

15. Coate, 2005b, Economic Models in Merger Analysis: A Case Study of Merger Guidelines, *Potomac Law and Economics Working Paper*, No. 4.

16. Coate, M. B. and F. S. McChesney, 1992, Empirical Evidence on FTC Enforcement of the Merger

Guidelines, *Economic Inquiry*, Vol. 30, No.2, pp. 277–93.

17. Coate, M. B., R. S. Higgins and F. S. McChesney, 1990, Bureaucracy and Politics in FTC Merger Challenges, *Journal of Law and Economics*, Vol. 33, No. 2, pp. 463–83.

18. Crandall, R. W. and C. Winston, 2003, Does Antitrust Policy Improve Consumer Welfare – Assessing the Evidence, *Journal of Economic Perspectives*, Vol. 17, No. 4, pp. 3–26.

19. Davies, S. and A. Majumdar, 2002, The Development of Targets for Consumer Savings Arising from Competition Policy, *OFT Working Paper*, No. 4.

20. Davies, S., N. L. Driffield and R. Clarke, 1999, Monopoly in the UK: What Determines Whether the MMC Finds Against the Investigated Firms? *The Journal of Industrial Economics*, Vol. 47, No. 2, pp. 263–83.

21. Dutz, M. and A. Haryi, 2000, Does More Intense Competition Lead to Higher Growth? *World Bank Policy Research Working Paper*, No. 2320 and *CEPR Discussion Paper*, No. 2249.

22. Eckbo, B. E., 1992, Mergers and the Value of Antitrust Deterrence, *The Journal of Finance*, Vol. 47, No. 3, pp. 1005–29.

23. Eckbo, B. E. and P. Wier, 1985, Antimerger Policy under the Hart –Scott –Rodino Act: A Reexamination of the Market Power Hypothesis, *Journal of Law and Economics*, Vol. 28, No. 1, pp. 119–49.

24. Elzinga, K. G., 1969, The Antimerger Law: Pyrrhic Victories, *Journal of Law and Economics*, Vol. 12, pp. 43–78.

25. Evenett, S. J., 2002, How Much Have Merger Review Laws Reduced Cross Border Mergers and Acquisitions? *In William K. Rowley* (ed.): *International Merger Control: Prescriptions for Convergence*, *London: International Bar Association*.

26. Gal, M., 2003, Competition Policy for Small Market Economies, *Cambridge, MA: Harvard University Press*.

27. Greene, W., 2000, Econometric Analysis, *Fourth Edition*, *Prentice Hall*.

28. Hall, R. E. and C. I. Jones, 1999, Why Do Some Countries Produce So Much More Output Per Worker Than Others? *The Quarterly Journal of Economics*, Vol. 114, No. 1, pp. 83–116.

29. Halverson, J. T., S. R. Volk, R. W. Pogur and M. R. Pfunder, 1979, Panel Discussion: The Effects of Hart–Scott–Rodino Premerger Notification, *Antitrust Law Journal*, Vol. 48, pp. 1503–14.

30. Heckman, J. J., 1979, Sample Selection Bias as a Specification Error, *Econometrica*, *Vol. 47*, No. 1, pp. 153–61.

31. Heston, A., R. Summers and B. Aten, 2006, Penn World Table Version 6.2, *available at http://pwt.econ.upenn.edu/php_site/pwt_index.php*.

32. Hylton K. N. and Fei Deng, 2007, Antitrust Around the World: An Empirical Analysis of the Scope of Competition Laws and Their Effects, *Antitrust Law Journal*, Vol.74, No. 2, pp. 271–341.

33. International Competition Network, 2002, The Analytical Framework for Merger Control, *Final Paper for ICN Annual Conference, OFT, London*.

34. International Competition Network, 2006, Recommended Practices for Merger Notification Procedures, *available at http: //internationalcompetitionnetwork.org/media/archive0611/mnprecpractices.pdf*.

35. International Monetary Fund, 2007, World Economic Outlook Database.

36. Ivaldi, M., B. Jullien, P. Rey, P. Seabright and J. Tirole, 2003a, The Economics of Tacit Collusion, *IDEI Working Paper No. 186*.

37. Ivaldi, M., B. Jullien, P. Rey, P. Seabright and J. Tirole, 2003b, The Economics of Unilateral

Effects, *IDEI Working Paper* No. 222.

38. Johnson, R. N. and A. M. Parkman, 1991, Premerger Notification and the Incentive to Merge and Litigate, *Journal of Law, Economics, & Organization*, Vol. 7, No. 1, pp. 145-62.

39. Kaufmann, D., A. Kraay and M. Mastruzzi, 2006, Governance Matters V: Governance Indicators for 1996-2005, *World Bank Policy Research*.

40. Kee, H. L. and B. Hoekman. 2003, Imports, Entry and Competition Law as Market Disciplines, *CEPR Discussion Paper*, No. 3777.

41. Khemani, R. S. and D. M. Shapiro, 1993, An Empirical Analysis of Canadian Merger Policy, *Journal of Industrial Economics*, Vol. 41, No. 2, pp. 161-77.

42. Kouliavtsev, M. S., 2005, Some Empirical Evidence on the Effectiveness of Antimerger Relief in the United States, *Economic Inquiry*, Vol. 43, No. 2, pp. 370-84.

43. Krakowski, M., 2005, Competition Policy Works: The Effect of Competition Policy on the Intensity of Competition-An International Cross-Country Comparison, *HWWA Discussion Paper*, No. 332.

44. Kronthaler, F. and J. Stephan, 2005, Database on Competition Law Enactment in Developing Countries.

45. LexMundi, 2007, Pre-Merger Notification Survey, *available at https: //www.lexmundi.com/images/lexmundi/PDF/PreMerger/premerger_Notification_Survey.pdf*.

46. Lindsay, A., E. Lecchi and G. Williams, 2003, Econometrics Study into European Merger Decisions since 2000, *European Competition Law Review*, Vol. 24, No. 12, pp. 673-82.

47. McFadden, D., 1973, Conditional Logit Analysis of Qualitative Choice Behavior, *in P. Zarembka, ed., Frontiers in Econometrics, New York: Academic Press*.

48. McFadden, D., 1974, The Measurement of Urban Travel Demand, *Journal of Public Economics*, Vol. 3, No. 4, pp. 303-28.

49. McFadden, D., 2001, Economic Choice, *American Economic Review*, Vol. 91, No. 3, pp. 351-78.

50. Motta, M., 2004, *Competition Policy: Theory and Practice*, Cambridge, UK: *Cambridge University Press*.

51. Neven, D. J., 2001, Removing the Notification of Agreements Some Consequences for Ex-post Monitoring, *CEPR Working Paper*.

52. Neven, D., R. Nuttal and P. Seabright, 1993, Merger in Daylight: The Economics and Politics of European Merger Control, *CEPR Working Paper*.

53. Office of Regulation Review, 1995, Pre-merger Notification and the Trade Practices Act 1974, *Mimeo*.

54. Persson, L., 2004, Predation and Mergers: Is Merger Law Counterproductive, *European Economic Review*, Vol. 48, No. 2, pp. 239-58.

55. Persson, T. and G. Tabellini, 2000, Political Economics: Explaining Economic Policy, *MIT Press, Cambridge (MA) and Londres*.

56. Pogue, R. W., 1979, Effects on other Merger Transactions: Does the Government Abuse Its Newly Granted Power, *Antitrust Law Journal*, Vol. 48, pp. 1471-86.

57. Seldeslachts, J. and J. A. Clougherty, 2006, Remedy for Now but Prevent for Tomorrow: The Deterrence Effects of Merger Policy Tools, *CEPR Discussion Papers*, No. 6437.

58. Serebrisky, T., 2004, What do We Know about Competition Agencies in Emerging and Transition Countries-Evidence on Workload, Personnel, Priority Sectors and Training Needs, *World Competition*, Vol.

27, No. 4, pp. 651–74.

59. Smith, C. W. and R. A. Lipstein, 1979, Premerger Notification: Coverage, Corporate Planning and Compliance, *Antitrust Law Journal*, Vol.47, pp. 1181–1203.

60. Titus, J. W., 1979, Stop, Look and Listen: Premerger Notification under the Hart–Scott–Rodino Antitrust Improvements Act, *Duke Law Journal*, Vol. 1979, No. 1, pp. 355–81.

61. UCTAD, 2004, Model Law on Competition, *available at http*: //www.unctad.org/en/docs/tdrbpconf5d7.-en.pdf.

62. United Nations, 2007, UN Statistical Databases.

63. Voigt, S., 2006, The Economic Effects of Competition Policy–Cross–Country Evidence Using Four New Indicators, *ICER Working Paper Series*, No. 20.

64. WEF, 2006, 2007, Global Competitiveness Report.

65. Weir, C., 1992, Monopolies and Mergers Commission, Merger Reports and the Public Interest: A Probit Analysis, *Applied Economics*, Vol. 24, No. 1, pp. 27–34.

66. Weir, C., 1993, Merger Policy and Competition: Analysis of the Monopolies and Mergers Commission's Decisions, *Applied Economics*, Vol. 24, No. 1, pp. 57–66.

67. White & Case LLP, 2003, World Antitrust Merger Notification Requirements, *White & Case LLP*.

68. Wooldridge, J. M., 2001, Econometric Analysis of Cross Section and Panel Data, *Cambridge*, *MA*: *MIT Press*.

69. World Bank, 2001, Global Development Network Growth Database.

70. World Bank, 2007, World Development Indicators Online.

71. Xinzhu Zhang, 1995, An Estimation of China's Cost of Public Fund, *IQTE Working Paper*.

（本章作者：董维刚、[1] 张昕竹[2]）

---

[1] 东北财经大学产业组织与企业组织研究中心，116023。
[2] 中国社会科学院规制与竞争研究中心，100732。

附表 变量含义与描述

变量名称	符号	基本描述	数据来源
全要素生产率	TFP	根据 Hall 和 Jones (1999) 的方法计算的各国 2000 年的全要素生产率指数。它是在各国全要素生产率绝对数的基础上与美国同期全要素生产率的比值。	作者
反垄断政策有效性	EAP	反垄断政策在贵国。1=较为宽松且无助于促进竞争，…，7=有效地促进了竞争。	WEF (2006)
并购规制制度	RMA	若无并购规制制度，变量取值为"1"，否则取值为"0"。	LEXMUNDI (2007) 等
并购申报制度	MN	若有并购申报制度，变量取值为"1"，否则取值为"0"。	同上
强制申报制度	MAN	若规定了强制性并购申报标准，变量取值为"1"，否则取值为"0"。	同上
交易规模标准	ST	若只规定了交易规模申报标准，变量取值为"1"，否则取值为"0"。	同上
主体规模标准	SP	若只规定了企业规模申报标准，变量取值为"1"，否则取值为"0"。	同上
两类申报标准	PAT	若既规定了企业规模申报标准，又规定了交易规模申报标准，变量取值为"1"，否则取值为"0"。	同上
申报标准种类	NT	若未规定任何并购申报标准，变量取值为"0"；若仅规定了交易规模申报标准，变量取值为"1"；若仅规定了主体规模申报标准，变量取值为"2"；若既规定了主体规模申报标准，又规定了交易规模申报标准，变量取值为"3"。	同上
境内总营业额	DST1	所有参与并购企业境内市场总营业额所需达到的申报门槛数值。这里已按现价汇率①将原始申报门槛统一换算成了美元以美元单位的货币单位数值，单位：万美元。	同上
境内两家营业额	DST2	表示至少两家参与并购企业境内市场营业额均需达到的申报门槛数值。换算方法同上。	同上
全球总营业额	GT	表示所有参与并购企业全球市场总营业额所需达到的申报门槛数值。换算方法同上。	同上
并购申报审查期限	REVP	各国规定的并购申报审查期限长度，单位：天。	同上
申报违规制裁	PEN	各国对违反并购申报规定的行为所采取的经济制裁数额，单位：美元。	同上
事前申报	PRE	若采用事前申报制度，变量取值为"1"，否则取值为"0"。	同上
反垄断经费比例	BGDP	表示反垄断机构经费预算占该国 GDP 的百分比。因数值较低，该变量为乘以 10^4 后的数值。	作者
反垄断机构独立性	DEF	反映各国反垄断机构实际执法中独立程度的指数。取值范围 [0, 1]，数值越大，独立程度越高。	Voigt (2006)
反垄断法基础	FB	各国反垄断法基础和内容完善程度的指数。取值范围 [0, 1]，数值越大，反垄断法基础水平越高，内容越完善。	同上

① 本节整理数据的时间为 2007 年 5 月 18 日，故以当天汇率为准。

续表

变量名称	符号	基本描述	数据来源
国内生产总值	GDP	按现价计算的2004年各国国内生产总值，单位：百万美元。	WDI (2007) 等
经济增长率	GDPG	按现价计算的1990~2005年各国年均GDP增长率，单位：%。	作者
人均国内生产总值	PGDP	按现价计算的2004年各国人均GDP数值，单位：美元。	同上
政府支出比例	GC	1989~2004年各国年均政府支出占GDP比例，方法是将1989~2004年数值求算术平均，单位：%。	同上
通货膨胀率	INF	按居民消费价格指数（CPI）计算的1990~2005年各国年均通货膨胀率，方法是将1990~2005年通货膨胀率求算术平均，单位：%。	WDI (2007) 等
开放程度	OPEN	按现价计算的各国2004年的开放程度，用（出口总额+进口总额）/GDP表示，单位：%。	PWT6.2
政府有效性	GE	反映各国政府治理能力的指数。取值范围 [-2.5, 2.5]，数值越大，政府治理能力越强，效率越高。	Kaufmann 等 (2006)
研发支出比例	RDE	1996~2003年各国研发支出占GDP平均比例，单位：%。	WDI (2006) 等
英国殖民地	UK	若曾是英国殖民地，变量取值为"1"，否则取值为"0"。	Persson 等 (2003)
葡西殖民地	SAP	若曾是葡萄牙或西班牙的殖民地，变量取值为"1"，否则取值为"0"。	同上
其他殖民地	OCL	若曾是英国、葡萄牙和西班牙之外其他国家的殖民地，变量取值为"1"，否则取值为"0"。	同上
机构预算比例缺失	DUM1	若反垄断机构预算比例数据缺失，变量取值为"1"，否则取值为"0"。	作者
机构独立性缺失	DUM2	若反垄断机构独立性数据缺失，变量取值为"1"，否则取值为"0"。	作者
基础指数缺失	DUM3	若反垄断基础指数数据缺失，变量取值为"1"，否则取值为"0"。	作者
研发支出比例缺失	DUM4	若研发支出比例数据缺失，变量取值为"1"，否则取值为"0"。	作者
审查期限缺失	DUM5	若并购审查期限数据缺失，变量取值为"1"，否则取值为"0"。	作者
申报制裁数据缺失	DUM6	若申报制裁数据缺失，变量取值为"1"，否则取值为"0"。	作者
全球总营业额规定	DUM7	若采用"至少x家参与企业全球营业额要达到x"方式规定全球营业额申报门槛，变量取值为"1"；其他国家均采用了"所有参与并购企业全球营业额要达到x"的方式规定全球总营业市场申报门槛，变量赋值为"0"。	作者
日本	DUM8	日本是样本数据中唯一一个按并购类型规定事前/事后申报制度的国家，故对日本，该变量取值为"1"，否则为"0"。	作者

第四章　微观经济主体异质行为的
博弈实证研究

考察宏观经济分析模型，无论是确定型还是随机型，其理论基础大都是以微观主体（或选择某种代表性主体）的理性行为特征作为基本假设，重点研究经济现象及其因果关系。新古典或者现代主流经济学正是这样在将个体行为标准化为最优决策模型后，为自己贴上"关于选择的科学"的标签，从而聚焦于研究特定经济环境中的资源配置效率，而一度使对人的行为的研究隐退到经济科学的背后。然而，经济现象和变量关系等都是主体行为及过程直接支配或间接影响的结果，本真意义上的经济学更应该着重研究行为的特征和规律；由于现实经济活动的复杂性和当今科技进步的有力推动，使经济学的研究对象和微观基础从同质的理性人转向异质的现实人，既有了必要又有了可能。本章就是将博弈论与实验经济学方法相结合，研究微观主体的异质行为特征的初步尝试。

第一节　微观主体的异质行为特征及基本表现形式

诺贝尔经济学奖得主、"实验经济学之父"弗农·史密斯曾明确表述了这样一种观点：当一个人从两种结果中选择了较次的那一个，不要简单地概括为非理性，而应该问一个为什么。现实社会经济生活中许多人的行为明显偏离了经典理论信奉的理性行为，这就是异质行为的基本特征。行为经济学、实验经济学等当代经济学的前沿理论分支以及相关学科，揭示出一些典型的异质行为特征，如损失规避、模糊规避、禀赋效应、框架效应、参照系效应、心理账户、情感偏差和前景理论等。这些异质行为使得现实主体明显偏离经典理论对基本行为的概括和抽象，并且成为复杂经济现象和问题深层的、潜在的决定性因素，由此就充分暴露出原有经济理论的局限性，甚至是致命的缺陷。

经济行为的异质性构成了色彩斑斓的真实经济世界。从经济活动领域的角度来看，有消费、生产、投资、交换和分配行为的异质性等；从个体行为特征来说，有行为目标的异质性、偏好的异质性、行为习惯和方式的异质性，等等；就群体行为的特征而言，有组织行为的异质性、政府行为的异质性、社会行为的异质性以及市场行为的异质性等。

直观感受真实经济世界中各类所谓的异常现象（Anomalies）或非理性（包括有限理性）行为，其本质就是异质行为，而且是大量的、常态的，并且难以用某种统计平均特征来替代。从统计意义上讲，设 θ 为描述个体某类行为特征的参数，$\bar{\theta}$ 为该行为参数的均值，$\hat{\theta}$ 为其估计值，$E(\hat{\theta}-\bar{\theta})\neq0$ 为有偏估计，表明 θ 所代表的行为属于异质行为。这些异质行为，是导致非正态、非平稳、异方差和非参数分布等的个体行为因素，所得到的时间序列往往是有色噪声而非白噪声。$\hat{\theta}$ 与 $\bar{\theta}$ 之差是源于个体行为异质性的系统偏差，而非用经典理论和统计方法就能处理和消除的随机误差。尤其在中国，大量存在着用现有理论难以解释的异常行为，而且正是这些异常行为，演变成为复杂突变宏观经济现象和问题的决定性因素。

设 S_b 为考虑微观主体因素的行为特征集：$S_b=\{$自利理性，利他动机，合作愿望，公平倾向，互利意愿，社会偏好，反应模式和类型等多行为属性$\}$，记经典的经济数学模型为：$Y=f(X)$；将考虑行为因素的模型表示为 $Y_b=f_b(X, \lambda)$，即在原有模型中引入行为参数 λ；提出基本假设 $H_0:Y-Y_b=0$。给定某一显著性水平，如果未通过对行为的基本假设检验，则表明不同环境条件下的行为特征存在系统偏差，就是异质性行为，微观主体行为的变化对宏观整体结果影响的差异性就不可忽略。运用可控实验方法能够观察和测取行为参数值与 Y_b，只有在通过基本行为假设检验后，才能将主体行为看成是同质的，以保证理论在一定置信水平上的科学可行性和所得结论的可信度。

将经济作为系统整体来看，系统科学试图研究和回答整体大于所有部分之和，即 $1+1>2$ 之类的问题，不仅如此，它还必须考虑到人类系统中主体行为的异质性，即个体性和差异性。一般认为，不同质或不同量纲的东西不可能相加，更谈不上可加性，而在社会经济活动中，常常要面对的是一个馒头加一碗粥等于一顿早餐，等于张三工作两小时、李四工作三小时、王五工作四小时，这就是异质性。经济学就应该责无旁贷地建立和深入探讨：1（馒头）+1（粥）=1（早餐）=2（张三工作小时）=3（李四工作小时）=4（王五工作小时）这类等式，回答诸如此类的问题，就是要考虑不同质的事物的内在的、数量的联系和变化，不同人的不同行为特点和所受到的影响；不仅要研究事物之间的因果关系，更要注重由微观变异引起的涌现和积聚等宏观系统的复杂性。如在宏观经济的微观分析范式中，考察微观主体的异质性，它可能不符合传统模式，却能反映人类社会经济活动某种特定的规律。这就是异质性行为的关键点，也是研究认识社会经济系统复杂性的基本点。

第二节　宏观经济分析的微观基础与认识手段

分类考察不同行为主体的不同行为特征，即考虑微观主体行为的异质性，实际上是为宏观经济理论选择不同的微观基础及认识手段，如此能对宏观经济分析产生重要影响。拉姆齐的交叠时代模型和戴蒙德的融宏观与微观为一体的模型等，可以说是这一领域的先驱。

一、选择性微观基础对宏观经济分析的重要影响

自宏观经济学产生以来，经济学界对其微观基础就备有争议。从对几个重要代表人物的观点[①]的比较参考中，可看出选择性微观基础能对宏观经济分析产生的重要影响。

（1）著名经济学家费希尔认为，"如果其他条件相同，我宁愿所有模型都有选择性理论基础。而且，我也督促我的学生努力那样做。然而我认为，与在方法论上正确相比，拥有一个你相信在现实世界中运用自如的模型更为重要。你知道，上帝的屋子里有许多房间，因此有些人在忙着做某种事情，而其他人则可能在做另外一些事情。仅仅因为交叠世代模型是将货币逻辑严密地引进模型的唯一方式，就用它来说明货币政策，这样做在我看来是不明智的"。

（2）凯恩斯主义的杰出代表詹姆斯·托宾认为，"哦，我认为宏观经济模型中的行为方程不要与选择理论相矛盾而要在原则上与其一致是重要的。但我认为那种较牢固的微观基础是一种方法论上的错误，已造成了许许多多危害。我指的是现在常见的那种要求，即要求假定存在代表性行为者，他们的最优化行为产生宏观经济行为方程。这在很大程度上牺牲了宏观经济学的本质。假定有许多不同类型的行为者，他们都追求最大化，那么宏观模型所需的便是把他们归并进一个行为方程。这种总和不一定是单个行为者的解。坚持认为一定是，在我看来是很错误的。这已使我们在宏观经济学或所谓的宏观经济学中走上了错误道路"。

（3）货币主义的掌门人弗里德曼认为，"我认为宏观经济模型具有选择性微观基础，不及它们具有可予以反驳的经验蕴涵重要。选择性微观基础可以提供一些假设来改进宏观经济模型，但主要的宏观经济模型，已存在了很长一段时间，并且成绩显著，而并未像最近那样强调选择性微观基础"。

（4）英国渐进货币主义者莱德勒认为，"不很重要：宏观经济模型涉及的是总体行为，坚持要这种模型具有明确的选择性微观基础而不关心加总问题，在我看来是愚蠢的，如果这意味着只要某一宏观经济学假说不是明确地推导自选择理论，就不认真看待它的话。对任何经济假说的最终检验都是看其经验性能如何，而不是看其是否符合先验原则。不过，我倒希望宏观经济模型具有某些特征。理由，我想肯定与选择理论有关。应用选择理论模型在某些情况下有时是有用的——譬如，把持久收入假设应用于消费函数"。

（5）新古典学派的杰出人物卢卡斯认为，"不是，这取决于你想用模型达到什么目的。就短期预测而言，例如沃顿模型搞得非常好，没有理论基础方面的障碍，而西姆斯、利特曼和另外一些人利用没有涉及一点经济学的纯统计外推方法取得圆满成功。但是如果想知道在政策的一些变化下，人的行为可能怎样变化，那就有必要研究人们作出选择的方式。如果你看见我在克拉克大街上驾车向北行驶，你猜测几分钟后我在同一条大街上仍朝北走，那么你就获得了良好的预期的成功。但是如果你想预测如果克拉克大

---

① 布赖恩·斯诺登等著：《现代宏观经济学指南——各思想流派比较研究引论》，商务印书馆，1998年。

街关闭后我的反应，那你就应该想想我打算去哪里以及我另外可以选择的路线有哪些——这就是我的决策问题的本质"。

（6）新古典学派的杰出人物巴罗认为，"对凯恩斯主义模型的一个替代性选择似乎是把市场出清假说和通常的价格理论的供给和需求背后的东西包含进去。我不能肯定拥有技术程度较高的数学理论是极其关键的，但重要的是，应当有某种东西与构成模型的行为公理基础的效用和利润最大化框架保持一致，这并不是高难技术"。

（7）新凯恩斯主义一个主要阐述者格雷戈里·曼丘认为，"毫无疑问，所有的宏观现象都是许多微观现象的加总；从这个意义上说宏观经济学必然以微观经济学为基础。然而我不能肯定全部宏观经济学必须从微观经济学基础出发。我们有许多像 IS-LM 模型那样十分有用的模型，尽管这些模型并没有从单个单位出发并从此建立起来"。

（8）新凯恩斯主义的建筑师费尔普斯认为，"这是一个棘手的问题。有一个选择性理论基础可以让我用来描述微观经济行为，我自然更为高兴，因为我感到这比其他情况下更为有力。让我们先尝试和挖掘理性选择模型，看看我们能走多远"。

（9）奥地利学派代表人物加里森认为，"选择性理论基础是必要的，但不是充分的。依据个人的选择和行动解释经济现象是——或许是——经济学的主要任务。现在这一观点在宏微观经济学家中被同样广泛地接受了。对'传导机制'不闻不问，仅仅'让数据说话'或仅仅在宏观经济变量间设定一具体关系的做法不再受到尊重了。但拥有选择性理论基础本身并不表示一个宏观经济理论值得尊重。在许多现代理论——我指的是某些新古典模型和所谓的'真实经济周期'模型中，当事人在高度武断的、人为虚构的环境中作出选择。这些理论有时被带有辩护性地称为'寓言'，他们把选择置于一种数学上易于把握的环境中，以此为基础保卫自己。但这种好处常常代价太大——它无视所要解释的经济现象。树枝和树干被用来换取树根。比如，一个拥有好的选择性基础的模型对通货膨胀问题和经济周期问题会有什么意义呢？我对此不明白"。

（10）后凯恩斯主义货币经济学家奇克（女）认为，"这是一个很有意思的小问题！这样说时，人们——通常是那些新古典理论家——的含义是，我们必须有一个从个人行为公理出发得到的系统。我一点也不相信微观经济学的公理方法，不管是作为宏观经济学的微观基础还是微观经济学本身，公理法的对头是凯恩斯的消费函数，这是接近真理的一个很实际、很简单的方法。现在它对我们来说已毫不奇怪，因为我们已十分习惯了。但是，如果你还记得，它使他震惊了。一个 MPC 小于 1 的消费函数表明，经济未必趋向充分就业。它与总供给曲线交于均衡点之上，因而均衡点即有效需求点是稳定的，因而产量将不会进一步扩张至充分就业水平。现在我们看来消费函数是如此平常，但它曾经十分重要并且没有什么微观基础。有些人为它提供了微观基础。如果你能导出《通论》背后严谨的微观基础，我会全力支持它，不管它有多么像新古典理论。

"因此，我并不相信新古典经济学家笃信的公理法的相关性。对他们来说，必须对个人行为公理给予一个绝对的根本的信念，但我不这样看。你尽可以使用微观经济学并从中得出一些东西来，但归根到底，使宏观经济学具有生命力的是，你完全从微观基础中得出的微观经济决策无法加总。这里有一个合成谬误。如果你不承认有合成谬误的话，就进行瓦尔拉斯分析吧。

"对你们的问题的简短回答是'不'！我不相信只有建立在微观经济学的基础上，宏观经济学才能存在下去。我认为其存在价值很大，主要原因有二：公理法未必有意义，且存在合成谬误。"

二、认识经济主体异质行为特征的手段和方法

对微观基础有不同的假设和选择，就会有不同的宏观分析结论和相应的政策主张。如对微观主体的不同的收入和消费行为假说，对宏观经济和分配政策效应产生显著的差异，这就需要研究具有不同行为特征的微观主体对政策的反应类型，探讨异质性行为对政策效果分析评价的影响。

本节尝试用经济实验、结合微观经济计量和时间序列分析等方法实现博弈的量化应用，对经验、计量和实验等实证方法类型进行比较分析，并探讨如何将行为和实验经济学等当代的方法创新用于宏观经济政策分析模拟中；在此基础上，研究如何提高经济政策的针对性、区分度和有效性，有助于实践中树立公平正义的价值观，协调利益群体矛盾，构建和谐社会。因为同一政策实施的环境条件和对象主体不同，收效也不同，而且有时产生显著差异，这是经济行为的异质性所致。基于不同类型的微观主体对政策的不同反应特征，拟主要研究激励政策的设计、实施和效果分析评价，具体内容包括：检验同质性自利理性行为假设，考察个体行为中财富效应、心理因素、社会地位效应等，分析合作行为动机和条件，将基本行为特征的研究内生化；重点研究经济政策制定和实施中如何处理公平正义与效率的关系，使社会主义价值体系中的核心与首要的价值观与现代市场经济的效率观之间的关系更加融合；探讨基于策略行为的微观预测或行为预测、竞争性的替代产品、互补产品的价格变动、股民的投资行为和股价预测等；整理综述相关研究资料，梳理理论发展脉络；典型案例和政策效果的模拟分析。本节主要针对我国大学生择业行为的异质性，通过对市场和政策环境的模拟分析，研究博弈境况中主体行为特征和相互之间的关系（异质性和交互性），借鉴实验与行为经济学进行经济实验研究，设计和实施基于策略型行为的博弈实验；辅以微观经济计量和实验数据的统计方法，以及应用相应的软件进行数据处理分析。

对经济行为进行实证分析，无论是在统一的理论抽象中的经验实证，还是运用计算机模拟、人工社会和博弈实验等方法，需要从认识论上明确的基本点是：

（1）人类的行为是复杂的（并非理性经济人所能概括的），但对外界（个人约束条件、他人和环境等）的反应会有某种习惯或规律性（行为属性），无论其是自然（先天）的或是社会（后天）的。

（2）人的行为规律及由此引起的社会经济系统的复杂性是可认知的，通过诱导价值（偏好显示），实验、经验数据、观察、猜测等手段，总结和发现其中的规律性（而基于理性人的经济计量等方法只是其中的一种手段）。

博弈论是研究微观主体行为特征的有力工具和有效方法。早在半个多世纪以前，von Neumann 和 Morgenstern （1944）就着眼于博弈论与经济行为的内在联系，出版了划时代的著作，既奠定了博弈论的基础，又开辟了经济行为研究的新方向并提供了有效的

分析工具，博弈论由此准确地在人类行为上找到了切入经济理论的契机和结合点，促使经济学逐步回归到本原轨道上来。但博弈论在蓬勃发展的同时也很快在两个方向上遇到了"致命"的障碍：一个是理论上的多重均衡，[①] 另一个是由于行为刻画的复杂性导致实证分析和应用上的步履艰难。这两只"拦路虎"曾一度使博弈论陷入分析的沼泽地。本章试图探索如何刻画和量化差异性主体的经济行为，借鉴复杂适应系统的基本思想和博弈实验方法，从微观角度分析宏观经济现象和问题的内在成因，并沿此逻辑线索逐步展开论述经济模型中微观主体异质化的有关内容。

第三节 宏观经济问题复杂性的微观成因

现实经济社会无疑是一个复杂的巨系统，借鉴复杂性科学理论，是从微观角度研究宏观经济现象和问题有力的理论工具，进而可基于异质性微观主体建立宏观经济分析模型。

一、CAS 理论的基本思想

霍兰（Holland，1994）创立的复杂适应系统（Complex Adaptive System，CAS）理论，是一种新的系统观和科学研究方法，迅速引起了不同领域的学者们的极大关注。CAS 理论的核心观点是：适应性造就复杂性，可从微观和宏观两个层面对此理念予以解构。在微观方面，CAS 理论的基本概念是具有状态反应、学习和记忆等适应能力的自治个体，简称主体（Agent）或智能主体。所谓适应性表现为：这些主体能够根据行为效果修改自己的行为规则，以便更好地在特定环境中生存。在宏观方面，由若干这样的主体组成的系统或整体将在主体与主体以及主体与环境之间按一定的结构关系或遵循某种规则相互作用并发展，表现出宏观系统的分化、涌现（emergence）等种种演化过程。

复杂适应系统的动态变化规律通常是非线性的，有时甚至是混沌的、在有序和无序之间交替变换的，应用传统演绎的确定型和随机型的数学关系等方法很难得到精确的分析结果。虽然计算机模拟是研究复杂适应系统的有效途径之一，能在一定程度上解决复杂性问题（Chen et.al.，2005），但技术性的简化处理依然使主体的行为特征与现实世界中真实人的社会经济行为相去甚远。

二、真实经济世界的复杂适应系统特征

经济无疑是一个复杂适应系统（Holland and Miller，1991），具有自适应性（Self-

---

① 我们对此曾在一篇文章中分析了博弈均衡概念的整体结构一致性的内在逻辑关系，试图揭示个体理性与集体理性不一致的根本原因，并预见了引入考虑总量约束的交互行为（Direct-interaction）概念有望解决博弈均衡的非唯一问题（王国成，2007）。

adaptive）的微观个体的局部交互行为内在地规定了宏观经济总体的规律性，宏观经济的动态产出结果构成微观个体的行为环境并产生深刻的影响。经济作为复杂适应系统具有以下基本特征：

（1）经济是由若干主体（家庭和企业等）构成的，这些主体是主动的、鲜活的实体，主体的这种主动性是系统进化的基本动因。主体的自适应性和交互性造就了复杂性，这一思路具有明显的突破性。

（2）主体与主体、主体与环境之间的相互影响和相互作用，是系统演变和进化的主要动力。以往的系统建模方法往往把外生禀赋的个体属性放在主要位置，并且是相互独立和相对不变的，而经济系统中个体之间以及个体与环境之间发生相互作用并在逐渐演变。

（3）复杂系统表现出来的宏观混乱无序，难以用数量关系（函数）等传统方法表示，但并不能说明微观也无规则可循，而通过研究微观主体的交互性，使得个体的变化成为整个系统变化的基础，将宏观和微观有机地联系起来，构建统一的考察分析框架。

（4）传统的随机方法是在系统和事物变化的某一环节中引入外来的随机因素，并且只是在总体分布类型给定的情况下考虑随机因素对经济运行状态参数的影响，与此相比，复杂适应系统中随机因素对运作的规律和内部机制会有质的改变，既考虑对状态的影响，又考虑对组织结构和行为方式的影响。

总体分布的类型和数字特征由样本决定，宏观经济现象必然有其微观决定因素，一旦微观主体行为发生系统偏离或存在显著差异，必然导致超出基于理性人的经济理论与模型方法的解释范围，这或许就是所谓的异常现象的内在成因。近年来，基于演化经济学、认知科学和计算机技术产生的基于主体计算经济学是研究经济理论和现实的一种新的有效方法。然而，同样的问题是基于主体的宏观分析模拟模型的计算经济学，虽然考虑了有限理性和学习演进，是在宏观问题微观分析的理论范式（微观决定论）[①]中展开，使得关系型的理论与实证得以深化和直觉可知，但仍然是同质的、外生的，对主体行为反应类型、公平倾向、合作愿望、利他动机、互利程度等关键的行为属性参数还是沿用预先禀赋的方式，赋予主体规定动作，而且主体的学习演化也都是程序化、自动化地按既定的运行机制进行。总体上说这是一种人工的、虚拟的、机械式重复的方法。与自然系统复杂性不同的是，人文社会经济系统的复杂性是主体行为方式的个体差异性、多变性与结构规则的共同性、稳定性的合成作用。现行的经济计量模型等定量实证分析方法就是遵循同质经济人、结构关系一致性、起点过程（路径）与结果（产出）无关性等隐含假设的（洪永淼，2007），因而依赖数据和关系论的计量方法侧重研究经济变量和因素与经济结果产出的关系，更适合对一般、共性原理的研究，疏于对异质主体、过程依赖和结构关系变化情况下的问题的研究。必须要注意到的是，建立模型模拟计算是一个问题，对经济行为规范地描述和量化则是另一个问题。纵然研究者能够应用人工适应主体（Artificial Adaptive Agent）替代现实经济主体，使人工适应主体及其构成的虚拟经济世界可以在计算机上被深入地研究和测试，从而通过虚拟经济来间接分析现实经济的规

---

① 近几年的诺贝尔奖得主以及 Bowels 等经济学家们都不约而同地应用了这种分析范式。

律性。但正如本章一开头就指出的那样，刻画和量化经济行为这一最基础层面的问题如果不能从根本上得以解决，具有良好发展前景的模拟计算将会使已有的困难更加凸显。

特别是当今社会中利益主体价值取向多元化、行为方式多样性，这使得对交互影响的经济行为的研究更加复杂，更加难以规范刻画和适度量化，这成为博弈论深化研究和推广应用中的最大难点。一旦能够科学理想地解决主体行为的刻画和量化方面的问题，就必然会迎来基于现实行为人（Realistic Behavior Agents 或 Real-world Agents）的经济学理论的迅猛发展。但是面对"阿喀琉斯之踵"般的难题，凭经济学某一家之力恐难真正找到解决方法，于是当代经济学呈现出来了新一轮交汇及共同发展的显著特点（王国成，2007）。行为经济学和实验经济学等共同拉开了向理性行为假设质疑和挑战的序幕：行为经济学引入心理学原理（Kahneman，2003；Camerer et. al.，2003）、实验经济学运用各种可控实验手段检验人们的所谓理性和非理性（Smith，2003；Kagel & Roth，1997），全面展开研究经济行为的基本属性；越来越多的经济学家们也在逐渐摒弃用非理性来概括偏离理性的行为本质的方式，接受用异质化的思想观点来思考和处理现实世界中人们的真实行为，由此孕育的异质化处理和基于异质性主体的经济分析模型，或许会成为基于现实行为人的经济学理论蓬勃发展的重要实现途径。在实验经济学、行为经济学和计算经济学等的相互支持和大力推动下，博弈实证分析和定量化研究也必将上升到一个新阶段。

第四节　基于异质性主体的经济分析模型

对微观主体的异质化处理和基于异质性主体建立经济分析模型，其核心是：还原现实人经济行为的本质属性与科学理论规范及可行性的统一。

一、异质化处理

（1）基本含义。作为古典和新古典经济理论的基本假设，理性（或有限理性）"经济人"只是对人的共性进行描述。在这样的行为假设中，人与人之间像完全竞争市场中的产品一样不存在质的差别，此君和彼君的行为具有完全的可替代性，他们是相同的"经济原子"。然而，这些理性行为在面对越来越复杂的经济现实、越来越多的所谓非理性行为时，并不能给出合理的解释。之所以出现这样的问题，关键在于传统理论漠视现实经济运行中行为主体的自适应性和相互之间的交互性，或用苛刻的假设条件将其同质化，导致忽略主体行为的异质性。传统理论基本不考虑经济主体的适应变化性，往往会使理论结论脱离现实，降低解释现实的能力和对未来的预见性，所以也就不断地遭受来自实践或其他经济学家的批评。虽然由于学科属性使然，经济学没有假设就无法得出结论；没有数学的量化，也就没有科学化的经济学，但同时也应该看到，复杂多变的经济现实和经济行为被假设和数学"同质化"了，经济学已在一定程度上陷入"数学困境"

（或"形式化陷阱"），这种只有科学外形的现象被叫做"同质化困扰"（张金清、李徐，2007），常常会使传统经济理论在复杂多变的实践面前显得苍白无力。

　　然而，现实中大量存在着如：损失规避（Loss aversion）、偏好逆转（Preference reversal）、羊群效应（Herd effect）、商品抢购、股市疯狂、心情择业等，所有这些与理性行为有显著偏离的经济行为都可以说是异常行为，而分析异常行为的方法就是异质化处理。从统计意义上讲，同质的理性行为假设相当于只考虑一类统计总体，而异质化就是将一个总体解构，考虑将其细化、深化为若干个次一级的子总体，根据需要还可分化解构为再次一级的小总体，等等。而这些次一级的子总体具有不同的初始状态、互异的行为规制和学习模式，它们之间的联系则是通过各个子总体中的个体之间的交互行为实现，并通过众多的个体间的交互行为及其带来的结果最终实现整体环境的变化、演进，产生出我们可直接观测的宏观经济现象。

　　（2）异质化处理的必要性。异常现象需要异质化处理，不同环境中偏离基本理论假设的行为特征需要异质化处理；经济学新的理论分支，与自然科学等不同领域相关学科不谋而合的交叉，为异质化处理提供了可行手段和有力支撑。

　　一是出于对外部环境变异的考虑。如前所述，经济作为一个复杂适应系统，本身就包含了主体异质性这一重要性质。复杂经济生活中的人不仅是个体的人，也是发展的社会的人。马克思主义者认为，人的本质不是单个人所固有的抽象物，在其现实性上，它是一切社会关系的总和。由于现实世界中信息分布的不完全、不对称，同一环境的不同时期、不同经济环境中的行为主体对外界信息的判断是有差异的，而信息类型及对每一主体的实际影响也是不同的，不可能具有完全相同的信息处理能力，不可能都服从（VNM）期望效用决策原理和贝叶斯决策准则，不可能一成不变，判断和处理信息的能力在不断得以修正和提高，因而在信息处理方面是异质的、内生的。这些就决定了人必然具有异质性。从经济行为同经济现象的本质联系入手，还原经济学的本真属性，直面经济主体之间的差异已是现实经济发展的必然要求。

　　二是经济理论深化的必然要求。数量模型分析方法对现代经济理论的重要贡献和重大缺憾都源于经验证实（Fagiolo et. al.，2006），由于现行的经济计量模型一直没能打开经济人这一"黑箱"（理性行为本质上是静态的和同质的），而且在原有理论框架下经验实证方面的缺陷是不可能完全解决的。要解决这一问题，只有从人类行为属性角度发展和改造经济学，把研究基点和重点转移到研究人类行为属性上来，以人为本，考虑异质行为主体，并对行为分类与描述，对行为特征进行实证分析，这才是彻底的实证主义，才能使经济理论得到彻底的科学检验，从而破解博弈论应用的难点，实现经济理论新一轮的蓬勃发展。虽然新古典理论中有外部性等概念，但这只是个体中心的单向延伸；而在交互行为中的互激效应，如正向和负向的互利互惠，是多主体双向的；微观经济计量等方法在处理样本数据时已经注意到这类分异。因而，将基于演绎逻辑的抽象的共性的解析法研究与基于归纳的具体的个案或典型化事实（Stylized Facts）的描述法研究相结合，是理论和方法发展的必然趋势。

　　三是可行手段的保障。现代经济理论重点研究市场机制为什么、何时和怎样发挥作用。复杂系统表现出来的宏观混乱无序，完全有可能通过在对微观主体状态和规则描述的基础上进行模拟研究（如元胞自动机技术等）。基于主体的计算经济学有助于理解在分散市场经济中，为什么尽管缺少自上而下的计划和控制，经济主体仅关注自己的效用（或利润），通过经济主体的反复局部相互作用，却能自下而上呈现出某种全局的规律性，并且这些规律性能得以持续和进化。基于主体经济分析模型正是从微观经济角度（企业和消费者）分析宏观经济的运行规律（经济政策机制和经济周期）的先进方法，但是异质性一直是多元结构模式包含的内容之一。ABM 模型的经济行为主体之间包含的非线性的、随机动态性的、非平凡的互动结构的特征，以及微观—宏观反馈机制决定了必然的异质化处理（Fagiolo et. al., 2006）。因而，如果我们要应用基于主体的模拟模型（ASM）和基于主体的计算经济学模型（ACE）的各种计算和模拟方法来研究微观主体的自主交互行为的宏观结果，异质化处理是必经步骤。

（3）理论来源和发展转向。由于实验经济学、行为经济学等揭示了人类行为的异质性和基于多主体建模技术的进展，使得基于异质性主体建立经济分析模型的发展目标逐渐浮现和清晰。

理性行为假设是新古典革命后的现代经济学的理论硬核，它主要包括三方面的含义：初始禀赋、稳定偏好、效用标准和个人预算约束等给定条件下的自身效用最大化；在完善的交换规则和制度下掌握充分的信息；具有完备的计算和实现效用最大化的能力。然而，随着经典假设被行为经济学家和实验经济学家揭示的行为本质所质疑，传统经济学的基本前提和分析起点遭到系统解构（冯燮刚、李子奈，2007）。相对于同质经济人的理性行为假定，行为经济学则认为对经济个体的抽象应建立在更为现实的心理基础之上，比如有限思考（Limited Thinking）、心理账户（Mental Accounting）、启发式代表性程序（Heuristic Representation Procedure）、框架效应（Framing Effect）和损失规避（Loss Aversion）等（Camerer et.al., 2003）。经济学家把对同质理性人假定的发展集中概括为异质行为人假定，即认为经济个体在决策时的偏好并不是外生给定的，而是内生于决策过程之中，从而内生的异质偏好相应地导致外在的异质行为表现。其主要原因为：经济个体不具备充分的思考和推理能力，不同的个体由于推理能力的差异会导致对同一事物出现不同的偏好判断；同一个体对同一事物的偏好可能出现时间的不一致或环境的不一致情形，甚至会出现偏好逆转；经济个体的行为不仅受自身物质利益的驱动，还受他人利益的影响，因而不同个体对他人利益的不同考虑会导致对同一经济结果出现异质的偏好判断，即所谓的社会性偏好（Social Reference）；经济个体对物品的偏好不仅取决于物品本身的价值，还取决于获得该物品的过程，因而个体对等量份额的同一物品可能出现不同的偏好（Camerer et.al., 2003）。

由此可见，当代经济学对人的刻画正力图摆脱一个外在强加的"统一"标准，并通过强调偏好的内生性而决定了外在行为的异质性，于是导致经济学的前提假定从同质理性人向异质行为人转变，即所谓的异质化进程，而这种转变意味着理论正在发生质的突破，并使前者成为后者的一种极端情形或特例。行为经济学通过在经济学中纳入对个体异质行为动机的研究范式，在一系列重大经济问题上取得了引人注目的成功。而且为了发展基于异质性主体的经济分析模型，对个体行为研究的异质化认识无疑是必不可少的理论前提。

二、基于异质性主体的经济分析模型

(一) 模型的基本形式

基于异质性主体的经济分析模型 (Heterogeneous Agent-Based Models, HABM), 可以说是对以行为经济学理论和实验经济学方法等当代经济学新观念为主导, 基于主体的模拟模型[①] (Agent-Based Simulating Models, ASM)、基于主体的计算经济学模型 (Agent-Based Computational Economics, ACE) 等模型的统称, 因而还可形象地称 HABM 为微观宏观模型 (Mi-Ma Models, MMM)。这类建模理论与方法, 主要是在对微观主体进行异质化处理的基础上, 应用 ASM 和 ACE 等各种计算模拟方法来研究微观主体的自主交互行为究竟是如何实现、达成宏观层面的运行结果及探索这一实现过程中所包含的规律性。

(二) 基于主体的经济模型的发展轨迹

随着 CAS 理论影响的不断增强, 人们认识到, 传统的建模方法 (如还原论方法、归纳或演绎推理方法等) 已经不能很好地刻画社会经济这类复杂适应系统 (Drechsler, 2000), 需要发展和采用新的建模理论与仿真方法。而基于 Agent 的建模理论和仿真技术是最具活力、最有影响的方法之一, 适合于复杂适应系统的研究。其基本思想是通过模拟现实世界, 将复杂系统划分为与之相应的 Agent (每个 Agent 具有各自的数据、知识、模型以及接口等), 以自下而上的方式, 从研究个体微观行为着手, 进而获得系统宏观行为。1993 年, Sargent 系统地论述了从经济进化理论出发, 应用人工适应主体技术, 可以有效地分析宏观经济的运行动态。1996 年, 美国 Sandia 实验室研制了一个基于主体的美国经济模拟模型——ASPEN。ASPEN 应用人工适应主体技术模拟微观经济主体的决策行为, 真实地再现了经济主体效用或利润最大化过程, 宏观经济动态是微观个体相互作用的结果。从 1997 年至 2001 年, Sandia 实验室又陆续研制成 ASPEN 经济转轨模型、对外贸易模型和电力系统模型等, 这些模型的模拟实验结果与经济理论推断基本吻合 (James, 2005)。继 ASPEN 之后, Bruun 研制了基于主体的货币生产模型, 用于验证凯恩斯经济周期理论; Iba 等研制了基于主体的 "箱装" (Boxed) 经济模型, 用于宏观经济运行的分析; 美国 Santa Fe 研究所在 SWARM 仿真平台上开发的虚拟股市, 成功地将基于 Agent 的建模思想和遗传算法应用到股市仿真中; 此外, Leigh Tesfatsion 教授采用 Agent 的建模方法分析劳动力市场、失业情况等问题; Arthur、Joshi 和 Lebarom 等人将基于主体的模型用来分析金融市场, 而 Arifovic 作出了外汇市场上基于主体的模型; 这方面的研究已呈现出强劲的发展势头 (Fagiolo et. al., 2006)。国内, 一些学者进行了基于 Multi-Agent 的虚拟股市仿真研究; 陈禹等人利用 SWARM 平台在经济领域中对基

[①] 也包括多主体或异质性主体模型 (Multi-agent or Heterogeneous Agent Models, HAM), 实际上多主体建模就是异质化的有益探索、具体实现和尝试性应用。

于 Agent 的建模仿真方法进行了大量研究；张世伟（2004）等人提供一个一般化的基于主体宏观经济微观模拟模型框架——ASMEC，并在此基础上发展了一系列相关模型；等等。这些基于主体的建模技术为建立宏观现象微观分析的理论范式提供了有力的支持工具和手段。

在多方面力量的共同推进下，基于异质性主体的经济分析模型的理论与方法正不断形成，越来越受到学界的重视。宏观现象的典型化事实与微观主体行为特征具有密切的内在联系，微观个体行为和宏观整体结果（涌现）的逻辑关系是：微观主体为宏观现象的形成变化提供动力，微观个体和子群的分化、积聚、演变决定了宏观结构关系、变化方向、速度和最终结果；同样的宏观政策和环境也会产生不同的微观效应。为改进基于复杂系统理论的算法和计算经济学的人工虚拟、机械自动、外生规定（预设）、结构关系的稳定一致性等基本特点，行为经济学等奠定了理论基础，演化博弈论与实验经济学等在计算模拟和现实经济之间找到了很好的结合点和逼近真实环境的有效途径，提供了实现工具。

第五节　微观主体行为的异质化处理

尽管与 HABM 有关的研究受到越来越多的关注，但具体在如何异质化处理和行为描述上的进展远不尽如人意，仍有许多困难有待解决。下面主要讨论异质化的几个关键问题。[①]

一、异质性分析维度

值得庆幸的是，CAS 理论为我们研讨主体的异质性营造了很好的学术背景。复杂系统中主体的异质性应包括两个基本方面：一是由于主体具有学习适应能力，而自身是动态变化的，自然在不同的时间点上主体行为方式存在差异，这种随演化过程而变化的过程中表现出来的主体自身异质性，可称为纵向异质性；二是不同主体之间横向比较表现出来的差异性，可称为横向异质性。可进一步将经济系统中主体呈现的异质性大致分为三类：①主体初始状况的差异；②主体基本行为方式的差异；③主体学习演化规则（适应性）的差异。在这三大类差异的基础上，可为进一步研究主体异质性建立具体的分析维度（参见钟陆文，2006）。

（一）经济位势异质性，或称为自然禀赋异质性

人的异质性的物质基础来源于最基本的经济差异，现实经济环境中每一具体的、有

---

① 需要澄清的是，本节主要讨论主体的一些异质行为属性而略去分析主体间的共性特征，这并不是说笔者否认经济主体的同质性。恰恰相反，本节是在首先承认了主体具有共性的基础上讨论异质性问题，只是为了方便和受篇幅所限，不再讨论共性问题，而集中精力研究主体间的差异，即异质性。

差异的个人都有各自不同的财富占有状况、交往对象、政治资源、伦理情感等，从个人占有的这些"社会关系的总和"可以表现出一个人是怎样与他人不同的人。具体的个人是"许多规定的综合"，在构成具体个人的多元规定中，个人的物质资料的生产方式居于核心地位，决定着他的其他方面的属性。

（二）个体天分异质性

每个人从一出生便赋有不同的社会出身和智力禀性，这些差别对人的一生将会产生深刻的影响，而且人们还不能对此加以选择。作为经济主体的人由于遗传基因等的不同而导致天分异质性的存在，这一潜在因素对人的变异分化起着重要的基础作用。

（三）成长环境异质性

一个人成长过程中的家庭生活环境、学校环境和工作环境等社会环境，与自然环境、地理区位环境等因素相比，或许社会环境对人的素质的影响更持久、稳定和全面。除此之外，还有一些偶然、不稳定和分散的影响因素。而在一个社会中，对人的素质产生重要影响的这些因素是千差万别的，势必造成人的差异性甚至是截然不同的。

（四）偏好异质性

用实验方法研究发现人们的偏好不再满足原有的经典假设，不仅仅是个人经济利益上的多比少好，人们还具有合作愿望、信任度、公平倾向和利他动机等会影响人们最终偏好的因素。基于人的需要的多样性、层次性以及实现途径、内容、载体等方面存在的差异性，人们在众多的选择中便会产生偏好的异质性。

（五）期望异质性

期望是人们对未来希望达到的状态的憧憬。人既是生理与心理的统一体、自然与社会的统一体，又是物质与精神的统一体。在这种统一体的背后，人受诸多心理、社会以及精神的因素影响，而这些因素与生理、自然以及物质结合的具体形式和内容千差万别，同时，由于天赋、环境以及需要多样性的客观存在，现实中的人便存在各种不同的期望。在不同的条件下，会转化成为不同的行为指向、风险态度和心理预期。

（六）能力异质性

人的能力的异质性归结为人的自制力、注意力、观察力、记忆力、分析力、思维力、想象力、创造力、预见力和决策力等众多方面。[①] 人与人之间在能力上的差异是客观存在的，正是这些差异决定了人们的活动具有不同的效率和结果。能力差异主要表现在

---

① 按心理学理论可将人的能力区分为认知能力、活动能力和特殊能力三种能力。认知能力是指人认识客观事物、运用知识解决实际问题的能力。活动能力是指人完成某种活动的能力。它由一些基本能力所构成，如组织能力、计划能力、人际关系能力、适应能力以及实际操作能力。特殊能力是指人从事某种专门活动时所具有的特殊本领，如美术作品的鉴赏能力、运算能力、色彩辨别能力等。

三个方面：①心智水平的差异；②能力专长的差异；③能力表现的差异。

二、异质化处理

异质化处理就是将一个总体解构，考虑将其细化、深化为若干有差别的个体或若干个次一级的子总体的处理方式。在多主体模型的基础上，更加突出主体之间的差异性和适应性，为使异质化处理更具操作性，可从主体初始状况、主体基本行为方式和主体学习演化规则的差异出发来进行。对于主体的异质性进行处理后，就可进入常规的建模过程。

（一）主体基本行为方式异质化处理

异质性中最为重要的是主体基本行为的异质性，依据不同主体基本行为的变异和分化将总体剖分为次一级的子群或亚群，在现实中通过观察收集所研究主体的全部行为模式，将行为模式归纳、划分为不同的子集合，这是对总体的一级解构。

（二）主体学习演化规则异质化处理

观察现实中主体的学习状况，归纳出不同类型的反应模式、学习和演化规则。在一级解构的基础上，对每个次级总体中具有不同学习、演化规则的主体再次划分，进行二级解构。

（三）主体初始状况异质化处理

通过典型抽象、实地观察或实验测定等方法，根据实际的初始状况再次进行分类，对这些三级集合中的各个主体直接进行差异化的初值赋予，并确定这一级群体的规模或主体数目。

上面的异质化处理同一般的 ABM 技术相比具有一些新的特点：①不只是不同类型的主体有不同的行为模式，同一类型的主体在行为层面也可能有异质性，但可假定同类的主体具有相同的行为规则；②主体交互行为和学习、演化的结果不只是改变主体的状态，有可能改变主体所属的类型集合和原有的行为模式，这方面的变化可以通过同类主体中不同行为类型集的数量变化实现；③初值状态由实际观察或实验方法得到，并通过科学的检验，而不是像 ABM 等模型那样人为虚拟赋值，这才是彻底的实证主义方法。

三、数据的异质化

由于主体行为和过程的异质性，必然会导致结果数据在来源、表现形式和处理方法等与传统方法存在显著差异。模糊的、交互的、意会的、迹象的、心情状态、特征和事例、个性变异的行为方式，因人而异的定性与定量结合的事实描述等，凡是能够用现代信息技术处理的广义（软）数据，都可以作为 HABM 的数据，而不仅仅是能够量化为数字的数据。许多被传统的经济计量方法排除在外的数据和信息，如对行为状态和过程的描述，都可以在 HABM 和仿真模拟中加以利用。

　　通过上述六个维度可建立主体异质性的基本分析框架，结合数据的异质化，可重点研究主体初始状况、主体基本行为方式和主体学习规则的差异。一旦将视野拓展到异质性主体，对经济分析模型的微观基础进行如此的异质化处理，将会形成更加符合中国实际的新的经济理论观点和认识，为建立宏观和微观的统一分析框架找到可实现途径，产生一大批更贴近现实的研究课题，大大增强理论的解释力和广泛开拓应用领域。

第六节　异质性主体模型的主要特征

　　根据建模原理和方法的不同，可将宏观经济分析模型分成两类：基于经典经济计量方法的数学模型和基于主体的系统模拟的"物理"模型。经济计量等传统方法主要是运用数学模型、基于历史数据的经验研究，而 HABM 可类比为运用建立在主体真实行为特征基础之上的模型、自行产生数据的原发性现实研究，HABM 强调在真实（仿真）环境中的真人参与，是将两者结合的"数学物理"模型。以宏观经济现象的微观分析范式和CAS 等为理论基础，将多智能主体模拟与计算经济学模型和方法相结合，推广前人的相关研究成果（Fagiolo et al.，2006；Hommes，2006），可概括出 HABM 具有如下的基本特征。

　　（1）自下而上。传统的经济计量方法和工具注重经济因素和运行机制的总量关系，主要是就宏观层面而言的。虽然如今微观经济计量模型、时间序列分析等方法和技术迅速发展，加强了微观层面的分析，但未能架起从微观到宏观的分析桥梁。由于现实经济是复杂系统，宏观现象（问题）都是由若干微观主体的活动和相互作用汇聚而成，而HABM 则是自下而上的，赋予微观主体某些行为特征，令其在设定的可比较替换的运行机制和环境中"自由"运作，以观察分析一些典型的总体结果如何形成，如此有利于真正地揭示从微观动机和行为到宏观现象和特征的传导机理。

　　（2）异质性。基于同质的理性人假设，依据的某一（些）理论结论建立宏观经济计量模型，主要是利用随机数学、统计方法对经验数据进行实证分析，然而，异质性就是个体差异的真实性，几乎所有的微观主体都具有或可能具有不同的行为特征，无论是初始禀赋、相互关系还是行为规则、竞争力、理性程度和分析计算与信息处理技能等各个方面，仅靠异方差和非参数技术等无法消除现实经济活动中微观主体的显著差异。

　　（3）有限理性。虽然理论上试图在有限理性基础上逐步修正改进正统的个体最优决策，但仍未摆脱和跳出同质行为主体的框架，然而，只有 HABM 才真正地为有限理性决策找到了具体的可实现途径，指出理性（甚至被强化到超理性）对经济建模来说，是选择了一个不恰当的起点，而且还强调一些自适应主体能不断地提高理性。这不仅意味着要考虑主体在收集和处理信息能力上的差异，更加重要和极其困难的是，用 HABM 方法能反映出在不断变化的环境中，随着对行动和结果的预期的变化，主体的偏好也在发生变化，如何内生地考察主体的学习调适能力，这才是真正地反映出个体之间差异性的有限理性，而这些靠纯优化和随机数学方法是难以完成的。

（4）交互性。社会性或交互性是人类行为的本源属性之一，人的行为本质只有在交互行动中才能得以全面体现。通过在主体的反应函数中增加其他主体的行为变量，直接考虑交互影响，每一主体当前的决策依赖对其他主体过去行为的判断来调整预期，而且这种交互行为结构是内生地随时间发生着变化，会产生诸如部分人关系更加密切的亚群现象和局域性的社会网络关系；若其与有限理性和异质性相结合，有时就会生成在结构上全新的非常态的、非线性的宏观现象。

（5）学习演进性。由于 HABM 是真正地在动态变化环境中完全开放地研究问题，因而能更好地体现出主体的学习演进性。这可以从两个方面考虑：一是考虑不断有新的主体（出现、涌入、分化、聚合），特别是在大量迅速的情况下，原有主体的禀赋属性和结构的初始设定都要随之发生相应的变化，也会引发新的行为模式产生，这就导致主体的学习和调适，行为的结果和效用类型自然地也要随之改变；二是更加注重异质主体之间行为的交互性。虽然新古典模型方法也在一定程度上研究和反映出学习性，如贝叶斯决策和策略行为的学习过程，但这些都是在均衡分析框架中，并且是与某一时段的内部结构协调相应的。

（6）非线性与内生化。社会经济系统的本质是不稳定的，持续更新。因素变量与现象，行为动机、方式和过程与结果，在交互作用下往往是互为因果关系的，而且渐变和突变交替轮换，因而应将多个方面结合给予综合考虑，交互行为是非线性的，存在于微观和宏观层面之间的不同形式的反馈环也是非线性的，既有正反馈的也有负反馈的；个体在某一时期所做决策的正确与否，只能在以后的时段得以检验，这隐含地要求后期与先前在结构上的差异和变化往往是可以忽略不计的。经济是历史的、不可逆转的，内生的因素、变量和主体行为方式等促使环境条件和结构关系是常新的，在这种情况下概括出行为的一般属性是极其复杂和困难的。然而，这些显著特性和复杂关系却可以在 HABM 中得以体现，多维度、一定规模的微观个体行为可以聚合成宏观层面的"现实"问题，这反过来又影响和修正局部的、微观层面的个体行为。

（7）实质的动态复杂性。主体基于过去和现在形成和调整对未来的预期，因而可按路径依赖方式刻画不可逆转、动态演化的经济系统。经济学所考察的主体是生存随时间不断演变的复杂系统中的，许多集中表现出来的行为属性由简单主体之间多次重复的相互作用所导致，因而并不需要事先给模型和主体强加上理性和均衡等条件限制。无论是线性还是非线性新古典模型，都不足以表现主体行为和动态系统的复杂特征，只有在可控、可重复、由真人参加的实验中总结出行为规律和复杂系统特征，才能使基于主体的经济模型前进一步。

在关系和结构不变的情况下，将上一（过去）时段的被解释变量的值作为下一（未来）时段的解释变量值代入计算，作为同一个总体处理的样本的平均值等行为特征，并不能代表来自不同总体异质主体样本的行为属性，如很难用单个消费者和单一企业的行为方式来解释市场上的消费群体和产业群的行为。而 HABM 不仅明确界定个体行为规则，也规定主体之间及与环境之间的相互关系和行为准则，从而能从微观层面主体的属性来更好地模拟解释结构和相互关系也在不断变化的宏观层面的经济现象和经济运行。

这才是动态复杂的经济系统的实质。

（8）市场机制的可选择（替代）性。与市场是自发的观点相比，市场是可设计的，机制是可选择的。不同主体的判断选择标准，可通过竞争企业在市场上动态连贯地进入与退出来模拟产业变动和结构调整。传统的理论与实证分析假定经济结构一致、市场机制和外部环境条件是给定的，个体的消费和生产都是竞争环境中的选择行为所形成的，市场制度和机制也应该是可设计和可选择的。

（9）直观与易处理（Tractable）性。遵循可操作的程序，模仿现实经济运行和活动，使得复杂系统的演变更加直观可见，有助于理解理论的含义和有效应用的前提条件。依据理论设定模型和利用经验数据进行实证，都是在过去和现有结构关系的基础上针对部分样本而言的，而 HABM 则可以从整体上释疑经济运行的规律性，消除魔幻般的"数学困惑"（张金清、李徐，2007）。

（10）可控性和可复制性。历史不可能简单重复，但通过对主体的分离和变动可控因素，对典型化事实进行重复的可控实验研究，比较验证不同的理论结论，选择更加适用的理论和针对性、区分度和匹配度更高的政策建议及措施。

第七节 我国高校毕业生择业行为的博弈实验分析

本节将博弈论与实验经济学等当代经济管理理论的新观点、新方法相结合，针对我国现实社会经济生活中的突出问题，具体选择我国高校毕业生的就业选择进行了初步的应用研究，并在理论上探讨了基于个体决策行为异质性的宏观现象分析。

一、现实背景与理论基础

就业是民生之本，与我国的改革深化、经济发展和社会和谐稳定的关系非常密切。近年来，"市场导向、政府调控、学校推荐、学生与用人单位双向选择"的高校毕业生就业制度和一系列鼓励大学生合理流动的政策，有力地促进了我国高等教育和社会经济的发展，但不容回避的是，关于高校毕业生的就业存在着一些长期积累的困难和问题，与其他劳动力的求职交织合流，在我国现阶段形成了巨大的就业压力，显现出地域、学校、专业和个人等方面的不平衡，而且这一严峻问题在今后一段时期内仍将不同程度地存在和产生影响。

本节所说的高校毕业生的就业主要是指普通高等院校毕业生在当期（年）内的正式就业（与用人单位建立合法的工作关系或劳动关系）。

（一）高校毕业生就业阻滞的现实与基本原因

高等院校毕业生的就业状况从一个侧面折射出新中国成立以来社会经济发展的历史进程和时代特征。从计划经济时期延续至改革开放初期，国家对大学毕业生实行统包统分，全部毕业生几乎都由学校按计划分配派遣到指定单位报到上班；1992 年明确了市场化的改革取向，在经济转轨和高等教育改革逐步深化的过程中，大学生毕业就业环境发生了重大变化，试行毕业生与用人单位双向选择，就业率呈现波动但基本能维持在较高水平上；2003 年后，即 1999 年高等院校扩大招生规模后的首届毕业生突增，大学生求职完全市场化，就业率的变化情况见表 4-1，而且还有逐年下降的趋势。经粗略估算，目前我国未正式就业的大学毕业生累计数已超过 300 万，由此造成的直接经济损失每年约 2000 亿元人民币。

表 4-1　高校毕业生就业率

类　别　　　　年　份	2003	2004	2005	2006	2007
毕业生数量（万）	212	280	338	413	495
平均当期签约就业率（%）	70.0	73.0	71.9	70.0	72.6

资料来源：中国毕业生网 http://www.bysh.cn/Article/market/200612/Article_3153.html 和《中国教育报》2006 年 12 月 25 日第 5 版，2007 年的就业率为预估数据。

　　由于人才供求缺口与结构性矛盾突出，体制障碍、专业设置和知识构成与市场和社会需求的脱节，观念陈旧和自身素质的差距等原因，现阶段我国高校毕业生就业渠道不畅、困难加大。针对这一问题的研究，主要是从就业制度和政策环境的演变，劳动力供求变动与人才市场建设，大学生就业意愿、个人素质、观念和择业行为，用人单位对大学生的期望，高等教育与社会发展的适应性等方面进行分析考察（赖德胜、田永坡等，2005），从改善劳动供求关系、降低结构性失业和摩擦性失业等角度为缓解大学生就业困难提出相应的政策建议（曾湘泉，2004；岳昌君等，2004）。

　　然而，仅就大学生就业率与其他国家相比，我国与世界平均水平还比较接近，但从大学生劳动参与率、在劳动者总量中所占的比例等项指标来看，我国在促进大学生就业、提高劳动者素质等方面还有相当大的发展空间。[1]

（二）制度变迁与政策沿革

　　高校毕业生就业制度是指国家为规范大学生就业行为、确保就业工作有序进行，制订的一系列直接或间接指导大学生就业的规则和程序的总称。就我国高等教育发展的历史情况来看，相应的就业制度变迁和政策沿革主要经历了三个阶段：第一阶段——计划分配阶段，国家和政府是开办高等教育的唯一投资主体，学生在校的一切费用主要由政府承担，因而国家实行统一招生，统一分配；第二阶段——双轨制阶段，高校招生存在两种形式，俗称两费生，一是国家统一招生、统一分配的公费生，二是少数交费上学的自费生和委培生，试行部分毕业生双向选择就业；第三阶段——自主择业阶段，从 1994年开始，全国高校投资主体逐步多元化，实行了两费生和本专科招生的并轨、统一交费上学，与之配套的就业制度实行国家政策指导、学生自主择业。与我国社会经济总体发

---

[1] 参见在沪教育部直属高校毕业研究生就业工作协作组的文章，《中国教育报》2004 年 1 月 16 日第 6 版。

展水平相适应，为符合高等教育发展特点和改革的需要，关于毕业生就业的制度和政策是我国制度和政策体系的有机组成部分，这是关系到整个国家实力、民族素质和社会生产力水平的一个重要方面。

高校毕业生的就业是高等教育改革和发展的晴雨表，是关系着毕业生一生成长和发展的关键一步，综观国内外关于就业的各种理论观点、制度保障措施和前人的研究成果，大多是从总量上考察劳动力供求关系：生产力总体发展水平；就业制度、市场建设、环境与信息，社会经济发展与高等教育的适应性；历史、文化和观念等宏观现象和因素，较少地考虑处于主体地位的劳动者等微观因素的变动，要么是基于同质的理性行为假设，要么是选择代表性主体，这类理论和方法容易忽略微观主体的差异性和交互作用，因而难以深入分析我国高校毕业生就业实践中出现的新问题。

基于微观主体考察宏观现象的生成机理（即宏观问题的微观分析范式），由此制定相应政策和选择调控手段，是当今经济管理理论研究一个新的视角和强劲的发展趋势。本节从这一角度出发，致力于探讨宏观就业政策的总体性和均质性能否与微观个体择业行为的复杂性和异质性协调相应，后续部分的大致安排为：先简要评析与研究主题相关的代表性文献和政策制定的理论依据，然后重点介绍用实验经济学方法研究大学生择业活动过程中的特殊性、复杂性和异质性等行为习性，最后根据对实验结果的初步分析提出相应的政策建议。

（三）相关理论基础

就业问题是多学科领域交叉的研究课题，主要涉及经济学（劳动经济学、宏观经济学、发展经济学、教育经济学、人力资本理论、就业搜寻理论和经济计量方法等）、管理学（人力资源管理、企业管理）、社会学、教育学和心理学等。

1. 就业是经济学研究的永恒主题

在现代西方主流经济学的框架中梳理就业理论发展脉络，萨伊开创性地在《政治经济学概述》中提出了"充分就业论"（Say, 1803）：在"供给自动创造需求"的论断下，每一个理性的商品生产者都会尽力扩大生产、销售，使社会的生产、销售达到最高水平，从而实现充分就业；继此之后，庇古在《论失业问题》中提出的就业理论认为（Pigou, 1914）：在资本主义经济中能够实现充分就业，在完全自由竞争的条件下只可能存在所谓的"自愿失业"和"摩擦性失业"，而后人又将摩擦性失业的基本原因归结为："工人同工作的不适应"、"信息不充分"等（霍夫曼，1989）。凯恩斯的《就业、利息和货币通论》（Keynes, 1936）引发了经济学革命，否定了只有在充分就业上才能达到均衡的传统经济学观点，得出了存在"非自愿失业"的两点结论：一是有效需求决定就业量与总产量，二是充分就业只是资本主义经济的一种"特例"，而小于充分就业的均衡是资本主义经济的常态，由此引出了一些从根本上为维护充分就业理论而进行辩解的种种观点，如"结构性失业"、"隐蔽失业"和"隐性失业"等（Samulson, 1967）。菲利普斯首次把就业与通货膨胀联系起来研究，提出了著名的"菲利普斯曲线"、货币工资变动率与失业率之间呈负相关关系的理论；弗里德曼提出了"自然失业率"假说，主张在考察通货膨胀与失业的关系时，要把"自愿失业"与"非自愿失业"区别开来；还有从考虑技术进步与经济增长关系的角度提出了"技术失业论"观点：随着新技术、新设备的投入使用，劳动生产率不断提高，资本的技术构成不断提高，因而技术进步和生产自动化的发展必然减少对劳动的需求（Acemoglu，1998）。

马克思主义经济学的基本观点之一是以劳动者共同占有生产资料为基础，最大限度地解放和发展社会生产力，在此基础上构建上层建筑，并揭示了在资本雇佣劳动的制度安排下追求资源配置效率并不是人类社会理想的经济模式。由此可见，如何看待就业问题，是辨别理论流派和评价制度实践最重要的标志之一。

2. 职业搜寻模型和分析方法

在就业理论的基础上研究就业市场和微观个体求职行为，产生较大影响的是职业搜寻（Job search，或译为工作搜寻）理论与模型，属于信息经济学范围和劳动经济学领域。斯蒂格勒最早提出了搜寻模型（Stigler，1961），研究了一般商品市场上的信息搜寻；费尔普斯和帕莱斯科德等人在此基础上发展出职业搜寻理论（Phelps et. al.，1970；Lucas and Prescott，1974），认为在信息不充分的条件下，工作搜寻者通过搜寻活动来逐渐了解工资分布，然后比较工作搜寻的边际成本和边际收益再来决定搜寻行为和是否就业。所以，从技术角度看，职业搜寻与匹配（Matching Approach），乃至信息经济学中更一般的搜寻问题的成本收益研究，是用扩展的边际方法来分析劳动力市场供求关系和均衡规律。由于就业机会与劳动力资源之间的不对称分布，以及劳动者主体与工资（价格）的高度分离，具有异质性行为的工人和厂商以分散决策、一对一的方式相见，共同参与一个力图将各自的偏好、技能和需求匹配起来的存在成本的过程，而且匹配过程并不是即期完成的。这些构成了真实劳动力市场区别于其他市场的典型特征。与瞬间交易和无成本协调的假定不同，搜寻理论引入了交易成本、信息不对称等概念动态地研究就业行为，但对不完全竞争就业市场中招聘者与求职者之间、求职者相互之间的策略性行为研究不足。

在教育经济学和人力资本投资理论中，分析投资成本收益如何决定受教育水平，通过比较受教育成本（包括经济成本、机会成本、智力成本）和预期收益来决定就业选择行为的可行域边界；受教育成本低、水平高的劳动者不愿意在薪资水平、个人兴趣和追求等方面降低标准，混同于低教育水平者（Julian，1996），因而教育信号显示的客观性和有效性是非常重要的；另外，还需要借鉴委托—代理、激励机制设计和最优契约等相关理论分支中的研究方法。

综合分析前人的有关研究成果，现有理论基本上是在宏观经济总体框架中考察劳动力就业市场的供求关系和均衡分析，以及劳动经济学中从微观领域考察求职、雇佣活动中的边际成本与收益等一般特征，基于理性人假设，主要运用传统的经济计量等实证分析方法，从总体特征上认识普遍意义上的就业行为、劳动力供求均衡关系和市场运作规律；而对劳动力市场特殊性的深入研究不够，缺乏关于个性化、差异化的微观主体是如何影响劳动力就业市场的研究。当从宏观总量考察劳动力市场供求关系、影响因素和机理，或者是考察同质性的求职选择行为时，不利于揭示个体就业选择行为的异质性、分类劳动力市场的特点，个体选择与宏观现象和运行机制的内在联系，以及难以解决的结构性问题。因为与一般商品市场上的购买决策和资本市场上的投资决策等行为相比，就业选择行为受个人条件、心理活动、他人和外界等因素动态影响的机理更复杂、程度更大，行为主体的效用也难以用货币化的纯经济利益函数来刻画和衡量，个体之间的差异性表现得更加明显；各国的教育发展特点及与社会经济联系的密切程度和反应机制等宏观环境也有明显不同。变革研究工具和手段，运用博弈论与实验经济学相结合的方法，专门针对不同环境中不同主体的职业搜寻行为进行研究，如中国劳动力市场中大学生的择业行为特点，显得尤为迫切和重要。由于经济实验方法具有真实性（描述和模拟现实环境）、可控性（根据试验目的要求设置控制变量）和可复制性（针对不同被试者大量重复地进行，以便检验和移植）等优势和独到之处，将其用于研究高校毕业生求职行为，是当代经济学理论深化与中国实际应用相结合的一个很好的切入点。

从总体意义上考察均质的政策对象同类的反应模式，是宏观政策制定的理论依据及选择调控手段的基础和出发点，关于政策目标群体的隐含前提是它们或它们的代表性主体具有理性行为特征，而现实经济中却大量存在着买涨不买跌、不确定条件下的决策偏离 V-N-M 效用公理和注重公平、合作及互利等不合自利理性的行为现象（或许在中国的社会经济环境中表现得更为明显），正统经济学将这些看成是非理性的或异常行为。行为经济学（Kahneman，2003）和实验经济学（Smith，2003a，2003b）等当代经济学分支就是以所谓的异常行为作为主要研究对象。与基本行为假设有显著差异的行为特性都可看成是行为的异质性（王国成，2007），有关的理论研究进展迅速，实际中的政策制定也更加需要关注异质性微观主体的行为特征。当现实行为明显偏离理论参照时，政策目标群体的反应类型不符、反应不足或反应过度时，都不可能收到预期的政策效果。而从强调互动的"新兴的社会科学范式"的视角，熔个人行为和环境演化于一炉，融会贯通地分析人为什么会有合作动机，基于自利的激励机制、制度和政策设计为什么有时会适得其反（Back-fire），等等，强调真实世界中的行为人是会根据境况不同作出多样性、异质性和非理性反应的自适应性微观主体（Bowles，2004）。不仅要提高政策的针对性和有效性等，还要特别注意到政策的区分度，充分考虑政策目标群体中的类别差异和个体的异质性特征，细分政策，充实内容，给政策对象更多的自主选择权。关于教育回报的样本选择性偏差效应从一个方面给予了微观计量的实证分析支持（Heckman，2001；李雪松等，2004）。

二、实验设计、运行与结果分析[①]

（一）实验的设计与运行

本项实验的名称为：高校毕业生就业选择实验（Game for Job Searching of Students，GJSS）；遵循实验经济学原理和规范，设定的实验目的是：通过不同专业、不同学校、不同地域、不同层次人员的参与，根据他们在多轮次的、有反馈的不同就业率和竞争系

---

① 该项实验的部分内容，已在实验经济学亚太年会上（Aug.，2007，Shanghai）作学术报告交流（见 Guocheng Wang，Job Search for Chinese Students：An Experimental Study），作者感谢与会的国内外同行专家所提出的宝贵评议。

数环境下作出的个体就业选择策略，按照综合竞争力进行单个实验和系列实验的排名统计；所要研究的主要问题是：在给定不同的就业率和竞争系数情况下，观察研究就业选择行为对起薪标准和就业市场的影响及相关的宏观问题。整个实验过程计划分为：不确定条件下的个体决策、有限岗位竞争博弈和实际推广应用三个阶段；基本研究方法是：在设计互动的、多轮反馈的调查问卷基础上，结合应用实验室和现代网络环境，考虑可控因素和提高内部效度（实验环境和规则、逻辑一致性选项和题目、语境、问卷内容等因素）与外部效度（扩大采样规模，加强样本的代表性，丰富参与实验的途径和方式），并与典型和重点抽样相结合，在实验后重点对被试进行深度的专项访谈，了解对试验方法的感受和就业的看法。客观、深入地观察分析我国高校毕业生就业的现状、择业行为特点和趋势，以及存在的问题和原因；考察就业率和竞争强度不同情况下，对起薪标准、就业岗位和地域的选择与学历、专业、性别、学习成绩、受教育成本、个人兴趣、生源、家庭背景、社会关系、工作实践、应聘成本和经验、心理素质、信息敏感和利用程度、应变能力、毕业学校和综合评价等主要影响因素的关系，如何形成就业预期目标以及选择应对策略等择业行为方式的特点。变动岗位需求和竞争强度，考察被试者如何将社会需求、所学专业和个人兴趣有机结合，探讨它们之间的内在关系、联动机理和运行机制。

在实际调查分析并与政府相关部门、高校毕业生就业指导机构、各用人单位研讨与咨询的基础上，根据真实择业行为过程和就业市场特点确定各阶段的实验规则、实验内容和实验方法；在不同地区、不同学校、不同专业的大学三、四年级和研究生一、二年级学生中大样本地选择被试对象，有目的、有针对性地选择和组织被试参与实验，随机匹配与典型分组相结合，设置多轮次实验；逐步地、分别地对一些主要影响因素，特别是设定真实就业率预测值$\hat{R}_e$、理想就业率$\widetilde{R}_e$和最低就业率$\underline{R}_e$，不同的竞聘职业和岗位，并作相应变动，以考察不同市场环境和竞争强度下择业行为的变化；理论研究与实验分析相结合，将就业市场理论、博弈论、信息经济学和激励理论等与实验经济学方法相结合，并借鉴和辅之以专家咨询与心理实验方法，深入分析大学生择业特点、心理行为的影响，以及就业市场存在的问题与原因；主要用货币激励（激励强度：平均小时工资的1～5倍），辅之以学业、品行和社会实践的综合评定奖励计分，调动被试者参与的积极性和真实性，并在实验的选项中设计逻辑一致性题目，检测被试主体是否能够认真地填写选项，以保证实验的内部效度；大量收集真实信息和科学权威的分析以及政策发布，在实验中能产生亲临招聘会的真实感受，在条件许可时尽可能地扩大样本量和被试的代表面，保证实验的外部效度；对实验结果进行不同参数设置下的差异性对比和组间、组内分析，使所得结论在推广移植中具有普适性，并据此提出政策建议和措施。

为检验个体理性程度、同质性假设等在劳动力市场的合理性问题，通过在可控条件下可重复地观察被试者的具体选择行为，对于重点的个体选择模块，我们主要考虑了：

（1）薪酬变量——涉及起薪标准、晋级方式（频率高低、级差大小、次数多少）、发展预期、是否规定试用期及长短等。

（2）专业对口——关系着个人的兴趣、招聘单位的性质、工种类别、发展模式。

（3）地域——对工作地点在京城、省会、中小城市、家乡、支援西部或老少边贫、其他政策性鼓励地区，出国留学，无明确要求（不限）等分别考虑。

（4）社会资源——考虑亲情、友情等社会关系在职业搜寻中的作用。

（5）求职成本——考虑职业搜寻中花费的货币与时间、精力与身体等代价。

（6）其他——包括择业态度（先就业后择业）与一次到位、风险承受、心理活动、等待年限、自主决策（受他人影响），并要求被试者对以上因素的权重或看重程度进行排序。

之所以选择高校毕业生群体作为被试对象，因为他们是知识型劳动者，有代表性、参与感，自主权和纪律性强，具有较高的专业知识水平，对计算机和网络环境比较熟悉等有利条件；他们的目标明确、愿望迫切、时效性强，有利于实验的招募、组织实施和过程控制，获取的数据可靠规范，分析结果可信度高，能更好地体现出博弈实验的特点。

（二）实验结果的初步分析

本项实验目前共进行了10组100多人次，就现阶段采集的108个有效样本所获取的数据而言，根据样本散点图的分布形态，我们分别设定了以起薪为应变量、上学费用（分直接费用和包括学费两种情况考虑）和收回教育投资期限（按月）为自变量的二元线性函数、非线性的二次函数和双曲函数（倒数）等回归模型，利用 Eviews（V3.1）软件共对16个回归方程进行了计量分析（有关估计值见表4-2）。从样本决定（可决）系数的估值范围（0.0178~0.3252）可以看出，未能支持起薪与就业率正相关（与竞争强度负相关）、与求学费用正相关和与预期归还期限负相关等已有理论观点和预见。D.W.值分布在1.2~2.9，经检验也可认为不存在自相关性，由此在一定程度上可说明参与实验的被试主体是在进行独立选择和决策，基本上符合实验经济学的规范要求。

表4-2　回归方程估计值表

方程序号	1	2	3	4	5	6	7	8
R^2	0.2343	0.3252	0.1614	0.0178	0.2049	0.1316	0.1866	0.2768
R_a^2	0.1323	0.2352	0.0496	−0.1135	0.0988	0.0158	−0.0167	0.0960
D.W.	2.9669	2.9851	1.7369	1.9751	2.7996	2.9233	1.5788	1.4297
方程序号	9	10	11	12	13	14	15	16
R^2	0.2032	0.2057	0.1596	0.1601	0.2440	0.2992	0.1405	0.2119
R_a^2	0.0040	0.0071	−0.0505	−0.0498	0.2125	0.2699	0.1047	0.1791
D.W.	1.2541	1.2154	1.3192	1.3392	1.3661	1.5194	1.2043	1.3927

注：R^2——样本决定系数；R_a^2——调整后的样本决定系数；D.W.——自相关性检验。

我们对在接近真实就业率（$\hat{R}_e$ 的预测值为70%）情况下的实验数据进行了重点的统计和计量分析，而对设定的较高就业率（$\tilde{R}_e = 90\%$）和较低就业率（$\underset{\sim}{R}_e = 50\%$）等情形下的数据主要是进行了直观的对比分析。为保证符合统计假设检验的样本独立性要求和实验经济学的规范，我们将不同的就业率、不同组的上学费用（分直接费用和包括学费两种情况考虑）、归还期限、心理底线、期望起薪和乐观起薪的实验数据进行交叉匹配，进行组内相对标准差（除以均值）的大小顺序比较和组间差异显著性的统计检验，大体呈现出：均值和方差随就业率变化而变化的关系不显著，但期望起薪和乐观起薪的样本标准差小于心理底线的样本标准差（见表 4-3），说明每一被试主体有个性化的自我评价和预期相对稳定的薪水标准。

表 4-3　分组样本均值方差表

组别	1	2	3	4	5	7	8	10
n	10	16	16	16	16	13	6	9
$\bar{x}_b$	860.00	975.00	1068.75	862.50	1062.50	1907.69	1716.67	1422.22
S_b^2	313.40	297.77	559.43	185.74	298.61	592.26	735.98	1026.86
$\bar{x}_m^2$	1600.00	1375.00	1781.25	1550.00	1631.25	2384.62	2500.17	2344.44
S_m^2	402.77	341.57	652.40	513.81	315.63	588.57	447.44	1394.73
$\bar{x}_t^2$	2200.00	2000.00	2562.50	2437.50	2268.75	2984.62	3500.00	3555.56
S_t^2	586.89	632.46	853.91	946.48	484.04	503.07	632.46	2098.28

注：①n 为每组样本数，$\bar{x}_i$ 为样本均值（单位：元人民币），S_i^2 为样本标准差，i= b、m、t 分别表示心理底线、期望起薪和乐观起薪。②第 8、第 9 和第 10 组的被试主体为在读硕士研究生，其余为大学本科三、四年级学生。③因第 6 组和第 9 组只有 3 个样本，故略去。

影响就业选择的因素是错综复杂的。在本项研究中，让被试主体对影响职业搜寻的首要因素进行排序，其选择结果见表 4-4。

表 4-4　影响因素排序表

影响因素	发展前景	收入待遇	个人兴趣	稳定程度	专业对口	单位性质
样本总数 108	59	15	12	11	9	2

在现代市场经济条件下，劳动力作为一种特殊商品，尤其是受过高等教育的劳动力或知识劳动者，他们的品质属性和价值构成与一般商品相比更加复杂，其流动方式和使用价值实现的环境条件也具有一些特殊性。由于受劳动力（尤其是智力劳动者）价值的构成、测度和实现条件的复杂本质所决定，求职活动的选择范围、搜寻成本、决策规则等与商品市场上的搜寻行为显著不同，择业远比一般消费决策要复杂，职业搜寻行为不宜看成是自利理性主体的纯经济行为。通过被试对就业影响因素的排序来看，不公平厌恶（Inequity Aversion）和模糊规避（Ambiguity Aversion）等行为特征也有所体现。

从方法论因素上看：由数据的内在逻辑一致性（底线、期望和乐观三种状态下薪金标准的高低顺序关系等）可反映出本项实验研究具有较高的内部效度，并正在通过改进综合评价函数，在互联网上开放，扩大参与学校、专业及被试人数等方式来提高外部效度；而且与一般的问卷方式和常用的实证方法相比，实验方法几乎覆盖问卷调查研究的全部功能，丰富了实证研究工具和方法。从基于同质的、孤立静态的理性主体和已发生的经验性数据（不发生交互作用、单轮次、不进行修正调适、因素不可控等），到基于不同的个体背景，可多轮有反馈、互动交互性（被试主体之间、被试主体与实验和外部环境之间）的真实行为主体，让所有被试者面临相同的真实的多情境方案进行选择，可主动获取所需数据，提高研究的科学性和有效性。[①]诸如劳动力等价值构成复杂的特殊商品，它们的价格由供求双方协商议定，对于这类问题，运用实验经济学方法研究更为有效（Falk and Fehr，2003）。当然，实验研究现阶段只是作为辅助补充方法，还不可能在短期内完全替代其他相对成熟的分析方法，但将它们结合使用，有利于进一步完善实证方法的功能。

三、基本结论与政策含义

劳动力市场上个体求职行为的异质性特征显著，这对解释相关的宏观现象、对制定相应的制度和政策的影响效应显著。政策设计时应据此更加注意对目标群体中具有不同特征的亚类的区分，以丰富政策内容、促进政策结构优化和提高政策效果。

(一) 基本结论

从对相关理论和政策依据的评述与实验结果的分析中可知，大学生求职是受经济的、心理的、社会的和教育的等多方面因素综合影响的复杂行为，显现出仅用现有经济理论和方法进行分析解释及预见的局限性。虽然起薪标准随就业率的变动有一定的起伏波动，呈现出弱的正相关关系，但在同样的就业政策和市场环境条件下，不同的被试主体对起薪标准的选择有显著差异，在心理底线和乐观起薪上表现得更为明显；而由于接受高等教育的成本、学习成绩、发展志向、生活方式、个人性格和兴趣、毕业学校、所学专业、综合素质、学生来源及社会资源等方面的差别，被试主体对就业率变化和市场竞争强度改变的反应程度，个体差异性也是显而易见的。这表明大学生择业行为的异质性特征显著，政策的制定和实施应该有区分地对待具有不同行为特征的目标群体，如此将会产生更好的政策效果。

在多轮次、多场景的实验中，尽管受试者各自选填的起薪标准与就业率和市场环境等有一定的关联性，但对特定的大学生求职群体来说，59/108 的被试者都将公平的发展前景视为影响择业行为的第一要素，即在综合考虑就业选择问题时这一因素的权重最大。虽然公平发展前景的含义可能因人而异，但对这一点的高度认同至少说明就业并不是一个纯经济问题，求职者（尤其是智力劳动者）也不宜过于简化地假定为自利的经济人，因而，不可能完全依赖市场化做法从根本上解决就业难的问题。改善就业环境，建立统一的信息平台，增加透明度，增强求职者的自主选择权，扩大职业搜寻范围，降低搜寻成本，提高信息的真实有效性、针对性和预见性，以此保证就业起点的公平性。公平观等社会偏好在个体求职搜寻中起重要作用，此理论观点得到了实验实证的有力支持。另外，上述内容也表明，在研究职业搜寻和劳动经济学等方面的问题时，运用实验经济学方法具有独特的优势。

[①] 有关该实验的规则说明、报名协议、选题设计、组织实施、程序编写调试、运行控制和结果处理及实验室建设等详细情况，感兴趣者可与作者联系交流。

（二）政策建议

高校毕业生就业制度与政策的制定实施，总体上要实行：以学生为本，相关各方职责分明、行为边界清晰，加强学校在就业链条中的关键作用，多渠道、多方式、共同努力、共同受益的多元化战略；要本着与高等教育的改革发展相适应、与高等教育在我国社会经济发展中的地位相适应、与高校学生的基本情况和择业行为特征相适应等原则，将高校毕业生的就业纳入全国就业总体规划中统筹考虑。

我国高等教育的办学主体是国家和各级政府，在经费来源、办学目标、管理体制、专业设置、招生规模等方面赋予学校的自主权极其有限，而且市场规则、法律环境、政府服务、个人发展空间及自主性等与发达市场经济国家大不相同，在这种情况下把就业终端完全推向和交给市场，势必造成就业过程中各个环节的不相应和不协调，学校的主动性降低，教育功能退化、职能萎缩。生产力发展水平对知识型劳动力提出了新的需求，高等教育发展应分阶段、按步骤、尽可能地提供相应的支持保障。由于高校办学目标和作用不明晰，学生并没有承担自身接受高等教育的全部成本和获取相应收益，用人单位对高校办学的参与不深，制度环境不配套等，为了丰富政策内容，通过提高主体的自主选择性以增加政策的区分度和匹配性，并使政策的"重心"下移以保持其稳定性和连续一致性，调控保证高校毕业生劳动参与率的增长速度与我国经济增长的接纳能力相适应，使就业去向多元化，就业渠道和模式多样化，需要明确劳动力市场上各类主体行为特点和边界，充分调动他们的积极性，与教育的投资主体、成本承担的多元化相适应：以毕业生（家庭）为政策重心，用人单位设计有特色的可筛选的招聘机制，学校开辟就业渠道、与招聘单位签订合作协议、保证一定比例的刚性就业率，政府制定政策引导和保障市场规则的公平与稳定，各司其职，和谐共赢。

从对受试者的随访中还可以看到所在学校和所学专业对择业的影响。因此，政策的重点要从事后监管转变到事前的指导引领，发挥高校在整个就业链条中处于关键环节和枢纽的作用，增强其主动性，加强校企合作，督促学校采取多种方式建立绿色通道和直通车，提前签订灵活的就业合作协议，对于品学兼优的学生，要消除他们的就业隐忧，有更多的选择，既可以纳入学校为他们联系建立的就业通道，又可以直接到市场上双向选择：一方面要与用人单位提前签订长期、稳定的培养输送与选聘使用规划或预订合同，建立促进毕业生就业的长效机制；另一方面要引导学生就业意识观念和行为与社会经济发展的需求相适应，形成合理就业预期和提升自我调适能力，使大学生就业市场有序有效。另外，理顺收入分配结构和秩序、协调不同社会群体之间的利益关系等，也是从个体选择与宏观环境的关系角度研究大学生就业问题需要重视的方面。

本节基于微观主体的择业行为特征，借助实验经济学方法，在宏观问题的微观分析框架内，探讨如何制定、实施及评价就业政策与深化高等教育改革，促进国民经济和社会的发展。赋予更多的自主选择权以最大限度地发掘和调动就业主体的能动性，充分认识和发挥高等院校的关键作用，政府与用人单位等要合力创造宽松规范的制度政策与市场环境，为求职者提供可靠有效的信息和历练机会，使他们增强意识、形成合理预期、提高把握机遇和应变的能力，由此增强就业政策和制度与择业行为的适应性、针对性和匹配度，这些是本节的基本观点和政策主张。

第八节　可拓展的应用领域与前景展望

从微观角度，尤其是对主体行为异质性的深入分析，无疑是使宏观经济分析有了更加坚实的基础和更加美好的发展前景，也开辟了一条非常有价值的学术理论研究方向。

一、应用领域活跃，成果丰硕

尽管本章比较系统地描述了异质行为的基本特征，比较正式地提出了基于异质性主体的经济分析模型，但近十几年应用这一思想对经济的研究真可谓突飞猛进，在许多领域都有一些具有代表性的应用成果。其中行为金融学方面的应用最为活跃（Fagiolo et al.，2006）：早期的 Grossman、Stiglitz 和 Bray 等人的理性预期均衡模型为后来的基于 Agent 金融市场模型奠定了数理分析的基础，后来的 Arthur 等人利用 ASM 研究了基于内生预期（endogenous expectations）的股票市场资产定价过程和价格波动；Joshi 等利用 ASM 研究了股票市场的多人博弈问题，LeBaron（1999）等研究了 ASM 价格时间序列的性质；陈书衡（Chen，2005）等人修改了 SFI 人工股票市场中 Agent 的学习机制来研究有效市场的问题。此外，金融市场模型研究成果还有 Gode D. K.，Sunder S.、Beltratti A.，Margarita S.、Rieck C.（1994）、de laMaza M.，Yuret D. 和 Steiglitz K.，Honig M L.，Cohen L M. 的文章。欧洲的 Hommes（2006）的文章也研究了金融市场的问题。金融研究中涉及国际外汇市场研究的，Arifovic（1996）基于 Agent 的建模研究的文章是该领域具有代表性的著作。

由于基于异质性主体的分析方法直接以不同个体为研究的基点，这是劳动经济学中研究人力资本理论的有力方法，刘海生（2005）等人就以异质性为分析切入点探讨了人力资本理论和其中的激励问题。企业、产业理论也正向异质化各个企业行为的方向发展，该领域的学者们越来越多地注意到并开始研究具有不同行为特征的企业等市场主体对市场结构和产业聚集产生的影响。Langlois（1995）的文章从要素市场的不完全性出发考察企业的异质性；刘刚（2002）等人的研究直接对准了企业的异质性假设。基于异质性主体的经济分析方法的核心思想本来就是从微观主体的角度来研究、考察经济的宏观运行。所以，自然地在宏观经济运行和宏观政策的微观效应分析领域的研究中对这一思想和方法的运用较为广泛。Duffy（2001）建立了一个基于主体模型研究货币生成问题；N. Basu，R. Pryor（1997）建立微观模型来研究一国经济转型问题；张世伟（2004）等人创建了一系列的模型来研究中国经济宏观运行问题。对经济增长和收入差距形成、变化的影响，对突发的群体事件乃至暴力恐怖行为进行的模拟，以及逐步开拓的对各种异常的或非常规问题的探讨，也是基于主体分析的思想和方法的重要应用。Conlisk（1989）在企业技术异质性的基础上研究了以新加入的企业的技术进步所体现的经济增长，这一领域中具有代表性的还有 Montobbio（2002）的模型和 Verspagen（2002）的模型；[①] 而微观经济计量学等也注意到了处理具有选择性偏差的样本数据（Heckman，2001）。除此之外，HABM 还渗透在以下的一些领域：基于个性化消费行为的商品市场分割，国际金融中研究汇率的微观决定，研究个人策略行为与社会结构、规则和习俗的关系，异质性个体行为对生态环境演变的影响及考虑个体差异的人口宏观决策系统等。或许这些正在孕育新一代的经济理论和实证分析模型。

二、前景展望

现实人在真实环境中养成并在不断演变的行事习惯或某种规律性，这些行为习性并非可用理性或非理性一概而论的。行为经济学的浮出和蓬勃发展，无疑是对传统经济学关于人的行为属性的假设的质疑和冲击，并且对新古典经济学构成挑战的并不只是哪一独立的理论分支，而是以当代经济学新的视角方法（工具）的一批或学科群。以真实行为属性为基础建立的经济学，明显有别于基于理性人的经济学，可权且称为"非理性"经济学，HABM 就是以此作为理论基础的新的建模技术与分析方法。展望其发展前景，经济学、计算机科学、系统科学、生物学和心理学等不同学科、不同领域不谋而合的交叉融合，为 HABM 奠定了坚实的基础，孕育着强大的动力，更加明确了发展方向。

微观活动是宏观结果（产出）的基础，宏观经济制约和影响微观主体的动机和行为。通过实验等方法获取关键的行为特征参数，然后再进行仿真模拟，与传统的计量方法相互补充和验证，必将有力地推动经济学的发展，包括行为经济学、实验经济学、契约理论等前沿理论分支的兴起和迅猛发展；基于演化博弈论研究社会结构的形成和演变、构建网络关系模型以及社会经济学大大扩展经济学研究视野和边界；借助物理学方法和计算机、遗传算法、分布式人工智能网络模型、混沌理论的应用等手段，又有计算经济学和复杂系统理论强有力的支持和推动。几股力量交汇在一起，势不可当，形成了当代经济学的行为转向或行为学视角的改造（Karlan，2005）。用传统计量方法研究具有规范理性行为的、共性的、渐变的、趋势性的、结构关系相对稳定的系统变化规律；而用基于异质化主体的模拟模型，更擅长于突发骤变、转折、混沌等特殊的个案研究。于是，逐步放松和突破经典假设乃至方向性的转变，既能用模拟方法在计算机上实现外生给定的规定性动作，又能对转折突变、非线性、非趋势性、非平稳性、非（半）参数、非正态（分布）、非一致性、分化聚集等疑难问题和"异常"特征点进行复杂性分析；不仅实现方法和研究领域的扩展：从线性到非线性函数、正态到非正态分布、平稳到非平稳过程、完全到不完全信息、均衡到非均衡……还应转变视角深入到系统内部，从主体行为角度寻找导致不同宏观现象的微观成因和特征差异。这一转向将带来的是新一代经济理论，即是以人类行为为其研究主体内容的经济学。在新一代经济理论中，由于研究直接对准了人类行为，其将更加要求理论模型的实证分析和解释能力。这一行为转向和对经验实证提出了更高的要求，由于 HABM 的自身特点和优势，并与传统经济计量方

---

① 此处提及的英文文献，可主要参见 Tesfatsion and Judd（2006）的《计算经济学手册》。

法有机结合，必将成为经济理论和实证分析的有力工具。随着我国社会经济发展的需要，运用实验方法建立基于异质主体的模型在解决分化集聚、优化结构、平衡发展、社会公平、公共政策模拟和促进社会和谐等方面有着良好的应用前景。

参考文献

1. Camerer, C., G. Loewenstein and M. Rabin (Ed.) 2003, *Advances in Behavioral Economics* [M]. Princeton: Princeton University Press.

2. Chen S.-H.; L. Jain; C.-C. Tai, 2005, *Computational Economics: A Perspective from Computational Intelligence* [M], Hershey, PA: IDEA Group INC.

3. Drechsler, W., 2000, *On the Possibility of Quantitative-Mathematical Social Science* [J], Journal of Economic Studies, Vol.27 (4/5): pp.246–259.

4. Fagiolo Giorgio, Paul Windrum and Alessio Moneta, 2006, *Empirical Validation of Agent-Based Models: A Critical Survey* [J], LEM Working Paper Series, 2006/14, May.

5. Hommes C., *Heterogeneous Agent Models in Economics and Finance* [C], In Handbook of Computational Economics, Volume II: Agent-Based Computational Economics [M], Tesfatsion L. and K. Judd (eds.), Amsterdam/New York: North-Holland, 2006.

6. Heckman J., 2001, *Micro Data, Heterogeneity, and the Evaluation of Public Policy: Nobel Lecture* [J], *Journal of Political Economy*, Vol. 109 (4): 673–748.

7. Holland J, and Miller J., 1991, *Artificial adaptive agents in economic theory*[J]. American Economic Review, (103): 365–370.

8. James A., 2005, *On the Use of Social, Economic, and Political Factors to Forecast Instability*[J], SAND Report, February.

9. Kahneman D., 2003, *Maps of Bounded Rationality: Psychology for Behavioral Economics* [J], American Economic Review, 93 (6), December: 1449–1475.

10. Kagel J. H. & A. E. Roth, (Ed.), 1997, *The Handbook of Experimental Economics* [M], Princeton: Princeton University Press.

11. Karlan Dean, 2005, *Using Experimental Economics to Measure Social Capital and Predict Financial Decisions* [J], American Economic Review, 95 (5), December, pp. 1688–1699.

12. Smith V., 2003, *Constructivist and ecological rationality in economics* [J]. American Economic Review, 93 (3), June: 465–508.

13. Tesfatsion Leigh and Kenneth Judd (eds.) 2006, *Handbook of Computational Economics, Volume II: Agent-Based Computational Economics*, Amsterdam/New York: North-Holland.

14. von Neumann J. & O. Morgenstern, 1944, *Theory of Games and Economic Behavior*, Princeton: Princeton University Press.

15. 冯燮刚、李子奈：《经济学的困境与行为经济学的解构》，《财经问题研究》，2007 年第 1 期。

16. 葛新权、王国成：《博弈实验进展——博弈论与实验经济学论丛 3》，社会科学文献出版社，2008 年。

17. 洪永森：《计量经济学的地位、作用和局限》，《经济研究》，2007 年第 5 期。

18. 赖德胜、田永坡：《对中国"知识失业"成因的一个解释》，《经济研究》，2005 年第 11 期。

19. 李雪松、Heckman：《选择偏差、比较优势与教育的异质性回报：基于中国微观数据的实证研究》，《经济研究》，2004 年第 4 期。

20. 王国成：《交互行为视野下博弈论与当代经济学的交汇及发展》，《经济研究》，2007 年第 12 期。

21. 岳昌君、丁小浩、文东茅：《求职与起薪：高校毕业生就业竞争力的实证分析》，《管理世界》，2004 年第 11 期。

22. 曾湘泉：《变革中的就业环境与中国大学生就业》，《经济研究》，2004 年第 6 期。

23. 张金清、李徐：《经济学中的"数学困惑"及其解析》，《经济学家》，2007年第 3 期。

24. 张世伟：《基于主体的宏观经济微观模拟模型》，《财经科学》，2004 年第 1 期。

25. 钟陆文：《人的异质性假设及其经济学阐释》，《求索》，2006 年第 2 期。

（本章作者：王国成）

第五章 利用投入产出产量调整模型和价格 调整模型研究经济系统的某些平衡条件

第一节 引 言

在一个由价值型投入产出表显示的经济系统中，一个部门的投入（或供给）乘数度量了这个经济系统的总投入值关于该部门增加价值的变化率。与此相对应，一个部门的产出（或需求）乘数度量了这个经济系统的总产出值关于该部门最终产值的变化率。简单地说，一个部门的投入乘数反映了该部门初始投入的变动对经济的推动作用；而一个部门的产出乘数反映了该部门最终需求的变动对经济的拉动作用。在一般情况下，某个部门的初始投入变动对经济的推动作用在数量上不一定等于该部门的最终需求变动对经济的拉动作用。但从理论上讲，各个部门的初始投入变动对经济的推动作用在数量上正好分别等于其对应部门的最终需求变动对经济的拉动作用的情况也可能发生，这是经济系统的一种平衡状态，可将其简称为投入（或供给）乘数与产出（或需求）乘数的平衡。例如，作为一个非常特殊的情况，每个部门的投入乘数和产出乘数都等于 $[1-\rho(A)]^{-1}$，其中，A 是价值型中间投入系数矩阵，$\rho(A)<1$ 是 A 的谱半径（参见命题2）。

几个关于经济系统平衡的基本理论问题立刻产生了：在一个由若干部门产品组成的经济系统中，各个部门产品的投入乘数分别等于其对应部门产品的产出乘数的充分必要条件以及必要条件是什么？也就是说，投入乘数与产出乘数平衡的充分必要条件以及必要条件是什么？当经济系统不满足该充分必要条件但仅满足该必要条件时，能否以及怎样通过调整经济结构使其满足该充分必要条件？调整的可能性与唯一性成立的充分必要条件是什么？上述经济系统的平衡与最终产出率或投入乘数指标在各个部门之间的平衡有什么内在关系？上述经济系统的平衡与增加价值率或产出乘数指标在各个部门之间的平衡有何内在联系？

解决上述关于经济系统平衡的基本理论问题的关键，是正确地运用投入产出产量调整模型和价格调整模型的理论与方法，并将它们与非负矩阵的谱理论紧密结合，构造相应的非负矩阵以及可求解的模型。

本章给出了每个部门的投入乘数分别等于其对应部门的产出乘数的充分必要条件（见命题2）以及必要条件（见推论1），并指出：在每个部门的投入乘数分别等于其对应部门的产出乘数的必要条件被满足的情况下，如果存在某个部门，其投入乘数不等于该部门的产出乘数，那么，我们既可以通过对产出系统进行调整（即通过产出调整系数列向量的作用），使得由新的产出系统重新确定的每个部门的投入乘数分别等于其对应部门的产出乘数，又可以通过对价格系统进行调整（即通过价格调整系数行向量的作用），使得由新的价格系统重新确定的每个部门的产出乘数分别等于其对应部门的投入乘数。因而分别推导出了产出系统的变动能使由新的产出系统重新确定的每个部门的投入乘数分别等于其对应部门的产出乘数的充分必要条件 ［见命题 3 中的 (a)］，以及价格系统的变动能使由新的价格系统重新确定的每个部门的产出乘数分别等于其对应部门的投入乘数的充分必要条件 ［见命题 3 中的 (b)］。此外，利用笔者建立的非负矩阵谱理论，本报告进一步推导出了能使每个部门的投入乘数分别等于其对应部门的产出乘数的产出系统或价格系统的调整方案的可能性和唯一性的一系列充分必要条件（见定理 1），因而完全解决了上述关于经济系统平衡的基本理论问题。

本章给出的上述理论结果不仅深刻地揭示了产出系统的变动对各个部门的最终产出率和投入乘数的某些影响规律和价格系统的变动对各个部门的增加价值率和产出乘数的某些影响规律，而且进一步深化了非负矩阵谱理论在投入产出模型中的应用，具有重要的理论意义和一定的实践意义。

本报告的组织结构如下：

在第二节中，笔者提出并解决了与投入乘数和产出乘数的平衡条件有关的两个理论问题，并且给出了能使所有部门的投入乘数分别等于其各自部门的产出乘数的经济调整的可能性与唯一性的一系列充分必要条件，定理 1 是本节的核心或重点。

第三节是对第二节的有关理论的一个全面的概括总结，得到了一些更深入、更全面的结论，即定理 2 的内容。最后，举了一个综合性的例子，对有关理论和方法进行解释与说明。

本报告使用的符号和术语如下。逻辑符号¬、∧、∨、⇔分别代表否定、合取、析取、等价。通过 $\Gamma \Rightarrow \Omega$，或 $\Omega \Leftarrow \Gamma$，表示 Γ 蕴涵 Ω。让 0 表示数值零或零向量或零矩阵。向量或矩阵 $M > 0$ 表示 M 是半正的，即 M 的所有元素都是非负的，并且 M 不是零矩阵。向量或矩阵 $M \gg 0$ 表示 M 是正的，即 M 的所有元素都是正的。向量或矩阵 M 被称为是严格半正的，如果 M 是半正的且至少有一个零元素。显然，向量或矩阵 M 是半正的，当且仅当 M 是正的或 M 是严格半正的。向量或矩阵 M 的转置用 M^t 表示。令 W 为一个置换矩阵。令 ρ (M) 代表矩阵 M 的谱半径。$\hat{H}$代表以（行或列）向量 H 的分量为主对角线元素的对角矩阵。单位矩阵用 I 表示。单位列向量 $E = (1, 1, \cdots, 1)^t$。一个矩阵的对应于一个特征值的特征向量是唯一的，意味着在相差一个数量因子的情况下是唯一的。

令 $X = (x_i)_{n \times 1} \gg 0$ 是总产值列向量；$F = (f_i)_{n \times 1} > 0$ 是最终产值列向量；$Y = \hat{X}^{-1} F > 0$ 是最终产出率列向量；$V = (v_j)_{1 \times n} > 0$ 是增加价值行向量；$R = V\hat{X}^{-1} > 0$ 是增加价值率行向量；$T > 0$ 是价值型中间产品交易矩阵；$\vec{A} = \hat{X}^{-1} T > 0$ 是中间产出系数矩阵；$\vec{B} = (I - \vec{A})^{-1} = (\vec{b}_{ij})_{n \times n} > 0$ 是 Ghosh 逆矩阵；$A = T\hat{X}^{-1} > 0$ 是价值型中间投入系数矩阵；$B = (I - A)^{-1} = (b_{ij})_{n \times n} > 0$ 是价值型 Leontief 逆矩阵；$G = \vec{B}E = (g_i)_{n \times 1} \gg 0$ 是投入乘数列向量；$\alpha \geqslant$

$\max\limits_{1 \leqslant i \leqslant n} (g_i)$；$D = E'B (d_j)_{1 \times n} >> 0$ 是产出乘数行向量，其中 $\vec{A} = \hat{X}^{-1} A \hat{X}$，因此 $\vec{B} = \hat{X}^{-1} B \hat{X}$，且

$\rho(\vec{A}) = \rho(A) < 0$。令 $Q >> 0$ 是产出调整系数列向量；$P >> 0$ 是价格调整系数行向量；上标 # 和 * 分别代表新的产出系统和新的价格系统，例如，$Y^{\#}$ 是新的产出系统中的最终产出率列向量；R^* 是新的价格系统中的增加价值率行向量。

令 $M_1 = \vec{A} + \hat{Y}$，$M_2 = \vec{B}\hat{Y}$，$M_3 = \hat{Y}\vec{B}$，$M_4 = A + \hat{R}$，$M_5 = \hat{R}B$，$M_6 = B\hat{R}$，$M_7 = A + \hat{Y}$，$M_8 = B\hat{Y}$，$M_9 = \hat{Y}B$，$M_{10} = \vec{A} + \hat{R}$，$M_{11} = \hat{R}\vec{B}$，$M_{12} = \vec{B}\hat{R}$。

第二节　投入乘数与产出乘数的平衡条件

如上所述，一个部门的投入乘数度量了经济系统的总投入值关于该部门增加价值的变化率，即：

$$g_i = \sum_{k=1}^{n} \vec{b}_{ik} = \frac{\partial \sum\limits_{k=1}^{n} x_k}{\partial v_i} \qquad (i = 1, 2, \cdots, n)$$

因此，一个部门的投入乘数反映了该部门增加价值或初始投入的单位变动对经济系统的总投入值的影响。

与此相对应，一个部门的产出乘数度量了经济系统的总产出值关于该部门最终产值的变化率，即：

$$d_j = \sum_{k=1}^{n} b_{ik} = \frac{\partial \sum\limits_{k=1}^{n} x_k}{\partial f_j} = \frac{1}{p_j} \sum_{k=1}^{n} p_k \frac{\partial q_k}{\partial f_j} \qquad (j = 1, 2, \cdots, n)$$

其中，q_k 和 p_k 分别是部门 k 的实物型总产出和价格，f_j 是部门 j 的实物型最终产出，并且，我们假定在产出系统变动时价格系统不变。因此，一个部门的产出乘数反映了该部门最终产值的单位变动对经济系统的总产出值的影响，而最终产值的单位变动是由实物型最终产出的变动引起的。

增加价值或初始投入的变动等价于价格系统的变动，实物型最终产出的变动等价于实物型总产出系统的变动（曾力生，2006）。所以，投入乘数对应于价格系统的变动，这可能是由成本推动引起的。与此相对应，产出乘数对应于产出系统的变动，这是由需求拉动引起的。在一般情况下，某个部门的投入乘数不一定等于该部门的产出乘数，即有 $G \neq D'$。如果一个部门的投入乘数大于该部门的产出乘数，这意味着该部门的价格或供给的变动对经济系统的影响超过了产量或需求的变动对经济系统的影响。反之，如果一个部门的产出乘数大于该部门的投入乘数，这意味着该部门的产量或需求的变动对经济系统的影响超过了价格或供给的变动对经济系统的影响。作为中庸之道，如果一个部门的投入乘数等于该部门的产出乘数，这意味着该部门的价格或供给的变动对经济系统

的影响等价于产量或需求的变动对经济系统的影响。特别地，如果每个部门的投入乘数都分别等于其对应部门的产出乘数，即 $G = D^t$，这意味着每个部门的价格或供给的变动对经济系统的影响都分别等于其对应部门的产量或需求的变动对经济系统的影响。也就是说，投入乘数与产出乘数达到了平衡状态。

命题 1：如果一个部门的投入乘数大（小）于该部门的产出乘数，则至少存在一个部门，它的投入乘数小（大）于产出乘数。

证明：若不然，则有 $G - D^t > 0$ 或 $D^t - G > 0$。显然有 $G - D^t > 0 \Leftrightarrow \hat{X}^{-1}B\hat{X}E - B^tE > 0 \Leftrightarrow BX - \hat{X}B^tE > 0 \Rightarrow E^tBX - E^tBX = E^tBX - E^t\hat{X}B^tE > 0$，因而产生矛盾。类似地，$D^t - G > 0$ 也会产生同样的矛盾。证毕。

由命题 1 可知，所有部门的投入乘数分别大（小）于其各自部门的产出乘数的情况是不会发生的。下面我们提出一个问题。

问题 1：所有部门的投入乘数分别等于其各自部门的产出乘数的充分必要条件是什么？即投入乘数与产出乘数达到平衡状态的充分必要条件是什么？

下面命题 2 将回答此问题。

命题 2：在一个经济系统中，

（a）下列条件等价：

（a_1）所有部门的投入乘数分别等于其各自部门的产出乘数，即 $G = D^t$；

（a_2）总产值行向量是齐次线性方程组 $Z(\hat{G} - \vec{B}) = 0$ 的解向量，即 $X^t(\hat{G} - \vec{B}) = 0$；

（a_3）总产值列向量是齐次线性方程组 $(\hat{D} - B)U = 0$ 的解向量，即 $(\hat{D} - B)X = 0$；

（b）如果价值型中间产品流量矩阵是对称的，即 $T = T^t$，则（a_k）成立，$k = 1, 2, 3$。

证明：（a_1）$\Leftrightarrow G^t = E^tB = E^t\hat{X}B\hat{X}^{-1} \Leftrightarrow X^t\hat{G} = G^t\hat{X} = X^t\vec{B} \Leftrightarrow$（$a_2$）。此外，（$a_1$）$\Leftrightarrow D^t = \vec{B}E = \hat{X}^{-1}B\hat{X}E \Leftrightarrow \hat{D}X = \hat{X}D^t = BX \Leftrightarrow$（$a_3$）。显然有 $T = T^t \Rightarrow \vec{A} = \hat{X}^{-1}A\hat{X} = \hat{X}^{-1}T = \hat{X}^{-1}T^t = \hat{X}^{-1}\hat{X}A^t = A^t \Leftrightarrow \vec{B} = B^t \Rightarrow$（$a_1$）。证毕。

推论 1：所有部门的投入乘数分别等于其各自部门的产出乘数的一个必要条件是 $\vec{A}$ 或 A 是不可约的，或者该矩阵是可约的，并且它的类都是最终的或都是初始的。

证明：我们只需证明：如果 $\vec{A}$ 或 A 至少有一个非最终（或非初始）的类，则某个部门的投入乘数不等于该部门的产出乘数。根据假设，$\alpha I - \hat{G} + \vec{B} > 0$。显然有（$\alpha I - \hat{G} + \vec{B}$）$E = \alpha E$。因此，由于 $\rho(\alpha I - \hat{G} + \vec{B}) = \alpha$（Berman，1994），并且下列条件等价：

（Ⅰ）$\vec{A}$ 至少有一个非最终（或非初始）的类；

（Ⅱ）$\vec{B}$ 至少有一个非最终（或非初始）的类；

（Ⅲ）$\alpha I - \hat{G} + \vec{B}$ 至少有一个非最终（或非初始）的类；

（Ⅳ）$\alpha I - \hat{G} + \vec{B}$ 没有正的左特征向量；

（V）齐次线性方程组 $Z(\hat{G} - \vec{B}) = 0$ 没有正的（行）解向量。

其中，$[(Ⅰ) \Leftrightarrow (Ⅱ)]$ 可由曾力生（2006）（定理 A2）的结论（Ⅱ）得到。$[(Ⅱ) \Leftrightarrow (Ⅲ)]$ 和 $[(Ⅳ) \Leftrightarrow (Ⅴ)]$ 是显然的。$[(Ⅲ) \Leftrightarrow (Ⅳ)]$ 可由曾力生（2006）（定理 A1）中的结论（c）得到。条件（Ⅴ）蕴涵命题 2 中的条件（a_2）不成立。因此，某个部门的投入乘数不等于该部门的产出乘数。证毕。

如果齐次线性方程组 $Z(\hat{G} - \vec{B}) = 0$ 有一个正的（行）解向量，但是，X^t 不是这个解向量（曾力生，2006），这意味着只有推论 1 中的必要条件被满足，则仍然存在某个部门，其投入乘数不等于产出乘数。接下来的问题自然地产生了。

问题 2：当只有推论 1 中的必要条件被满足时，怎样能使所有部门的投入乘数分别等于其各自部门的产出乘数？

类似于曾力生（2006）所采用的方法，我们可以立即想到解决问题 2 的一个方法，这就是通过两种方式来调整经济结构。一是在价格系统不变的条件下调整产出系统，二是在产出系统不变的条件下调整价格系统。为了这两个目标，命题 3 揭示了产出调整系数列向量和价格调整系数行向量应当满足的某些充分必要条件，它也提供了这两个向量的求解公式。

命题 3：在一个经济系统中，

（a）下列条件等价：

（a_1）产出系统的调整能使由新的产出系统重新确定的所有部门的投入乘数分别等于其各自部门的产出乘数，即 $G^\# = D^t$；

（a_2）产出调整系数列向量是齐次线性方程组 $(\hat{D} - \vec{B}) U = 0$ 的一个解向量，即 $(\hat{D} - \vec{B})Q = 0$。

（b）下列条件等价：

（b_1）价格系统的调整能使由新的价格系统重新确定的所有部门的产出乘数分别等于其各自部门的投入乘数，即 $D^* = G^t$；

（b_2）价格调整系数行向量是齐次线性方程组 $Z(\hat{G} - B) = 0$ 的一个解向量，即 $P(\hat{G} - B) = 0$。

（c）下列条件等价：

（c_1）每个部门的增加价值率都等于 μ，即 $R = \mu E^t$；

（c_2）产出调整系数列向量是中间产出系数矩阵的一个右特征向量，当且仅当它是 M_{10} 的一个右特征向量，这也等价于产出调整系数列向量是齐次线性方程组 $(\hat{D} - \vec{B}) U = 0$ 的一个解向量，即 $\vec{A}Q = (1 - \mu)Q \Leftrightarrow M_{10}Q = Q \Leftrightarrow (\hat{D} - \vec{B})Q = 0$。

（d）下列条件等价：

（d_1）每个部门的最终产出率都等于 μ，即 $Y = \mu E$；

（d_2）价格调整系数行向量是价值型中间投入系数矩阵的一个左特征向量，当且仅当它是 M_7 的一个左特征向量，这也等价于价格调整系数行向量是齐次线性方程组 $Z(\hat{G} -$

B) = 0 的一个解向量，即 $PA = (1-\mu)P \Leftrightarrow PM_7 = P \Leftrightarrow P(\hat{G} - B) = 0$。

其中 $\mu = 1 - \rho(A)$。

证明：根据曾力生（2006）提出的公式（11），可知 $(a_1) \Leftrightarrow \hat{Q}^{-1}\vec{B}QE = \vec{B}^{\#}E = D' \Leftrightarrow \vec{B}Q = \hat{Q}D' = \hat{D}Q \Leftrightarrow (a_2)$。又根据其中的公式（18），可得 $(b_1) \Leftrightarrow E'\hat{P}B\hat{P}^{-1} = E'B^{*} = G' \Leftrightarrow PB = G'\hat{P} = P\hat{G} \Leftrightarrow (b_2)$。

令 (c_1) 成立，则有 $\vec{A}Q = (1-\mu)Q \Leftrightarrow M_{10}Q = (\vec{A} + \hat{R})Q = (\vec{A} + \mu I)Q = Q$；并且，根据曾力生（2007）的命题 2 的（b）和命题 3 的（a），可知 $\vec{A}Q = (1-\mu)Q \Leftrightarrow (\hat{D} - \vec{B})Q = (\mu^{-1}I - \vec{B})Q = 0$。反之，令 (c_2) 成立，则有 $\vec{A}Q = (1-\mu)Q \Leftrightarrow \vec{A}Q + \hat{R}Q = M_{10}Q = Q$，所以有 $\hat{Q}R' = \hat{R}Q = \mu Q = \mu \hat{Q}E$，即 $R' = \mu E$。

作为（c）的证明的对偶形式，我们可以类似地证明（d）。证毕。

下面的定理 1 给出了能使所有部门的投入乘数分别等于其各自部门的产出乘数的经济调整的可能性与唯一性的一系列充分必要条件。

定理 1：在一个由 n 个部门组成的经济系统中，

（a.1）下列条件等价：

(a_1) 存在一个唯一的产出调整系数列向量，使得由新的产出系统重新确定的所有部门的投入乘数分别等于其各自部门的产出乘数；

(a_2) 存在一个唯一的价格调整系数行向量，使得由新的价格系统重新确定的所有部门的产出乘数分别等于其各自部门的投入乘数；

(a_3) $\vec{A}$ 或 A 不可约；

(a_4) $\vec{B}$ 或 B 是正矩阵；

(a_5) M_1 或 M_7 不可约；

(a_6) M_1 或 M_7 有一个唯一正的左特征向量；

(a_7) 1 是 M_1 或 M_7 的一个简单特征值，且 M_1 或 M_7 有一个正的左特征向量；

(a_8) M_1 或 M_7 不完全可约，且 M_1 或 M_7 有一个正的左特征向量；

(a_9) M_1 或 M_7 可约，蕴涵 M_1 或 M_7 没有既是最终的又是初始的类，并且 M_1 或 M_7 有一个对应于 1 的左特征向量，其所有分量都不等于零；

(a_{10}) M_3 或 M_9 有一个唯一正的左特征向量；

(a_{11}) M_4 或 M_{10} 不可约；

(a_{12}) M_4 或 M_{10} 有一个唯一正的右特征向量；

(a_{13}) 1 是 M_4 或 M_{10} 的一个简单特征值，且 M_4 或 M_{10} 有一个正的右特征向量；

(a_{14}) M_4 或 M_{10} 不完全可约，且 M_4 或 M_{10} 有一个正的右特征向量；

(a_{15}) M_4 或 M_{10} 可约，蕴涵 M_4 或 M_{10} 没有既是初始的又是最终的类，并且 M_4 或 M_{10} 有一个对应于 1 的右特征向量，其所有分量都不等于零；

(a_{16}) M_6 或 M_{12} 有一个唯一正的右特征向量；

(a_{17}) 齐次线性方程组 $(\hat{D} - \vec{B})U = 0$ 有一个唯一的正的（列）解向量；

(a_{18}) 齐次线性方程组 $Z(\hat{G} - B) = 0$ 有一个唯一的正的（行）解向量。

(a.2)　如果 $Y \gg 0$，则 (a.1) 中的每个条件等价于下列每个条件：

(a_{19}) M_2 或 M_8 是正矩阵；

(a_{20}) M_2 或 M_8 有一个唯一正的左特征向量；

(a_{21}) 1 是 M_2 或 M_8 的一个简单特征值，且 M_2 或 M_8 有一个正的左特征向量；

(a_{22}) M_2 或 M_8 不完全可约，且 M_2 或 M_8 有一个正的左特征向量；

(a_{23}) M_2 或 M_8 可约，蕴涵 M_2 或 M_8 没有既是最终的又是初始的类，并且 M_2 或 M_8 有一个对应于 1 的左特征向量，其所有分量都不等于零；

(a_{24}) M_3 或 M_9 是正矩阵。

(a.3)　如果 Y 是严格半正的，则 (a.1) 中的每个条件等价于下列条件：

(a_{25}) 可约的 M_3 或 M_9 只有一个基本类，它也是唯一的初始类；其中，对应于一个下三角的标准型的 M_3 或 M_9 有一个基本左特征子向量 L_r，并且 M_3 或 M_9 的唯一正的左特征向量的每个剩余分量都是 L_r 的分量的线性函数，其解析表达式类似于曾力生（2007）的公式（3）或（4）。

(a.4)　如果 $R \gg 0$，则 (a.1) 中的每个条件等价于下列每个条件：

(a_{26}) M_5 或 M_{11} 是正矩阵；

(a_{27}) M_5 或 M_{11} 有一个唯一正的右特征向量；

(a_{28}) 1 是 M_5 或 M_{11} 的一个简单特征值，且 M_5 或 M_{11} 有一个正的右特征向量；

(a_{29}) M_5 或 M_{11} 不完全可约，且 M_5 或 M_{11} 有一个正的右特征向量；

(a_{30}) M_5 或 M_{11} 可约，蕴涵 M_5 或 M_{11} 没有既是初始的又是最终的类，并且 M_5 或 M_{11} 有一个对应于 1 的右特征向量，其所有分量都不等于零；

(a_{31}) M_6 或 M_{12} 是正矩阵。

(a.5)　如果 R 是严格半正的，则 (a.1) 中的每个条件等价于下列条件：

(a_{32}) 可约的 M_6 或 M_{12} 只有一个基本类，它也是唯一的最终类；其中，对应于一个下三角的标准型的 M_6 或 M_{12} 有一个基本的右特征子向量 H_1，并且 M_6 或 M_{12} 的唯一正的右特征向量的每个剩余分量都是 H_1 的分量的线性函数，其解析表达式类似于曾力生（2007）的公式（1）或（2）。

(b.1)　下列条件等价：

(b_1) 存在一个非唯一的产出调整系数列向量，使得由新的产出系统重新确定的所有部门的投入乘数分别等于其各自部门的产出乘数；

(b_2) 存在一个非唯一的价格调整系数行向量，使得由新的价格系统重新确定的所有部门的产出乘数分别等于其各自部门的投入乘数；

(b_3) $\vec{A}$ 或 A 可约，并且 $\vec{A}$ 或 A 的类都是最终的或都是初始的；

(b_4) $\vec{B}$ 或 B 可约，并且 $\vec{B}$ 或 B 的类都是最终的或都是初始的；

(b_5) M_1 或 M_7 可约，并且 M_1 或 M_7 的类都是最终的或都是初始的；

（b₆） M_1 或 M_7 有一个非唯一的正的左特征向量；

（b₇） M_3 或 M_9 有一个非唯一的正的左特征向量；

（b₈） M_4 或 M_{10} 可约，并且 M_4 或 M_{10} 的类都是初始的或都是最终的；

（b₉） M_4 或 M_{10} 有一个非唯一的正的右特征向量；

（b₁₀） M_6 或 M_{12} 有一个非唯一的正的右特征向量；

（b₁₁） 齐次线性方程组 $(\hat{D}-\vec{B})U=0$ 有一个非唯一的正的（列）解向量；

（b₁₂） 齐次线性方程组 $Z(\hat{G}-B)=0$ 有一个非唯一的正的（行）解向量。

（b.2） 如果 $Y\gg0$，则 （b.1） 中的每个条件等价于下列每个条件：

（b₁₃） M_2 或 M_8 可约，并且 M_2 或 M_8 的类都是最终的或都是初始的；

（b₁₄） M_2 或 M_8 有一个非唯一的正的左特征向量；

（b₁₅） M_3 或 M_9 可约，并且 M_3 或 M_9 的类都是最终的或都是初始的。

（b.3） 如果 $R\gg0$，则 （b.1） 中的每个条件等价于下列每个条件：

（b₁₆） M_5 或 M_{11} 可约，并且 M_5 或 M_{11} 的类都是初始的或都是最终的；

（b₁₇） M_5 或 M_{11} 有一个非唯一的正的右特征向量；

（b₁₈） M_6 或 M_{12} 可约，并且 M_6 或 M_{12} 的类都是初始的或都是最终的。

（c） 下列条件等价：

（c₁） 不存在能使每个部门的投入乘数分别等于其对应部门的产出乘数的产出调整系数向量；

（c₂） 不存在能使每个部门的产出乘数分别等于其对应部门的投入乘数的价格调整系数向量；

（c₃） $\vec{A}$ 或 A 至少有一个非最终类或非初始类；

（c₄） $\vec{B}$ 或 B 至少有一个非最终类或非初始类；

（c₅） 齐次线性方程组 $(\hat{D}-\vec{B})U=0$ 没有正的（列）解向量；

（c₆） 齐次线性方程组 $Z(\hat{G}-B)=0$ 没有正的（行）解向量。

（d） 上述条件满足下列逻辑关系：

$$[(a_i)\vee(b_i)]\Leftrightarrow\neg\ (c_k)$$

其中，①如果 $Y\gg0$ 且 $R\gg0$，则 $i=1,2,\cdots,24,26,27,\cdots,31$；$j=1,2,\cdots,18$；$k=1,2,\cdots,6$；②如果 $Y\gg0$ 且 R 是严格半正的，则 $i=1,2,\cdots,24,32$；$j=1,2,\cdots,15$；$k=1,2,\cdots,6$；③如果 Y 是严格半正的且 $R\gg0$，则 $i=1,2,\cdots,18,25,26,\cdots,31$；$j=1,2,\cdots,12,16,17,18$；$k=1,2,\cdots,6$；④如果 Y 和 R 都是严格半正的，则 $i=1,2,\cdots,18,25,32$；$j=1,2,\cdots,12$；$k=1,2,\cdots,6$。

证明：先证 （a.1） 至 （a.5）。由命题 3 中的 （a） 可知 （a₁） $\Leftrightarrow$ （a₁₇）。由命题 3 中的 （b） 可知 （a₂） $\Leftrightarrow$ （a₁₈）。显然有 $\alpha I-\hat{G}+B>0$，并且由 $\vec{B}=\hat{X}^{-1}B\hat{X}$ 可得 $(\alpha I-\hat{G}+B)X=\alpha X$。即半正矩阵 $\alpha I-\hat{G}+B$ 有一个正的右特征向量 X。因此，根据曾力生 （2006） 的定

理 A2 中的结论（i）和定理 A1 中的结论（a），可知（a_4）成立当且仅当 $\alpha I - \hat{G} + B$ 有一个唯一的正的左特征向量，这等价于（a_{18}）。所以（a_4）$\Leftrightarrow$（a_{18}）。根据对偶性原理，我们也可证（a_4）$\Leftrightarrow$（a_{17}）。再由曾力生（2007）的定理 2 即可完成（a.1）至（a.5）的证明。

下面证（b.1）至（b.3）。由命题 3 中的（a）可知（b_1）$\Leftrightarrow$（b_{11}）。由命题 3 中的（b）可知（b_2）$\Leftrightarrow$（b_{12}）。条件（b_4）成立当且仅当矩阵 $\alpha I - \hat{G} + B$ 可约，并且该矩阵的类都是最终的或都是初始的。根据曾力生（2006）的定理 A1 中的结论（b），这等价于（b_{12}），即有（b_4）$\Leftrightarrow$（b_{12}）。根据对偶性原理，我们也可证（b_4）$\Leftrightarrow$（b_{11}）。再由曾力生（2007）的定理 2 即可完成（b.1）至（b.3）的证明。

由（a.1）和（b.1）可得（c）。此外，（d）显然成立。证毕。

推论 2：假设中间产出系数矩阵或中间投入系数矩阵是可约的且不完全可约，则某个部门的投入乘数不等于该部门的产出乘数。此外，产出系统的调整不能使每个部门的投入乘数分别等于其对应部门的产出乘数，价格系统的调整也不能使每个部门的产出乘数分别等于其对应部门的投入乘数。

证明：既然 $\vec{A}$ 或 A 是可约的且不完全可约，因此不满足推论 1 中的必要条件，所以由推论 1 可知，至少存在一个部门，该部门的投入乘数不等于产出乘数。此外，由 $\vec{A}$ 或 A 是可约的且不完全可约可推出 $\vec{A}$ 或 A 至少有一个非最终类或非初始类，所以由定理 1 中的（c）可知，产出系统的调整不能使每个部门的投入乘数分别等于其对应部门的产出乘数；价格系统的调整不能使每个部门的产出乘数分别等于其对应部门的投入乘数。证毕。

第三节　小　结

下面的定理 2 全面地概括总结了中间产出系数矩阵或中间投入系数矩阵的类关系及其等价条件，它是对曾力生（2007）的定理 3 的补充和完善。

定理 2：在一个包含 n 个部门的经济系统中，

（a）下列条件等价：

（a_1）$\vec{A}$ 或 A 是不完全可约的；即这个经济系统不可能划分为 $r \geqslant 2$ 个相互独立的经济子系统；

（a_2）如果产出调整系数列向量是非平凡的，则产出系统的调整能使至少一个中间产出系数变化，即 $Q \neq \lambda E \Rightarrow \vec{A}^{\#} \neq \vec{A}$；

（a_3）如果价格调整系数行向量是非平凡的，则价格系统的调整能使至少一个价值型中间投入系数变化，即 $P \neq \lambda E' \Rightarrow A^{*} \neq A$。

（b）下列条件等价：

(b_1) $\vec{A}$或 A 至少有一个非最终类或非初始类；即经济系统可由中间产品之间的相互依赖，划分为 r 个子经济 S_1，…，S_{r-1}，S_r，$2\leqslant r\leqslant n$，S_k 中的每个部门都直接或间接消耗 S_k 中其他部门的中间产品，或 S_k 只由一个部门组成，k = 1，…，r - 1，r，并且，S_i 不向 S_{i+1}，…，S_r 提供中间产品，i = 1，…，r - 1，但至少存在一个子经济 S_j（$1\leqslant j\leqslant r-1$），它消耗 S_{i+1}，…，S_r 中至少一个子经济的中间产品；

(b_2) 产出系统的调整能使某些部门的最终产出率提高（或下降）而其余部门的最终产出率不变；

(b_3) 产出系统的调整不能使每个部门的最终产值分别等于其对应部门的增加价值；

(b_4) 产出系统的调整能使某些部门的投入乘数增大（或减小）而其余部门的投入乘数不变；

(b_5) 产出系统的调整不能使每个部门的投入乘数分别等于其对应部门的产出乘数；

(b_6) 价格系统的调整能使某些部门的增加价值率提高（或下降）而其余部门的增加价值率不变；

(b_7) 价格系统的调整不能使每个部门的增加价值分别等于其对应部门的最终产值；

(b_8) 价格系统的调整能使某些部门的产出乘数增大（或减小）而其余部门的产出乘数不变；

(b_9) 价格系统的调整不能使每个部门的产出乘数分别等于其对应部门的投入乘数。

（c）下列条件等价：

(c_1) $\vec{A}$或 A 只有一个最终类；即①经济系统中的每个部门都直接或间接消耗其他部门的中间产品，或②经济系统可由中间产品之间的相互依赖，划分为 r 个子经济 S_1，S_2，…，S_r，$2\leqslant r\leqslant n$，S_k 中的每个部门都直接或间接消耗 S_k 中其他部门的中间产品，或 S_k 只由一个部门组成，k = 1，2，…，r，并且，S_j 不消耗 S_1，…，S_{j-1} 中的任何中间产品，但 S_j 至少向 S_1，…，S_{j-1} 中的一个子经济提供中间产品，j = 2，…，r；

(c_2) 如果产出调整系数列向量是非平凡的，则产出系统的调整能使至少一个部门的最终产出率变化，即 $Q\neq\lambda E\Rightarrow Y^{\#}\neq Y$；

(c_3) 如果产出调整系数列向量是非平凡的，则产出系统的调整能使至少一个部门的投入乘数变化，即 $Q\neq\lambda E\Rightarrow G^{\#}\neq G$。

（d）下列条件等价：

(d_1) A 或 $\vec{A}$ 只有一个初始类；即①经济系统中的每个部门都直接或间接消耗其他部门的中间产品，或②经济系统可由中间产品之间的相互依赖，划分为 r 个子经济，S_1，…，S_{r-1}，S_r，$2\leqslant r\leqslant n$，S_k 中的每个部门都直接或间接消耗 S_k 中其他部门的中间产品，或 S_k 只由一个部门组成，k = 1，…，r - 1，r，并且，S_i 不向 S_{i+1}，…，S_r 提供任何中间产品，但 S_i 至少消耗 S_{i+1}，…，S_r 中一个子经济的中间产品，i = 1，…，r - 1；

(d_2) 如果价格调整系数行向量是非平凡的，则价格系统的调整能使至少一个部门的增加价值率变化，即 $P\neq\lambda E^i\Rightarrow E^*\neq R$；

(d_3) 如果价格调整系数行向量是非平凡的，则价格系统的调整能使至少一个部门的产出乘数变化，即 $P\neq\lambda E^i\Rightarrow D^*\neq D$。

（e）下列条件等价：

（e_1）$\vec{A}$ 或 A 只有一个基本类，它也是唯一的最终类；

（e_2）存在一个唯一的产出调整系数列向量 $Q^{(1)}$，满足 $\vec{A}Q^{(1)} = (1 - \mu)Q^{(1)}$，使得每个部门的最终产出率在新的产出系统中都等于 μ；

（e_3）存在一个唯一的产出调整系数列向量 $Q^{(1)}$，满足 $\vec{A}Q^{(1)} = (1 - \mu)Q^{(1)}$，使得每个部门的投入乘数在新的产出系统中都等于 μ^{-1}。

（f）下列条件等价：

（f_1）A 或 $\vec{A}$ 只有一个基本类，它也是唯一的初始类；

（f_2）存在一个唯一的价格调整系数行向量 $P^{(1)}$，满足 $P^{(1)}A = (1 - \mu)P^{(1)}$，使得每个部门的增加价值率在新的价格系统中都等于 μ；

（f_3）存在一个唯一的价格调整系数行向量 $P^{(1)}$，满足 $P^{(1)}A = (1 - \mu)P^{(1)}$，使得每个部门的产出乘数在新的价格系统中都等于 μ^{-1}。

（g）下列条件等价：

（g_1）$\vec{A}$ 或 A 不可约，即 $\vec{A}$ 或 A 只有一个类，即经济系统中的每个部门都直接或间接消耗其他部门的中间产品。

（g_2）下列子条件等价：

（$g_{2.1}$）产出调整系数列向量是非平凡的，即 $Q \neq \lambda E$；

（$g_{2.2}$）产出系统的调整能使至少一个部门的最终产出率提高且至少一个部门的最终产出率下降；

（$g_{2.3}$）产出系统的调整能使至少一个部门的投入乘数增大且至少一个部门的投入乘数减小。

（g_3）下列子条件等价：

（$g_{3.1}$）价格调整系数行向量是非平凡的，即 $P \neq \lambda E'$；

（$g_{3.2}$）价格系统的调整能使至少一个部门的增加价值率提高且至少一个部门的增加价值率下降；

（$g_{3.3}$）价格系统的调整能使至少一个部门的产出乘数增大且至少一个部门的产出乘数减小。

（g_4）存在一个唯一的产出调整系数列向量 $Q^{(2)}$，满足 $M_{10}Q^{(2)} = Q^{(2)}$，使得在新的产出系统中每个部门的最终产值分别等于其对应部门的增加价值。

（g_5）存在一个唯一的产出调整系数列向量 $Q^{(3)}$，满足 $(\hat{D} - \vec{B})Q^{(3)} = 0$，使得由新的产出系统重新确定的所有部门的投入乘数分别等于其各自部门的产出乘数。

（g_6）存在一个唯一的价格调整系数行向量 $P^{(2)}$，满足 $P^{(2)}M_7 = P^{(2)}$，使得在新的价格系统中每个部门的增加价值分别等于其对应部门的最终产值。

（g_7）存在一个唯一的价格调整系数行向量 $P^{(3)}$，满足 $P^{(3)}(\hat{G} - B) = 0$，使得由新的价格系统重新确定的所有部门的产出乘数分别等于其各自部门的投入乘数。

（g_8）下列子条件等价：

（$g_{8.1}$）每个部门的增加价值率都等于 μ，即 $R = \mu E'$；

（$g_{8.2}$）存在一个唯一的产出调整系数列向量 Q，同时满足 $\vec{A}Q = (1-\mu)Q$，$M_{10}Q = Q$ 和 $(\hat{D} - \vec{B})Q = 0$，使得在新的产出系统中每个部门的最终产出率都等于 μ，它也等于每个部门的增加价值率；并且由新的产出系统重新确定的每个部门的投入乘数都等于 μ^{-1}，它也等于每个部门的产出乘数。

（g_9）下列子条件等价：

（$g_{9.1}$）每个部门的最终产出率都等于 μ，即 $Y = \mu E$；

（$g_{9.2}$）存在一个唯一的价格调整系数行向量 P，同时满足 $PA = (1-\mu)P$，$PM_7 = P$ 和 $P(\hat{G} - B) = 0$，使得在新的价格系统中每个部门的增加价值率都等于 μ，它也等于每个部门的最终产出率；并且由新的价格系统重新确定的每个部门的产出乘数都等于 μ^{-1}，它也等于每个部门的投入乘数。

其中 $\mu = 1 - \rho(A)$。

（h）下列条件等价：

（h_1）$\vec{A}$ 或 A 是可约的，且 $\vec{A}$ 或 A 的类都是最终的或都是初始的；即经济系统可由中间产品之间的相互依赖，划分为 r 个子经济，S_1，S_2，…，S_r，$2 \leqslant r \leqslant n$，$S_k$ 中的每个部门都直接或间接消耗 S_k 中其他部门的中间产品，或 S_k 只由一个部门组成，$k = 1, 2\cdots, r$，并且，这 r 个子经济之间相互独立；

（h_2）存在一个非唯一的产出调整系数列向量，使得在新的产出系统中每个部门的最终产值分别等于其对应部门的增加价值；

（h_3）存在一个非唯一的产出调整系数列向量，使得由新的产出系统重新确定的所有部门的投入乘数分别等于其各自部门的产出乘数；

（h_4）存在一个非唯一的价格调整系数行向量，使得在新的价格系统中每个部门的增加价值分别等于对应部门的最终产值；

（h_5）存在一个非唯一的价格调整系数行向量，使得由新的价格系统重新确定的所有部门的产出乘数分别等于其各自部门的投入乘数。

（i）上述条件满足下列逻辑关系：

$\neg(h_t) \Leftarrow (a_i) \Leftarrow [(c_k) \vee (d_l)]$；$\neg(b_j) \Leftrightarrow [(g_s) \vee (h_t)]$；$(c_k) \Leftarrow (e_m)$；$(d_l) \Leftarrow (f_r)$；$[(e_m) \wedge (f_r)] \Leftrightarrow (g_s)$；i，k，l，m，r = 1，2，3；j，s = 1，2，…，9；t = 1，2，…，5

证明：（a）、（c）和（d）的证明见曾力生（2007）的定理 3 的相应证明。由本章定理 1 中的（c）可得本定理的 $(b_1) \Leftrightarrow (b_5) \Leftrightarrow (b_9)$。（b）的剩余证明见曾力生（2007）的定理 3 的相应证明。（e）和（f）的证明与曾力生（2007）的定理 3 的相应证明相同。

下面证（g）。$(g_1) \Leftrightarrow (g_2) \Leftrightarrow (g_3) \Leftrightarrow (g_4) \Leftrightarrow (g_5)$ 的证明见曾力生（2007）的定理 3 的相应证明。由本章命题 3 中的（a）和（b）可得 $(g_1) \Leftrightarrow (g_5) \Leftrightarrow (g_7)$。下面证 $(g_1) \Leftrightarrow (g_8)$。令 (g_1) 成立，则由本定理的（e）和 $(g_1) \Leftrightarrow (g_4) \Leftrightarrow (g_5)$、命题 3 中的（c）可得

$(g_{8.1})$ $\Leftrightarrow$ $(g_{8.2})$。由命题 3 中的 （c）可得 $(g_{8.1})$ $\Leftrightarrow$ $(g_{8.2})$，即 (g_1) $\Leftrightarrow$ (g_8) 成立。反之，如果 (g_1) 不成立，则由定理 1 可知 M_{10} 不可能有一个唯一正的右特征向量，因此 $(g_{8.2})$ 不成立。所以 $(g_{8.1})$ $\Leftrightarrow$ $(g_{8.2})$ 不成立，即 (g_8) 不成立。(g_1) $\Leftrightarrow$ (g_8) 证毕。作为 (g_1) $\Leftrightarrow$ (g_8) 的证明的对偶形式，我们可类似地证明 (g_1) $\Leftrightarrow$ (g_9)。

下面证（h）。(h_1) $\Leftrightarrow$ (h_2) $\Leftrightarrow$ (h_4) 的证明见曾力生（2007）的定理 3 的相应证明。由本章定理 1 中的 （b.1）可得 (h_1) $\Leftrightarrow$ (h_3) $\Leftrightarrow$ (h_5)。本定理的（i）是显然的。证毕。

例：假设一个经济系统由 3 个部门组成，其价值型投入产出表是：

I–O 表 0

$$
\begin{array}{|c|c|c|}
\hline
T_0 & F_0 & X_0 \\
\hline
V_0 & & \\
\hline
X_0^t & & \\
\hline
\end{array}
=
\begin{array}{|ccc|c|c|}
\hline
0 & 3 & 3 & 9 & 15 \\
9 & 0 & 0 & 1 & 10 \\
3 & 4 & 3 & 5 & 15 \\
\hline
3 & 3 & 9 & & \\
\hline
15 & 10 & 15 & & \\
\hline
\end{array}
$$

则：

$$
\vec{A}_0 = \begin{bmatrix} 0 & 0.2 & 0.2 \\ 0.9 & 0 & 0 \\ 0.2 & 4/15 & 0.2 \end{bmatrix}, \quad
A_0 = \begin{bmatrix} 0 & 0.3 & 0.2 \\ 0.6 & 0 & 0 \\ 0.2 & 0.4 & 0.2 \end{bmatrix}, \quad
Y_0 = \begin{bmatrix} 0.6 \\ 0.1 \\ 1/3 \end{bmatrix},
$$

$$
R_0 = (0.2,\ 0.3,\ 0.6), \quad
M_{10}^{(0)} = \vec{A}_0 + R_0 = \begin{bmatrix} 0.2 & 0.2 & 0.2 \\ 0.9 & 0.3 & 0 \\ 0.2 & 4/15 & 0.8 \end{bmatrix},
$$

$$
M_7^{(0)} = A_0 + \hat{Y}_0 = \begin{bmatrix} 0.6 & 0.3 & 0.2 \\ 0.6 & 0.1 & 0 \\ 0.2 & 0.4 & 8/15 \end{bmatrix}, \quad
\vec{B}_0 = (I - \vec{A}_0)^{-1} = \frac{1}{426}\begin{bmatrix} 600 & 160 & 150 \\ 540 & 570 & 135 \\ 330 & 230 & 615 \end{bmatrix},
$$

$$
B_0 = (I - A_0)^{-1} = \frac{1}{142}\begin{bmatrix} 200 & 80 & 50 \\ 120 & 190 & 30 \\ 110 & 115 & 205 \end{bmatrix},
$$

$$
G_0 = \vec{B}_0 E = \frac{1}{426}\begin{bmatrix} 910 \\ 1245 \\ 1175 \end{bmatrix}, \quad
D_0 = E^t B_0 = \frac{1}{142}(430,\ 385,\ 285)
$$

其中 A_0 是不可约的，$\rho(\vec{A}_0) = \rho(A_0) = 0.6$。

情况 1：$Y_0 \neq 0.4E$，即在 I–O 表 0 中，某些部门的最终产出率不相等。由曾力生（2007）的例 5 可知，为使每个部门的最终产出率都相等，我们只需求解 $\vec{A}_0$ 的一个唯一正的右特征向量

$$
Q^{(1)} = \begin{bmatrix} 1 \\ 1.5 \\ 1.5 \end{bmatrix}
$$

它是一个能使在新的产出系统中每个部门的最终产出率都等于 0.4 的唯一的产出调

整系数列向量。由新的产出系统重新确定的价值型投入产出表是

I-O 表 1

$$
\begin{array}{|c|c|c|}
\hline
T_1 = T_0\hat{Q}^{(1)} & F_1 = \hat{X}_0(I - \vec{A}_0)\hat{Q}^{(1)} & X_1 = \hat{X}_0\hat{Q}^{(1)} \\
\hline
\multicolumn{3}{|c|}{V_1 = V_0\hat{Q}^{(1)}} \\
\hline
\multicolumn{3}{|c|}{X_1^t = X_0^t\hat{Q}^{(1)}} \\
\hline
\end{array}
=
\begin{array}{|ccc|cc|}
\hline
0 & 4.5 & 4.5 & 6 & 15 \\
9 & 0 & 0 & 6 & 15 \\
3 & 6 & 4.5 & 9 & 22.5 \\
\hline
3 & 4.5 & 13.5 & & \\
\hline
15 & 15 & 22.5 & & \\
\hline
\end{array}
$$

情况 2：$R_0 \neq 0.4E'$，即在 I-O 表 0 中，某些部门的增加价值率不相等。由曾力生 (2007) 的例 5 可知，为使每个部门的增加价值率都相等，我们只需求解 A_0 的一个唯一正的左特征向量 $P^{(2)} = (1.2, 1, 0.6)$，它是一个能使在新的价格系统中每个部门的增加价值率都等于 0.4 的唯一的价格调整系数行向量。由新的价格系统重新确定的价值型投入产出表是：

I-O 表 2

$$
\begin{array}{|c|c|c|}
\hline
T_2 = \hat{P}^{(2)}T_0 & F_2 = \hat{P}^{(2)}F_0 & X_2 = \hat{P}^{(2)}X_0 \\
\hline
\multicolumn{3}{|c|}{V_2 = \hat{P}^{(2)}(I - A_0)\hat{X}_0} \\
\hline
\multicolumn{3}{|c|}{X_2^t = P^{(2)}\hat{X}_0} \\
\hline
\end{array}
=
\begin{array}{|ccc|cc|}
\hline
0 & 3.6 & 3.6 & 10.8 & 18 \\
9 & 0 & 0 & 1 & 10 \\
1.8 & 2.4 & 1.8 & 3 & 9 \\
\hline
7.2 & 4 & 3.6 & & \\
\hline
18 & 10 & 9 & & \\
\hline
\end{array}
$$

情况 3：$F_0 \neq V_0^t$，即在 I-O 表 0 中，至少有一个部门的最终产值不等于该部门的增加价值。由曾力生 (2007) 的例 5 可知，为使每个部门的最终产值分别等于其对应部门的增加价值，我们只需①求解 $M_{10}^{(0)}$ 的一个唯一正的右特征向量

$$
Q^{(3)} = \begin{bmatrix} 0.7 \\ 0.9 \\ 1.9 \end{bmatrix}
$$

它是一个能使在新的产出系统中每个部门的最终产值分别等于其对应部门的增加价值的唯一的产出调整系数列向量；或②求解 $M_7^{(0)}$ 的一个唯一正的左特征向量 $P^{(3)} = (2.1, 1.1, 0.9)$，它是一个能使在新的价格系统中每个部门的增加价值分别等于其对应部门的最终产值的唯一的价格调整系数行向量。

情况 4：$G_0 \neq D_0^t$，即在 I-O 表 3 中，某个部门的投入乘数不等于该部门的产出乘数。根据定理 2 中的条件 (g_5) 或 (g_7)，如果我们希望每个部门的投入乘数分别等于其对应部门的产出乘数，就应求解齐次线性方程组 $(\hat{D}_0 - \vec{B}_0)U = 0$ 或 $Z(\hat{G}_0 - B_0) = 0$。

（1）我们可以求出：

$$Q^{(4)} = \begin{bmatrix} 0.648 \\ 1.032 \\ 1.88 \end{bmatrix}$$

正好是齐次线性方程组 $(\hat{D}_0 - \vec{B}_0) U = 0$ 的一个唯一的正的（列）解向量，即 $(\hat{D}_0 - \vec{B}_0)$ $Q^{(4)} = 0$。因此，$Q^{(4)}$ 是能使由新的产出系统重新确定的每个部门的投入乘数分别等于其对应部门的产出乘数的唯一的产出调整系数列向量。所以，如果部门1的总产出减少 35.2%，部门2的总产出增加 3.2%，且部门3的总产出增加 88%，则由新的产出系统重新确定的价值型投入产出表是：

I–O 表 3

$$\begin{array}{|ccc|}
\hline
T_{4.1} = T_0\hat{Q}^{(4)} & F_{4.1} = \hat{X}_0(I - \hat{A}_0)Q^{(4)} & X_{4.1} = \hat{X}_0Q^{(4)} \\
\hline
V_{4.1} = V_0\hat{Q}^{(4)} & & \\
\hline
X_{4.1}^t = X_0^t\hat{Q}^{(4)} & & \\
\hline
\end{array}$$

$$=
\begin{array}{|ccc|cc|}
\hline
0 & 3.096 & 5.64 & 0.984 & 9.72 \\
5.832 & 0 & 0 & 4.488 & 10.32 \\
1.944 & 4.128 & 5.64 & 16.488 & 28.2 \\
\hline
1.944 & 3.096 & 16.92 & & \\
\hline
9.72 & 10.32 & 28.2 & & \\
\hline
\end{array}$$

其中，$A_{4.1} = A_0$，$R_{4.1} = R_0$，$B_{4.1} = B_0$，

$$\vec{B}_{4.1} = (\hat{Q}^{(4)})^{-1}\vec{B}_0\hat{Q}^{(4)} = \frac{1}{142}\begin{bmatrix} 200 & 6880/81 & 11750/81 \\ 4860/43 & 190 & 3525/43 \\ 1782/47 & 1978/47 & 205 \end{bmatrix},$$

$G_{4.1} = \vec{B}_{4.1}E = D_0^t = D_{4.1}^t$。既然 $R_0 \neq 0.4E^t$，根据定理2中的条件 (g_8)，我们有 $Q^{(4)} \neq \lambda Q^{(1)}$，其中，$\lambda$ 是任意一个正数。

（2）我们可以求出 $P^{(4)} = (2.313，1.241，0.819)$ 正好是齐次线性方程组 $Z(\hat{G}_0 - B_0) = 0$ 的一个唯一的正的（行）解向量，即 $P^{(4)}(\hat{G}_0 - B_0) = 0$。因此，$P^{(4)}$ 是能使由新的价格系统重新确定的每个部门的产出乘数分别等于其对应部门的投入乘数的唯一的价格调整系数行向量。所以，如果部门1的价格提高 131.3%，部门2的价格提高 24.1%，且部门3的价格下降 18.1%，则由新的价格系统重新确定的价值型投入产出表是：

I–O 表 4

$$\begin{array}{|ccc|}
\hline
T_{4.2} = \hat{P}^{(4)}T_0 & F_{4.2} = \hat{P}^{(4)}F_0 & X_{4.2} = \hat{P}^{(4)}X_0 \\
\hline
V_{4.2} = P^{(4)}(I - A_0)\hat{X}_0 & & \\
\hline
X_{4.2}^t = P^{(4)}\hat{X}_0 & & \\
\hline
\end{array}$$

$$=
\begin{array}{|ccc|cc|}
\hline
0 & 6.939 & 6.939 & 20.817 & 34.695 \\
11.169 & 0 & 0 & 1.241 & 12.41 \\
2.457 & 3.276 & 2.457 & 4.095 & 12.285 \\
\hline
21.069 & 2.195 & 2.889 & & \\
\hline
34.695 & 12.41 & 12.285 & & \\
\hline
\end{array}$$

其中，$\vec{A}_{42}=\vec{A}_0$，$Y_{42}=Y_0$，$\vec{B}_{42}=\vec{B}_0$，

$$B_{42}=\hat{P}^{(4)}B_0\left(\hat{P}^{(4)}\right)^{-1}=\frac{1}{426}\begin{vmatrix} 600 & 555120/1241 & 38550/91 \\ 49640/257 & 570 & 12410/91 \\ 30030/257 & 282555/1241 & 615 \end{vmatrix}$$

$D_{42}=E^tB_{42}=G_0^t=G_{42}^t$。既然 $Y_0\neq0.4E$，根据定理 2 中的条件（g_9），我们有 $P^{(4)}\neq\lambda P^{(2)}$，其中，$\lambda$ 是任意一个正数。

情况 5：$Y_2=Y_0\neq0.4E$，即在 I-O 表 2 中，某些部门的最终产出率不相等。类似于情况 1，如果我们希望每个部门的最终产出率都相等，则可以求出 $\vec{A}_2=\vec{A}_0$ 的一个唯一的正的右特征向量

$$Q^{(5)}=\begin{bmatrix} 1 \\ 1.5 \\ 1.5 \end{bmatrix}$$

既然 $R_2=0.4E^t$，根据定理 2 中的条件（g_8），$Q^{(1)}$ 是一个能使在新的产出系统中每个部门的最终产出率都等于 0.4（它也等于每个部门的增加价值率）并且每个部门的投入乘数都等于 2.5（它也等于每个部门的产出乘数）的唯一的产出调整系数列向量。所以，在 I-O 表 2 中，如果部门 1 的总产出不变，部门 2 和 3 的总产出都增加 50%，则由新的产出系统重新确定的价值型投入产出表是：

I-O 表 5

$T_5=T_2\hat{Q}^{(1)}$	$F_5=\hat{X}_2(I-\vec{A}_2)Q^{(1)}$	$X_5=\hat{X}_2Q^{(1)}$		0	5.4	5.4	7.2	18
				9	0	0	6	15
			=	1.8	3.6	2.7	5.4	13.5
$V_5=V_2\hat{Q}^{(1)}$				7.2	6	5.4		
$X_5^t=X_2^t\hat{Q}^{(1)}$				18	15	13.5		

其中，$Y_5=0.4E=R_2^t=R_5^t$，$\vec{B}_5=\left(\hat{Q}^{(1)}\right)^{-1}\vec{B}_2\hat{Q}^{(1)}=\left(\hat{Q}^{(1)}\right)^{-1}\vec{B}_0\hat{Q}^{(1)}=\vec{B}_1$，$B_5=B_2$，并且 $G_5=G_t=2.5E=D_2^t=D_5^t$。

情况 6：$R_1=R_0\neq0.4E^t$，即在 I-O 表 1 中，某些部门的增加价值率不相等。类似于情况 2，如果我们希望每个部门的增加价值率都相等，则可以求出 $A_1=A_0$ 的一个唯一的正的左特征向量 $P^{(2)}=(1.2,\ 1,\ 0.6)$。既然 $Y_1=0.4E$，根据定理 2 中的条件（g_9），$P^{(2)}$ 是一个能使在新的价格系统中每个部门的增加价值率都等于 0.4（它也等于每个部门的最终产出率）并且每个部门的产出乘数都等于 2.5（它也等于每个部门的投入乘数）的唯一的价格调整系数行向量。所以，在 I-O 表 1 中，如果部门 1 的价格提高 20%，部门 2 的价格不变，且部门 3 的价格下降 40%，则由新的价格系统重新确定的价值型投入产出表如 I-O 表 6 所示：

I-O 表 6

$T_6 = \hat{P}^{(2)}T_1$	$F_6 = \hat{P}^{(2)}F_1$	$X_6 = \hat{P}^{(2)}X_1$						
$V_6 = P^{(2)}(I - A_1)\hat{X}_1$								
$X_6^t = P^{(2)}\hat{X}_1$								

$$= \begin{array}{|ccc|cc|}
0 & 5.4 & 5.4 & 7.2 & 18 \\
9 & 0 & 0 & 6 & 15 \\
1.8 & 3.6 & 2.7 & 5.4 & 13.5 \\
\hline
7.2 & 6 & 5.4 & & \\
\hline
18 & 15 & 13.5 & & \\
\end{array}$$

其中，$R_6 = 0.4E^t = Y_1^t = Y_6^t$，$B_6 = \hat{P}^{(2)}B_1 \left(\hat{P}^{(2)}\right)^{-1} = \hat{P}^{(2)}B_0 \left(\hat{P}^{(2)}\right)^{-1} = B_2$，$\vec{B}_6 = \vec{B}_1$，并且 $D_6 = D_2 = 2.5E^t = G_1^t = G_6^t$。

参考文献

1. 曾力生："产量变动和价格变动对经济系统的影响——利用非负矩阵谱理论的投入产出分析之一"，中国社会科学院经济政策与模拟重点研究室 2005 年度资助研究项目研究报告，2006 年。

2. 曾力生："某些经济指标的一致性和等值性及其调整方法——利用非负矩阵谱理论的投入产出分析之二"，中国社会科学院经济政策与模拟重点研究室 2006 年度资助研究项目研究报告，2007 年。

3. Berman, A., Plemmons, R. J.: Nonnegative matrices in the mathematical sciences. Philadelphia: Society for Industrial and Applied Mathematics 1994.

4. Miller, R. E., Blair, P. D.: Input-output analysis: foundations and extensions. New Jersey: Prentice-Hall 1985.

（本章作者：曾力生）

第六章 我国城市污水设施建设资金需求与缺口及投融资方案设计

由于我国各个地区和城市经济、社会发展不平衡，甚至是有巨大差异，所以也导致了各地城市污水行业的发展存在很大的不同。为了更好地完成国家"十一五"规划，确定政府资金的投资重点，对有限的政府资金进行更合理的规划，有重点、有优先顺序地满足不同区域污水设施建设资金需求，需要估算全国城市污水设施建设资金需求和缺口，并进一步分析其分布特征，更深入地解析不同的区域、经济水平和人口规模的城市建设污水设施的资金需求情况。

第一节　城市污水设施建设资金需求估算方法和模型

鉴于数据的可获得性，暂时无法研究覆盖全国的所有城镇的情况，因此确定研究对象为《中国城市统计年鉴2005》中所列的地级及地级以上城市。2004年，我国共有此类城市287个，但由于个别城市数据缺乏，最终列入样本的城市共278个。研究目标为"十一五"时期。

由于"十一五"污水规划中旧厂升级改造需求比例很小，而污泥以及再生水设施的投入属于进一步的处理处置，暂时不列入本研究范围，因此，污水设施建设特指污水厂的新建、旧管网的完善和管网的新建配套等三项内容。

关键指标估算方法如下：投资需求预测以建设需求估算为基础。估算过程涉及"十一五"期间规划新建污水处理设施规模（Q_N）和管网配套长度（L）的确定，而前者涉及2010年污水排放量预测值（Q_t）、目标处理率（R）、目标负荷率（r）等指标。

一、排放量预测值（Q_t）

本章样本容量有近300个城市，由于缺乏全面的连续历史数据，加上市辖区范围以及城市级别在2000年前后调整较多，对预测模型的选用产生了很大限制。因此，本章采用污水排放量预测中较为简便的模型：

$$Q_t = Q_0 (1+\alpha)^t \tag{6-1}$$

其中，Q_t——预测年污水排放量，万立方米；Q_0——基准年污水排放量，万立方米；

α——污水排放量年平均增长率，%；t——基准年到预测年的年数。

选取 2005 年为基准年，2010 年为预测年，α 取 2002~2005 年污水排放量年增长率算术平均值。由于个别城市 2002~2005 年的数据存在不完整、起伏过大等问题，采取了调整措施，包括使用前后年份的中间值、只利用较新的数据、直接取用 2005 年增长率或 2005 年排放量（仅对于排放量呈大幅下降趋势的城市，主要考虑到当前城市化进程、经济发展和生活模式影响，不可能继续大幅降低排放量）。

二、目标处理率（R）

目标处理率的决定性因素是政策，主要包括国家、区域、地方、行业等各类规划以及各地水环境功能区划、质量和排放标准等，"十一五"污水规划据此提出 2010 年污水处理率要求，如表 6–1 所示。

表 6–1 "十一五"污水规划提出的 2010 年污水目标处理率

城市/区域	2010 年目标处理率（%）
省会及以上城市	≥80
北京、天津、上海、广州、深圳、杭州、南京、苏州、宁波	≥90
广东、江苏、浙江等省的其他经济发达地区和长三角、珠三角区域	≥80
南水北调东线、三峡库区及上游影响区、21 世纪首都水资源影响区、滇池流域	≥80
淮河流域、太湖流域、巢湖流域	≥75
海河流域、辽河流域、松花江流域	≥70
黄河流域、珠江流域、长江中游	≥60

在此基础上，结合各地设施完善程度及经济条件，本章对样本城市目标处理率作进一步调整：

（1）考虑污水设施建设持续性，对于现状处理率超过或接近（相差小于 5%）"十一五"污水规划目标的城市，把 R 调整到比现状高 10%；

（2）根据各省已有规划值调整当地经济较发达城市的目标，在全省规划值基础上加 5%~10%（根据发达程度）；由于参与统计的皆为地级及地级以上城市，一般在当地处于中上发展水平，因此其目标值一般不低于全省平均水平。

三、目标负荷率（r）

"十一五"期间污水设施的完善和升级改造将提高污水厂运行负荷率。根据建设部资料，计算得到近年污水厂负荷率全国平均值（见表 6–2）。参照其提升速度，预计 2010 年污水厂平均负荷率将达 75%以上。因此，设定现状负荷率低于 65%的设施将在 2010 年达到 r = 75%的水平；高于 65%的城市将在现状负荷率的基础上增加 10%，若增加 10%后，目标负荷率高于 100%，则取 100%；新建污水处理设施 2010 年负荷率达到平

均水平 $r_N = 75\%$。

表6-2 我国污水厂平均运行负荷率

年 份	2002	2003	2004	2005
污水厂负荷率/%	62.8	69.0	64.7	67.7

四、新建污水处理设施规模 （Q_N）

计算"十一五"期间需新建的污水处理设施规模（即处理能力）Q_N 时，要考虑污水排放量和设施负荷率变化的影响。而其他污水处理设施由于处理等级偏低，有必要通过新建或改建污水厂来替换。不妨规划替换量为50%，即2010年其他污水处理设施保留50%的处理能力。

因此，本章设计 Q_N 的计算方法为：2010年需实现的污水处理能力减去2010年现有污水厂所能实现的以及其他污水处理设施保留的实际处理总能力后，除以新建设施的负荷率 r_N。现状污水厂处理能力为 q_1，其他处理能力为 q_2，则有：

$$Q_N = (Q_t R - q_1 r - 0.5q_2) / r_N \tag{6-2}$$

其中，Q_N——"十一五"期间需要新建的污水厂处理能力，万立方米/日；Q_t——2010年污水排放量，万立方米；R——2010年城市污水目标处理率，%；q_1——2005年已建成污水厂的处理能力，万立方米/日；r ——2005年已建成的污水厂在2010年的负荷率，%；q_2——2005年已建成的其他污水处理设施的处理能力，万立方米/日；r_N——2005~2010年新建成的污水厂在2010年的负荷率，%。

部分城市估算结果出现负值，原因是其已有污水处理设施能达到2010年目标，此时适当调高其目标处理率，保持建设的延续性。如果目标处理率提高至100%后结果仍为负值，则认为污水处理设施已能充分满足2010年末要求，"十一五"期间的新建任务并不紧迫。

五、管网配套长度 （L）

计算得到全国单位污水集中处理能力的污水管道平均长度为16km/（万 m³/d），而现有污水厂负荷率说明当前污水管长不能满足正常需要。按污水厂负荷率增加1/3考虑，则配套污水管道平均应达到21.3km /（万 m³/d）。根据中国国际工程咨询公司总结的两个研究结论，即要使我国城市污水厂合理、高效地运行，单位日污水处理能力（万 m³）需要配套15~20km污水管或单位建成区面积污水管长 8.3km/km²。本章取这三种方法估算结果的平均值，得到我国平均单位污水集中处理能力需配套污水管道20km /（万 m³/d）。

同时，考虑到不同的城市居民集中程度及地形条件差异，本章在计算管网配套长度过程中主要考虑了城市现有管网配套情况。假设污水厂负荷不足完全由配套污水管道长度不足引起，且负荷率与管长成正比，由此计算各城市平均单位污水实际集中处理量需要配套的管网长度。管网配套目标应以满足污水厂高效运行为目标。设定已建污水厂到

2010 年时管网配套至污水厂可以实现满负荷运行，由此计算需新增管长（L_1）；同样原理计算新增污水厂需配套管网规模（L_2）。特别地，对于负荷率为 0 或未建污水厂的城市，按上述全国平均需求水平计算；对于现有单位污水处理量配套管网高于 25km／（万 m³/d）的地方，认为原有管道未完全发挥作用，按 25km／（万 m³/d）计算；对于已经满负荷或超负荷运行的设施，计算结果为非正数，即不需要新增配套管网，且现有管网可用于配套新建污水厂；对于不需要新建污水厂的城市，对应新建管网直接设定为 0。

六、投资单价

文献调研并结合"十五"期间以来新建项目信息，保守估算"十一五"期间污水厂投资单价平均约为 1200 元／(m³/d)。原有污水管网完善平均造价取 100 万元/km（管径加权平均后，含泵站费用），新建设施配套管网平均造价取 120 万元/km（管径加权平均后，含泵站费用）。

鉴于污水厂的规模效应以及东部沿海地区投资市场和工艺的成熟有利于降低投资单价，采用统一单价估算城市尺度的投资需求会出现偏差，一般表现为东部大城市的需求比实际高，而西部小城市的需求比实际低。

因此，我国"十一五"期间污水设施建设的资金需求为：

$$Req = 0.12Q_N + 0.01L_1 + 0.012L_2 \qquad (6-3)$$

其中，Req——我国"十一五"期间污水设施建设的资金需求总量，亿元；Q_N——我国"十一五"期间需要新建的污水厂处理能力，万立方米/日；L_1——2005 年已建成的污水厂需要增加的配套污水管道长度，km；L_2——2005~2010 年新建污水厂需要配套的污水管道长度，km。

第二节　我国"十一五"期间污水设施建设资金需求特征分析

在污水行业投资多元化的形势下，污水设施建设所需资金可以通过多种渠道获得，但政府并不能完全卸下投资责任。污水设施建设资金，除了来自各级政府的直接投入以外，来自国际金融组织的贷款一般最终都由地方财政偿还，国家开发银行贷款也往往隐藏着财政担保，市场化渠道融得资金也往往通过污水服务费由政府财政补贴（大部分城市的居民污水处理费不能达到 BOT 项目污水处理价格要求）。因此，目前污水设施建设资金最终基本都将由中央或地方财政负担。其中，在缺少污水行业市场化渠道的地区，这些资金将成为财政的直接负担，否则，将可以首先通过市场化方式获取，使财政负担间接化且分散到一个较长时期内。同时考虑到中央财政收入用于全国的宏观调控，地方财政收入目前则需要担负起污水设施建设投资的主要部分。

由于人口规模大的城市污水排放量通常也较大，进而对设施建设规模有更高的要求，也容易产生较大的资金需求。为了尽量排除这一影响，同时突出污水设施建设资金需求造成地方财政的压力，从而更好地说明所存在的问题，本研究定义了一个无量纲指标——"污水设施建设财政负担"：

$$B = \frac{\text{Req}}{\text{F}} \times 100\% \tag{6-4}$$

其中，B——我国"十一五"期间污水设施建设财政负担，%；Req——我国"十一五"期间污水设施建设的资金需求总量，亿元；F——我国"十一五"期间地方财政总收入预测值，亿元。

"十一五"时期地方财政收入通过"十五"期间年平均增长率估算。

统计依上述方法得到的结果发现，全国地级及地级以上城市的污水设施建设资金需求约为1600亿元，造成财政负担平均达到7.35%，而各城市负担随其所处区域、经济水平以及人口规模的差异而表现出某些分布特征。

一、按照区域分布

把样本划分为东部、中部和西部三组，计算各组的污水设施建设财政负担平均值（见表6-3），发现西部地区负担明显重于东部和中部。根据国家统计局数据计算，2000~2003年城市维护建设支出占全国地方财政收入比例约为47.3%，而"十一五"期间西部污水设施建设财政负担高达10.48%，占了近年全国城市维护建设支出平均负担的1/5强，比东部高出近1倍；而东部和中部的负担相差不超过1%，差距并不明显。西部与东中部负担差距形成的关键原因在于东中部污水设施完善程度较高。综观我国污水设施建设史，无论是外国政府或国际金融组织贷款、国债，还是社会资本，在东中部（尤其是东部）地区的投资力度以及建成污水设施的数量和规模均较大，从根本上确立了该区域污水设施的领先地位。

表6-3 城市污水设施财政负担按区域分布情况

城市所处区域	东 部	中 部	西 部
城市数量/个	121	86	71
污水设施建设财政负担/%	5.90	6.81	10.48

二、按照经济水平分布

本章的经济水平用2004年（《中国城市统计年鉴》最新数据）市辖区人均GDP表征。确定分组界限时使样本数量均衡，具体见表6-4。

表6-4 各经济水平组内样本城市数量分布

市辖区人均GDP/千元	<7	7~10	10~15	15~18	18~23	23~30	30~40	>40
城市数量/个	30	36	54	32	37	35	31	23

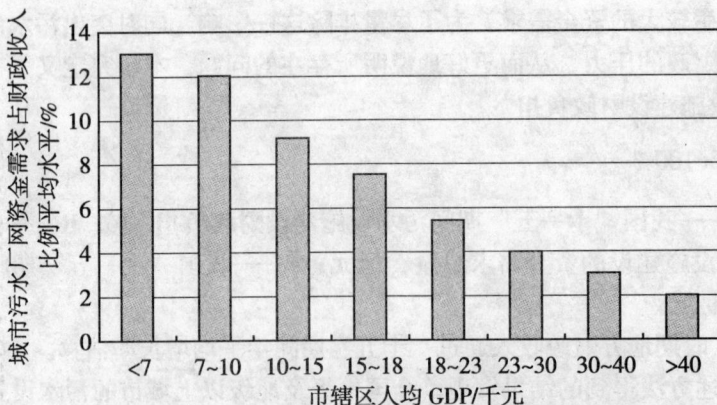

图 6-1　城市污水设施建设财政负担按经济水平分布情况

由图 6-1 可见城市经济水平越落后，污水设施建设财政负担越大。市辖区人均 GDP 7000 元以下的城市的平均负担水平约为 4 万元以上城市的 6.7 倍。这是由于经济发达城市凭借其强大的还款或资金配套能力，获得国际金融组织、国债以及社会资本的青睐，加上当地政府本身的重视和投资能力，在过去十多年大量建设污水设施，获得了较大成就，使其目前污水设施建设压力大为减轻；同时，这些城市财政力量相对雄厚，财政收入基数大，因此，对于它们来说，当前所剩不多的污水设施建设投资就显得轻而易举了。

进一步地分析不同经济水平城市的负担按区域分布的情况。为保证不同经济水平组在各区域皆具有较多的样本数，在前述分组的基础上，把市辖区人均 GDP 低于 1 万元的城市并为一组。图 6-2 显示，不同经济水平组内，污水设施建设财政负担的地域分布趋势与前文分析结果不完全一致，而不同区域城市的负担随经济水平变化的规律也有差异。

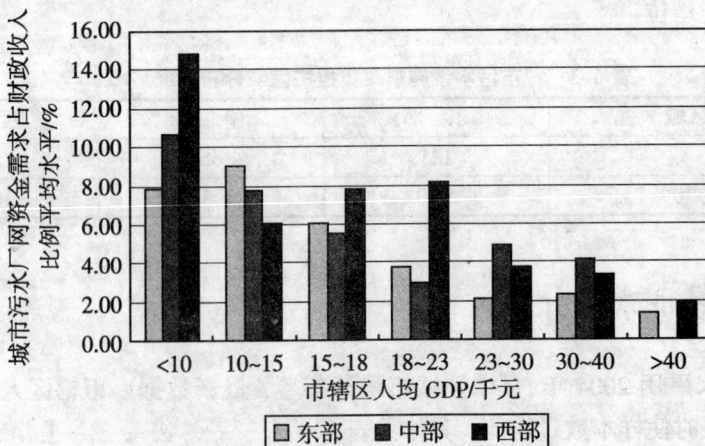

图 6-2　不同经济水平城市污水设施建设财政负担按区域分布情况

注：中部地区人均 GDP > 40 千元的数据缺失。

市辖区人均 GDP 在 1 万元以下及 2.3 万元以上的城市，仍表现出中西部负担大于东部的特征；而市辖区人均 GDP 在 1.5 万~1.8 万元的城市，尽管表现出东部负担略大于中部，但西部负担仍明显高于东中部。这些经济水平段中呈现的规律与前文结果大致相同，仅有市辖区人均 GDP 为 1 万~1.5 万元的城市组的规律与之截然相反。主要原因在于，该经济水平组的东部城市大多位于松花江流域、南水北调东线工程沿线以及广东省等水污染重点防治流域或污染高排放区，其污水设施建设任务重大。

从图 6-2 综合分析得到，中西部人均 GDP 低于 1 万元的城市在污水处理建设上的负担最重。这些城市大多位于安徽、山西、湖南、湖北和四川五省中属于淮河流域、长江和黄河中游流域与三峡库区及上游影响区的部分，正是我国水污染治理重点区域。

三、按照城市人口规模分布

本章用市辖区人口表征城市规模，按《中国城市统计年鉴 2004》附录 1 的分组标准为表 6-5 中的 6 类。

表6-5　城市类型划分标准

市辖区人口/万人	50 以下	50~100	100~200	200~500	500~1000	1000 及以上
城市类型	小	中等	大	特大	超大	巨型
城市数量/个	61	109	73	27	5	3

现以市辖区 2004 年末总人口为判断基准。为保证每组的样本数，把超大和巨型城市并为一组。如图 6-3 所示，污水设施建设财政负担随城市规模的增加而减轻，且明显分为 11%、7% 和 2% 左右 3 个梯度，分别对应于小城市、大中城市和特大及以上城市。形成该分布特征的主要原因在于特大及以上城市污水设施建设走在了全国的前列，当前污水处理率较高，大多与目标值比较接近；而大中小城市的污水处理率总体水平较低，特别地，规模越小的城市，未建污水厂的比例越高，要从零起点达到 60% 甚至更高的目标污水处理率，必然直接产生巨大的建设需求，财政负担自然较重。

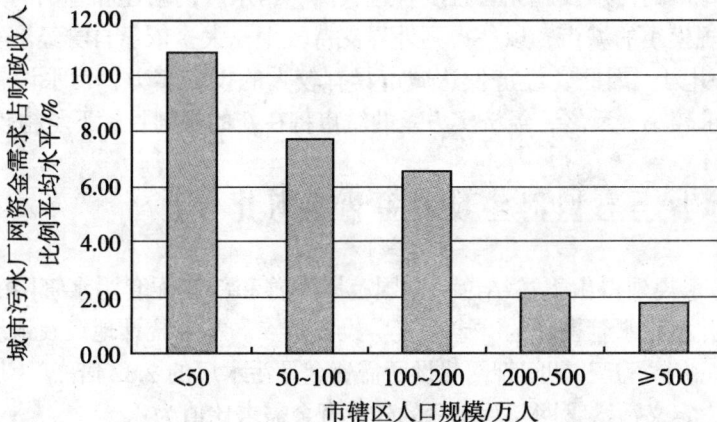

图6-3　城市污水设施建设财政负担按人口规模分布情况

综合考虑城市经济水平与人口规模进行分析，得到结果如图6-4所示。

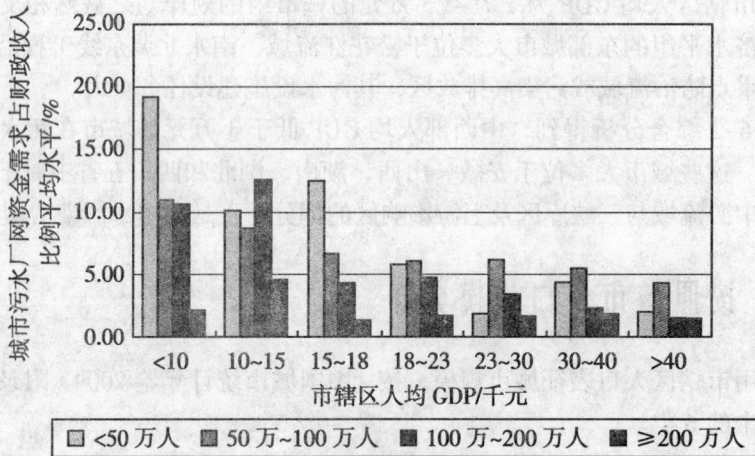

图6-4　不同人口规模城市污水设施建设财政负担经济水平分布情况

在不同经济水平组内，污水设施建设财政负担的分布特征与前述情况一致：人口规模小的城市负担重。然而在经济较发达（市辖区人均GDP超过2.3万元）的城市中，小城市负担却低于中等城市，甚至与特大及以上城市相近。其主要原因是大部分小城市污水排放总量和年增长量都较小，因此，少量的投入就能达到较高处理率，使得近期内新增建设需求较小。可见经济发达的小城市最容易提高其污水处理率，也基本有能力承担相关建设资金。

从人口规模角度看，特大及以上城市的负担整体处于较低的水平，不管其经济水平如何，大部分的负担不超过2%。本章分析认为，其原因主要是大城市污染排放量大，问题突出，因此其水污染情况很早就得到多方重视。在经济发达城市，地方努力和社会资本投资量都较大；而在经济落后城市，国际金融组织和国家也给予了大力支持。因此，特大及以上城市的污水设施完善程度普遍较高，污水厂的新建和管网的完善压力都相对偏小。人口规模小的城市，以往得到外界支持较少，大多依靠自身经济实力以及由此产生的资金吸引力，因此，经济发达城市具有较大的投资实力，污水设施拥有量较大，未来建设需求较小，反之，经济实力差的城市将在新的规划目标下承担较大压力。

四、污水厂与管网的建设资金需求对比分析

"十一五"污水规划得出下述结论：全国范围完善和新建配套污水管网的资金需求远高于污水厂，并把污水管网作为"十一五"投资重点。本章统计地级及地级以上城市得到结果也显示，"十一五"期间管网建设所需资金是污水厂的2.82倍。

为陈述方便，定义污水管网与污水厂的建设资金需求比值为：

$$N = \frac{污水管网建设资金需求}{污水处理厂建设资金需求} \tag{6-5}$$

下面将具体分析管网与污水厂的资金需求比值在不同区域、经济水平及人口规模等

情况下的分布特征。

由表 6-6、图 6-5 和图 6-6 得出，无论地处何处、拥有何种经济水平或人口规模，管网建设资金需求普遍高于污水厂，主要原因是单位污水处理能力的污水厂成本一般比相应配套管网成本要低。然而，根据管网配套长度估算方法，当不存在原有污水管网完善工程时，N 值的上限只有 2.5。全国地级和地级以上城市的 N 值平均为 2.82，说明其管网建设的历史欠账较多。以下将分析 N 值的具体分布情况。

首先，分析区域分布情况。不同区域的 N 值差别不大，最大差值不超过 0.6 倍（见表 6-6）。N 值按东、中、西部依次略微递减，究其原因，一方面是东部污水设施建设冒进情况较为严重，即有较多的城市存在污水处理率较接近目标值而污水厂负荷率却较低的情况，于是新建污水厂规模很小，但管网"还账"量较大；另一方面是西部的污水设施建设零起点城市比例较高，即尚未建设任何污水厂，于是也就不存在"欠账"问题。

表 6-6　城市污水管网与污水厂的建设资金需求比值按区域分布情况

城市所处区域	东部	中部	西部
N	3.05	2.83	2.50

其次，分析按经济水平分组时的情况。N 值并不具备随经济水平变化的明显特征（见图 6-5）。然而，市辖区人均 GDP 为 2.3 万~4 万元的城市组的管网建设资金需求比较突出。研究其设施建设现状发现，这组城市大部分留有较严重的管网历史欠账，同时污水厂新建配套管网量也较大，承受着双重的管网建设压力。三明、秦皇岛和南通就是这类城市当中问题最为突出的 3 个，恰好都落在了这一经济水平组内，大大抬高了整体平均水平。

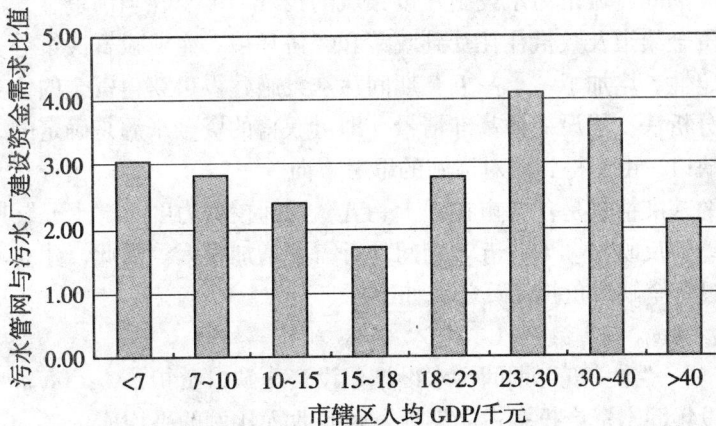

图 6-5　城市污水管网与污水厂的建设资金需求比值按经济水平分布情况

最后，分析不同人口规模分组后的情况。市辖区人口超过 50 万人的城市，其 N 值基本处于同一水平（见图 6-6），只有小城市的管网建设压力突出，管网建设资金需求与污水厂相差超过 3 倍。小城市污水设施的空白较大，既没有污水厂，也缺少管网，在计算过程中单位污水处理能力配套管网长度直接取上限值计算，因此，该组内普遍需要较多的管网建设资金。同时，地级及地级以上城市中，小城市数量较大，中城市少，当中几个问题突出的城市就能对该组的整体水平产生很大的影响。特大及以上城市也呈现较高的值，则主要是由于原有管网配套较差。

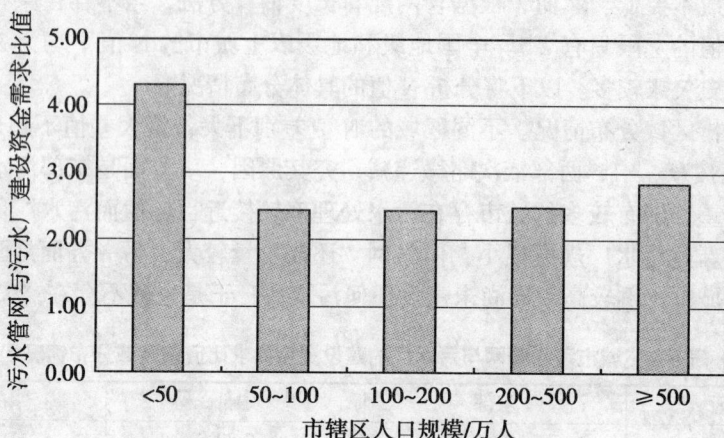

图 6-6　城市污水管网与污水厂的建设资金需求比值按人口规模分布情况

第三节　我国城市污水设施建设资金缺口分析

从建设部统计的"排水行业（含污水处理）的城市建设固定资产投资"这一指标可以计算"十五"期间污水设施建设年投资占同期地方财政收入比例的平均值（Inv_{10}）。这反映了"十五"期间各城市污水设施建设领域的投资力度。在当前资金来源多元化的形势下，可获得资金渠道及数量往往受到政策和经济环境、企业投资决策等多种影响，具有较大的不确定性，增加了"十一五"期间污水设施建设可获得资金的估算难度。本节采用基准情景分析法，假设一种基准情景，即可获得的资金来源是确定的，由此可计算出一个确定的缺口，由此得到应对措施的思考方向。

本章假设的基准情景是：各市在"十一五"期间投资力度与"十五"期间持平，此时的估算结果能够反映出"十一五"期间是否需要增加投入。因此，建立"十一五"期间污水设施建设资金缺口负担计算公式如下：

$$Gap = Inv_{11} - Inv_{10} \tag{6-6}$$

其中，Gap——"十一五"期间污水设施建设资金缺口负担，%；Inv_{10}——"十五"期间污水设施建设年固定资产投资占同期地方财政收入比例的平均值，%；Inv_{11}——"十一五"期间污水设施建设财政负担，%。

所谓资金缺口负担，是指资金缺口（金额）占"十一五"期间财政收入的比例，主要是为了更好地体现该缺口相对于当地财力的严重性。该数值与"十一五"期间财政收入预测值相乘，即得到资金缺口金额的绝对值（简称为资金缺口）。缺口负担数值的正负取向具有政策指导意义，如表 6-7 所列。

表 6-7 资金缺口负担数值符号的政策含义

Gap 的数值符号	政策含义
Gap > 0	在基准情景中存在资金缺口,"十一五"时期污水设施建设投资力度必须大于"十五"时期
Gap = 0	在基准情景中不存在资金缺口,"十一五"时期污水设施建设投资力度只需与"十五"时期持平
Gap < 0	在基准情景中不存在资金缺口,"十一五"时期污水设施建设投资力度可以小于"十五"时期

在 278 个地级及地级以上的样本城市中,如果不考虑"十一五"期间管网的投资需求,则基准情景下存在资金缺口的城市仅有 58 个;若不考虑污水厂的投资需求,则存在资金缺口的有 82 个;若考虑管网资金需求,则存在资金缺口的有 108 个;可见管网建设在城市资金缺口上产生了较大的贡献。

表 6-8 资金缺口相关指标符号的含义

符 号	含 义
Gap_0	(组内) 所有城市的资金缺口负担平均值
Gap_1	(组内) 存在缺口的城市的资金缺口负担平均值
Gap_2	(组内) 不存在缺口的城市的资金"缺口"负担平均值
g	存在资金缺口的城市占相应组内所有城市的比例
$GapM_0$	(组内) 所有城市的资金缺口平均值
$GapM_1$	(组内) 存在缺口的城市的资金缺口平均值
$GapM_2$	(组内) 不存在缺口的城市的资金"缺口"平均值

存在资金缺口的城市数量占样本总数的 38.85%,其资金缺口约为 550 亿元,超过样本城市总投资需求的 1/3。进一步地,OECD(2004)用 FEASIBLE 模型估算的四川 14 个市/县"十一五"期间建设资金缺口为 21.5 亿元,其中 7 个为地级市。根据这 14 个市/县的设施需求与经济状况,其中的地级市的资金缺口约为 8 亿元,而本章估算得到这 7 个地级市"十一五"期间的资金缺口为 7.24 亿元,可见本章缺口估算结果可靠性较好。统计全国地级及地级以上城市的资金缺口总额为-1985.64 亿元,负值说明如果全国的资金来源都可以完全受控地配置到合适的城市,则这部分城市完全不存在资金缺口问题。

一、按区域分布

从表 6-9 可知,存在资金缺口的城市在空间分布上相对均匀,但其占所处区域城市总数的比例按东、西、中的顺序仍呈一定程度的递增。各区域内城市的资金缺口额平均值来看,整体上并不存在缺口。从表 6-10 和表 6-11 可以发现,按经济水平和人口规模分组,各组整体上也不存在缺口。造成这种情况与市场化融资方式的推广或某些城市的尝试使用有较大关系。

表6-9　城市污水设施建设资金缺口按区域分布情况

城市所处区域	东　部	中　部	西　部
g/%	34.71	44.19	39.44
Gap_0/%	0.13	−0.01	1.18
Gap_1/%	9.94	7.76	14.58
Gap_2/%	−5.08	−6.03	−7.73
$GapM_0$/亿元	−10.54	−6.45	−2.93
$GapM_1$/亿元	8.51	3.18	2.71
$GapM_2$/亿元	−20.67	−7.06	−12.72

　　进一步统计发现存在资金缺口的城市资金短缺额度仍然较大。其中，东部的资金缺口额平均值远大于中西部的总和。

　　东部的东莞、沈阳、汕头、珠海、深圳、济南、承德、徐州、齐齐哈尔、佳木斯10个城市资金缺口额超过了10亿元。这些城市主要分布在广东沿海和东北两个区域。广东沿海的4个城市的污水厂负荷率都很高，历史欠账较少，但新建设施需求非常大。其中，深圳市的污水排放量大，尽管2005年污水处理率已经超过60%，但其2010年目标值高达95%，因此需要新建大量设施。但是，过去几年，深圳污水设施建设固定资产投资很少，占其全市城建固定资产投资额和财政收入的比例都很低，投资力度非常薄弱。东莞、汕头、珠海等城市污水排放量基数大、增长快，但已有的污水处理率都很低。尽管这3个城市在过去几年的投资额有较大幅度的上涨，但距离实现"十一五"目标仍有很大的差距。东北地区的三个城市则各有特点。沈阳原有的污水处理率和设施负荷率都已经达到较高的水平，但仍有一定的提升空间；其污水排放量增长很快，造成了巨大的设施建设需求，因此，尽管过去几年投入资金的绝对金额较多、增长也较快，但仍然不能满足需求。齐齐哈尔和佳木斯的污水排放量增长更快，加上污水处理率和设施负荷率都很低（佳木斯目前污水处理设施量为0），但作为松花江流域的重点治理城市，其治污要求较高。然而，当地的财政收入不多，经济条件一般，难以承担大量的投资需求。

　　中部的芜湖、岳阳、九江资金缺口额也超过了10亿元，远超过其他中部城市。它们都属于中等城市，经济发展较快，城市建设固定投资也不少，但历史上在污水设施方面的投入量过低，导致了污水处理率低（芜湖）、设施负荷率不高（岳阳）、没有城市集中污水处理设施和（九江）等后果，因此在基准情景中存在较大资金缺口。

　　西部地区，资金缺口超过10亿的只有贵港，但接近或超过5亿的还有西宁、咸阳、绵阳、攀枝花、石嘴山、宜宾6个城市。这些城市属于西部地区发展较快的城市，污水排放量增长较快，但污水处理率普遍较低，大部分原因是城市设施不足甚至为零，部分是因为设施负荷率过低，同时，绵阳、攀枝花、宜宾等城市位于三峡库区及上游影响区内都存在较大的设施建设需求。然而，这些城市原有的经济基础较差，大部分注意力都放在了经济建设上，难以顾及污水设施建设，资金的投入量和投入比例都很低。

　　换一个角度来看，分析资金缺口负担情况。显而易见，西部城市污水设施资金缺口占当地财政收入比例很高，其"十一五"期间资金缺口负担明显较大，问题严重。一方面，前面的结论显示西部城市本来的需求负担较重，但历史投入却很少，其中的不少城市资金缺口较大；另一方面，财政收入普遍较低，因此面临的压力非常大。

东部的佳木斯、潮州、绥化、通化、承德、黑河、朝阳、齐齐哈尔、汕头、湛江、四平、阳江、牡丹江13个城市资金缺口负担都超过了10%，其中8个属于东北地区，4个位于广东沿海；5个为中等城市，5个为小城市。佳木斯市的负面贡献尤其重大，其缺口负担超过65%。佳木斯市在2005年末以前没有任何污水处理设施，而且地处松花江流域，污水处理率要求较高，加上污水排放量增长快，因此，"十一五"期间的建设资金需求非常庞大。而该市经济状况一般，财政收入很低且增长较慢，以往污水设施建设的投资基本用于管网修建，投入额度很小，但已经在财政收入中占了很高的比例。要实现其"十一五"目标，需要更多的外力支持。

中部城市无论资金缺口还是对当地财政造成的负担都比较小，处理缺口的难度相对较低，但其资金缺口的空间分布最广泛，有接近一半的城市污水设施建设资金不足。

二、按经济水平分布

表6-8中提及的表示所有城市总体状况及存在资金缺口的城市状况的指标，都随城市经济水平的变化呈现较明显的规律（见表6-10）。随着经济水平的上升，g、Gap_0、Gap_1和$GapM_0$都有所减少，而$GapM_1$有所增加。其中，$GapM_0$反映了"十一五"期间可以减少投资的额度，可见经济越落后的城市，总体上减少投资额度的空间越小。其他指标变化情况说明，经济越落后的城市，出现资金缺口的机会越大，资金缺口造成的负担越大。前面的数据显示经济落后城市的建设资金需求造成的财政负担较大，而经济水平的限制也使其长期以来缺少投资的能力，可见，经济水平对资金投入的限制作用比较强。

表6-10 城市污水设施建设资金缺口按经济水平分布情况

市辖区人均GDP/千元	<7	7~10	10~15	15~18	18~23	23~30	30~40	>40
g/%	43.33	50.00	50.00	43.75	43.24	25.71	19.35	21.74
Gap_0/%	3.32	2.65	2.01	0.82	0.11	−2.72	−3.85	−1.24
Gap_1/%	15.53	14.08	11.89	8.83	6.40	7.68	5.09	3.73
Gap_2/%	−6.02	−8.78	−7.88	−5.42	−4.68	−6.31	−5.66	−2.62
$GapM_0$/亿元	−1.83	−0.49	−2.90	−0.03	−3.02	−12.77	−19.45	−25.83
$GapM_1$/亿元	1.75	1.77	4.24	3.64	3.69	5.86	17.23	23.81
$GapM_2$/亿元	−4.57	−2.76	−10.03	−2.88	−8.14	−19.22	−28.25	−39.61

然而，经济水平越高，污水设施建设的资金缺口却越大。由于存在缺口的经济发达城市通常城市化率较高，人口规模较大，污水排放量及增长速度都较大，但是这些城市过去对城市污水处理重视程度通常不高，资金投入很少，污水处理率普遍偏低，但由于经济较发达，定下的污水处理目标比较高，所以在基准情景中产生的资金缺口比较大。这在市辖区人均GDP超过3万元的城市群中表现最为明显。这一经济水平上存在资金缺口的城市包括金昌、徐州、芜湖、沈阳、十堰、济南、玉溪、大连、深圳、珠海和东

莞 11 个城市。其市辖区人口平均超过 170 万，是其他经济水平组的 2 倍多。大部分处于东部沿海省份，而缺口额度也基本来自东部城市，中西部城市中只有芜湖的缺口较大，而金昌、十堰和玉溪的缺口都低于 6000 万元。这些缺口在数十亿元水平的城市，经济增长很快，人口流入也较多。其总体污水处理率偏低，除了徐州、大连、沈阳、深圳超过 60%，济南刚超过 50% 以外，其余的都远低于全国平均水平，但对其设定的目标都较高。近年的投资额度较小（投资额占财政收入的比例更小），但不少城市已经出现大幅增加污水设施领域投资的趋势。

图 6-7 显示市辖区人均 GDP 为 2.3 万~2.5 万元的区间附近存在一个分隔带。以此为界，经济水平较差的城市资金缺口问题较为普遍和严重，反之，经济水平较好的城市有较充足的资金进行污水设施建设。分析表 6-10 中其他指标的变化情况发现，还有 Gap_1、$GapM_0$ 和 $GapM_1$ 等指标在该区间附近存在着较明显的变化。按照 1 美元折合约 7.8 元人民币的汇率，此分隔带在人均 GDP 3000~3200 美元附近，刚刚进入中上等收入水平（按世界银行的分类标准为人均 GDP 约 3000 美元以上的水平）。中下等收入（人均 GDP 约在 1000~3000 美元）和低收入（人均 GDP 约不满 1000 美元）水平的城市在解决污水设施建设资金方面普遍存在较大的压力。

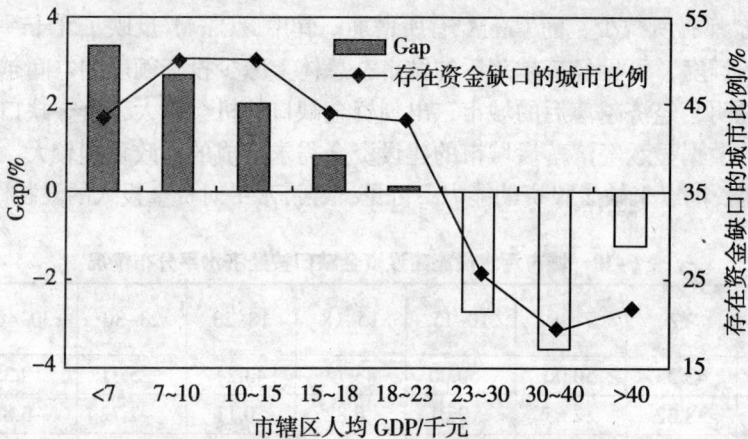

图 6-7　城市污水设施财政负担按经济水平分布情况

存在资金缺口的城市的资金缺口及其对当地财政形成的负担按区域与经济水平两个维度分布的数据矩阵如表 6-11 所示。

人均 GDP 超过 3 万元的城市的资金缺口情况在上面已有详细分析，下面主要讨论人均 GDP 低于 3 万元的城市。

综合资金缺口及其造成的财政负担这两项指标来看，问题最为严重的是市辖区人均 GDP 在 1 万~1.8 万元的东部城市、1.8 万~2.3 万元的西部城市以及 2.3 万~3 万元的中部城市。其中，中部城市的缺口贡献主要来自岳阳和九江两市；西部城市的缺口贡献则主要来自攀枝花和绵阳。同时，西部城市中，渭南市的缺口负担也很大。其需求绝大部分来自原有污水管网的完善，但造成的缺口额并不大，造成重大财政压力的主要原因是当地的财政收入占 GDP 的比重太低。另外，前文所述的东部 13 个资金缺口负担超过 10%

表 6-11　城市污水设施建设资金缺口按区域与经济水平二维分布情况

2004 年市辖区人均 GDP/千元	东 部		中 部		西 部	
	Gap_1/%	$GapM_1$/亿元	Gap_1/%	$GapM_1$/亿元	Gap_1/%	$GapM_1$/亿元
<10	11.68	1.18	9.01	1.66	22.79	2.09
10~15	15.12	6.42	9.67	1.88	7.88	2.66
15~18	13.33	4.29	4.31	3.03	7.37	3.37
18~23	6.08	4.83	2.13	1.08	11.33	4.02
23~30	4.55	2.96	8.93	8.24	15.20*	7.95*
30~40	4.22	24.86	8.32*	0.49*	1.27*	0.30*
>40	3.74	29.62	—*	—*	3.71*	0.55*

* 该子样本只有 1~2 个城市或为空，难以反映普遍问题，不纳入分析范围内。

的城市中，8 个属于市辖区人均 GDP 为 1 万~1.8 万元的水平。这些东部城市与佳木斯市有很多共同点：经济发展速度和污水排放量增长速度都很快，污水处理设施建设历史大多为空白。除了佳木斯市以外，大多数城市近年投资占财政收入的比例比较低。总结这 3 类城市的主要共同点为：经济基础较差但发展很快，污水排放量增长快，污水设施历史投资力度小，已有设施量很少、空白很大。

　　无论处于哪个区域，市辖区人均 GDP 低于 1.8 万元的城市的资金缺口负担普遍较大，可见该经济水平条件下，经济的限制作用较大；而西部地区资金缺口负担分散在多个经济水平组内，表现出更强的区域影响，其中包括当地市场条件不完善等带来的消极作用。

表 6-12　城市污水设施建设资金缺口按人口规模分布情况

2004 年市辖区人口规模/万人	<50	50~100	100~200	200~500	≥500
g/%	49.18	44.95	32.88	18.52	0
Gap_0/%	2.71	0.88	−0.69	−2.90	−4.23
Gap_1/%	13.40	9.78	8.89	5.31	—
Gap_2/%	−7.63	−6.38	−5.38	−4.77	−4.23
$GapM_0$/亿元	−0.11	−1.91	−3.53	−26.32	−100.36
$GapM_1$/亿元	2.12	3.92	8.08	20.94	—
$GapM_2$/亿元	−2.26	−6.67	−9.21	−37.06	−100.36

三、按城市人口规模分布

　　经统计分析发现，城市人口规模越大，"十一五"期间污水设施建设的资金短缺的可能性越小，如表 6-12 所示，中小城市中存在资金缺口的比例明显较高，都接近半数，而市辖区人口超过 500 万人的城市则显现出雄厚的实力，都有充足的资金可以投入到污水设施建设当中。存在资金缺口的城市所面临的缺口负担方面有类似的特点：人口规模越大，缺口负担越小。这与城市需求分布状况相似。人口规模大的城市当前需求负担小，加上过去的投资量大，"十一五"期间需要增加的投资力度自然有限，而小城市的污水设施建设长期得不到重视，"十一五"期间需要大幅提高资金投入。

然而，资金缺口却随着人口规模的增加而快速扩大。汕头、沈阳、济南在特大城市中较为突出。汕头和沈阳的污水排放量基数大、增长快，尤其是沈阳；汕头原有设施量少，但目标设定较高；汕头和济南的历史投资太少，综合体现了部分经济水平并不很高的特大城市中存在着城市化速度快和对污水设施建设不重视的情况。

表6-13所列数据反映出，存在资金缺口的经济发达城市和人口规模大的城市数量比较有限。其他城市都按照经济水平和人口规模两个维度呈现前面所述的变化规律，因此，各组平均表现出的情况或者是缺口负担较大，或者是资金缺口较大。只有人均GDP在1万~1.5万元的大城市出现了缺口及其造成的负担都较大的情况。这一组内的城市有泸州、西宁、齐齐哈尔、鄂州。人口多和经济不发达成了这些城市发展的双重枷锁。事实上，汕头和枣庄这两个人口超过200万的特大城市也属于这一类。

表6-13 城市污水设施建设资金缺口按人口规模与经济水平二维分布情况

2004年市辖区人均GDP/千元	<50万人		50万~100万人		100万~200万人		≥200万人	
	Gap₁/%	GapM₁/亿元	Gap₁/%	GapM₁/亿元	Gap₁/%	GapM₁/亿元	Gap₁/%	GapM₁/亿元
<10	35.01	0.66	11.31	1.67	9.77	2.56	—*	—*
10~15	9.35	1.59	15.12	3.00	16.37	7.74	9.45*	20.08*
15~18	15.47	3.96	5.91	2.44	7.24*	7.81*	—*	—*
18~23	7.10	5.13	7.05	3.11	4.41	3.41	—*	—*
23~30	0.85*	0.72*	8.49	6.95	8.66*	5.19*	—*	—*
30~40	1.27*	0.30*	8.32*	14.25*	5.56*	14.17*	3.54*	30.21*
>40	3.71*	0.55*	9.59*	28.35*	2.41*	43.02*	0.55*	4.11*

* 该子样本只有1~2个城市或为空，难以反映普遍问题，不纳入分析范围内。

另外，中下等收入甚至更低收入水平的小城市以及接近中下等收入下限的大城市，缺口问题比较普遍。

四、重点城市或区域

北京、天津、上海、广东、江苏、浙江是单位面积污染物排放最高的省份，其中，广东、江苏、浙江的辖区内污染物排放总量全国最高。其涉及的地级和地级以上城市大部分不存在资金缺口，除了江苏的徐州市和广东的多个城市。其中，徐州属于淮河流域，"十一五"期间污水设施建设资金缺口为14.17亿元，估计占财政收入的5.56%。广东的21个地级市中11个存在资金缺口，全省缺口总额为93.66亿元。若只考虑存在资金缺口的城市，则缺口额高达174.96亿元，约占全国缺口的32%；平均每个城市的缺口也很大，约15.83亿元，缺口占财政收入比例平均为10.20%。

我国水污染治理重点流域包括"三河"（辽河、海河、淮河）、"三湖"（太湖、巢湖、滇池），近年还增加了南水北调东线沿线、三峡库区及上游影响区、21世纪首都水资源影响区以及最近引起国际社会关注的松花江流域。流域内城市的污水设施建设资金缺口情况如表 6-14 所列。这些流域的城市中，存在资金缺口的城市比例都偏高，大多数接近或超过 1/3。辽河与松花江流域涉及资金缺口最多，是其他流域的数倍甚至数十倍，南水北调东线沿线次之；21 世纪首都水资源影响区存在缺口的城市的平均缺口最大，其次是辽河与松花江流域和南水北调东线沿线；资金缺口占城市财政收入比例最高的是巢湖流域，再次是三峡库区及上游影响区、21 世纪首都水资源影响区和辽河与松花江流域。综合多项指标发现，辽河与松花江流域和 21 世纪首都水资源影响区是 9 个水污染重点流域中污水设施建设资金短缺最严重的流域。

表 6-14　广东省与我国水污染治理重点流域城市污水设施建设资金缺口情况

省/流域	存在缺口的城市比例	总缺口/亿元	存在缺口的城市的缺口总额/亿元	$GapM_1$/亿元	Gap_1/%
广东省	11/21	93.66	174.96	15.83	10.20
辽河与松花江流域	12/22	21.13	105.90	8.83	12.43
海河流域	5/17	−305.06	24.83	4.97	5.56
淮河流域	7/27	−232.49	16.56	2.37	3.22
太湖流域	0/8	−670.70	0	0	0
巢湖流域	1/4	−41.40	4.35	4.35	17.41
滇池流域	1/2	2.71	0.55	0.55	3.71
南水北调东线沿线	6/25	−227.37	45.02	7.50	3.05
三峡库区及上游影响区	9/28	−337.32	28.32	3.15	16.44
21 世纪首都水资源影响区	2/5	−66.66	23.74	11.87	13.14
合　计			369.48（排除重复计算）		

　　然而，除了资金缺口对财政造成的负担外，这些流域的各项资金缺口指标都不及广东省严重，而广东省的资金缺口对相关城市的地方财政造成的负担也不小。

　　广东省与我国重点治理流域中存在资金缺口的城市仅 48 个（不计重复城市），占全国的 44.44%，但涉及的污水设施建设资金缺口总额高达 369.48 亿元，占全国的 67.18%。其中，仅广东省和辽河与松花江流域等两个区域就贡献了超过缺口额的一半。

　　把样本城市按资金缺口和资金缺口负担两个指标从大到小排名，分析资金缺口或其造成的负担在全国排名前 20 位的城市以及两项指标排名均在前 30 位的城市，如表 6-15 所列。

表 6-15　污水设施建设资金缺口情况最严重的城市

指标范围	城　　市
资金缺口排名 20 位	东莞、沈阳、汕头、珠海、芜湖、深圳、济南、岳阳、承德、徐州、齐齐哈尔、九江、佳木斯、贵港、海口、西宁、本溪、咸阳、绵阳、潮州
资金缺口负担排名前 20 位	雅安、佳木斯、平凉、潮州、定西、鄂州、贺州、绥化、通化、鹰潭、渭南、贵港、承德、忻州、运城、黑河、九江、抚州、巢湖、朝阳
资金缺口和资金缺口负担排名均为前 30 位	芜湖、九江、鄂州、石嘴山、咸阳、西宁、贵港、承德、潮州、朝阳、佳木斯、湛江、齐齐哈尔、汕头

资金缺口排名前 20 位的城市，在各个经济水平段基本成平均分布状态；除了汕头、沈阳、济南为特大城市，潮州承德为小城市外，其余都是大中城市；岳阳、九江、芜湖位于中部，贵港、西宁、绵阳、咸阳位于西部，其他大部分城市都处于东部地区；5 个位于广东省，5 个位于辽河与松花江流域，2 个位于南水北调东线沿线，1 个位于三峡库区及上游影响区。

资金缺口负担排名前 20 位的城市中，只有九江市的市辖区人均 GDP 超过 2.3 万元；只有鄂州、贵港、抚州为大城市，其余都是中小城市；地域分布上，东、中、西部各占 1/3；2 个位于辽河与松花江流域，1 个位于三峡库区及上游影响区，1 个位于广东省，1 个位于巢湖流域。

资金缺口和资金缺口负担排名均为前 30 位的城市共 14 个。其中市辖区人均 GDP 超过 2.3 万元的城市只有 4 个，最高只有 3.35 万元，其余城市市辖区人均 GDP 在 1 万~1.5 万元的居多，有 6 个；除了汕头为特大城市外，其他城市在大、中、小 3 个规模上分布平均；地域分布上，有一半的城市位于东部，中部和西部分别有 3 个和 4 个；3 个位于广东省，3 个位于辽河与松花江流域。

五、应重点关注的城市属性

分析认为，在污水设施建设投资过程中，应该重点关注的城市类型依次是资金缺口额较大和资金缺口造成的财政负担都较大的、只有资金缺口负担较大的、只有资金缺口较大的。从单个城市来看，表 6-15 所列城市应该给予重点关注；从城市属性来看，则表 6-16 所列内容应该给予重点关注。

表 6-16　应重点关注的城市类型

类　型	属　性	代表城市/区域
资金缺口和资金缺口负担都较大	市辖区人均 GDP 在 1 万~1.8 万元的东部城市	朝阳、佳木斯、潮州、海口
	1.8 万~2.3 万元的西部城市	绵阳、攀枝花
	2.3 万~3 万元的中部城市	岳阳、九江
	市辖区人均 GDP 在 1 万~1.5 万元的大城市和特大城市	鄂州、西宁、汕头、齐齐哈尔
		广东省、辽河与松花江流域、21 世纪首都水资源影响区
仅资金缺口负担较大	市辖区人均 GDP 低于 1.8 万元的东部中小城市	黑河、通化、云浮、绥化、伊春、阜新、四平、牡丹江、阳江
	西部城市	定西、平凉、雅安、防城港、百色、贺州、玉林、渭南、巴中、遂宁
		三峡库区及上游影响区、巢湖流域
仅资金缺口较大	市辖区人均 GDP 超过 3 万元的东部大城市和特大城市	东莞、沈阳、深圳、济南、徐州
		南水北调东线沿线

综合资金缺口及其造成的财政负担这两项指标来看，问题最为严重的是市辖区人均 GDP 在 1 万~1.8 万元的东部城市、1.8 万~2.3 万元的西部城市以及 2.3 万~3 万元的中部城市。其主要共同点为：经济基础较差但发展很快，污水排放量增长快，污水设施历史投资力度小，已有设施量很少、空白很大。市辖区人均 GDP 在 1 万~1.5 万元的大城市和特大城市的资金缺口和负担也都较大，其人口多和经济落后的特点带来了双重的负面影响。从较大的空间范围看，广东省、辽河与松花江流域和 21 世纪首都水资源影响区是典型。

资金缺口造成的财政负担方面，西部远大于东部和中部，西部的区域限制作用大于经济水平的限制；负担较重的东部城市大多为中小城市；市辖区人均 GDP 低于 1.8 万元的条件下，经济的限制作用大于区域的限制。因此，资金缺口负担较大，但缺口额较小的主要是西部城市和市辖区人均 GDP 低于 1.8 万元的东部中小城市。从较大的空间范围看，三峡库区及上游影响区和巢湖流域是典型。

资金缺口的区域分布方面，东部城市资金缺口平均值远大于中西部；市辖区人均 GDP 超过 3 万元的城市资金缺口明显较大。按人口规模分布，资金缺口随人口规模的增加而快速扩大。因此，资金缺口较大，但造成负担较小的主要是市辖区人均 GDP 超过 3 万元的东部大城市和特大城市。从较大的空间范围看，南水北调东线沿线是典型。

六、结 论

综上所述，"十一五"期间城市污水设施建设投资需求在城市所处区域、经济水平、人口规模等因子上有较明显的分布特征，主要包括：污水设施建设投资需求所形成的地方财政负担总体表现为西部城市高于东中部城市、经济落后城市高于发达城市、人口少的城市高于人口多的城市。特别地，东部经济稍欠发达城市污水设施建设压力较大；发达的小城市当前及未来一段时期内污水设施建设负担较小；欠发达的小城市资金需求负担较大；特大及以上城市，无论经济水平如何，污水设施建设负担普遍较小。总的来说，中西部欠发达的中小城市是污水设施建设地方财政负担的高压点。

污水设施建设中，管网资金需求远大于污水厂，全国的地级和地级以上城市的管网建设历史欠账较多。东部城市管网建设冒进、西部城市设施空白较多；经济较发达城市既存在管网配套差，也存在新建管网需求大的问题；小城市设施建设空白较大，特大及以上城市管网配套较差，导致了较大的管网建设压力。

在基准情景中，地级和地级以上城市中，存在污水设施建设资金缺口的有 108 个，占样本总数的 38.85%，资金缺口约为 550 亿元，其中管网建设对缺口的贡献大于污水厂。因此，给予管网建设的关注应该多于污水厂。

资金缺口分布存在较明显的规律。不同区域的城市出现资金缺口的机会相差不大，东部的几率较低，中部的较高；经济越落后、人口规模越小，城市出现资金缺口的机会越大。市辖区人均 GDP 低于 2.3 万元的小城市以及市辖区人均 GDP 在 1 万~1.5 万元的大城市出现缺口的机会较大。资金缺口的区域分布方面，东部城市资金缺口平均值远大于中西部；缺口大于 10 亿元的东部城市主要分布在广东沿海和东北地区。经济越发达，资金缺口越大。资金缺口随人口规模的增加而快速扩大。资金缺口造成的财政负担方面，西部远大于东部和中部，西部的区域限制作用大于经济水平的限制。经济越落后，资金缺口负担越大；市辖区人均 GDP 低于 1.8 万元的条件下，经济的限制作用大于区域的限制。人口规模越大，缺口负担越小。市辖区人均 GDP 2.3 万~2.5 万元是一个较明显的分隔带，超过这一水平，出现资金缺口的机会较少，若存在资金缺口，带来的负担也较小，但资金缺口额较大。

广东省与我国水污染重点治理流域是污水设施建设资金缺口的主要贡献区域，其中广东省的形势最严峻，辽河与松花江流域次之。

分析了应该给予重点关注的城市及城市属性。其中资金缺口额较大和资金缺口造成的财政负担都较大的城市主要有市辖区人均 GDP 在 1 万~1.8 万元的东部城市、1.8 万~2.3 万元的西部城市、2.3 万~3 万元的中部城市，以及市辖区人均 GDP 在 1 万~1.5 万元的大城市和特大城市，典型区域是广东省、辽河与松花江流域和 21 世纪首都水资源影响区；只有资金缺口负担较大的城市主要是市辖区人均 GDP 低于 1.8 万元的东部中小城市和西部城市，典型区域是三峡库区及上游影响区和巢湖流域；只有资金缺口较大的城市主要是市辖区人均 GDP 超过 3 万元的东部大城市和特大城市，典型区域是南水北调东线沿线。

新的环境形势要求污水处理厂增加污泥处理和脱氮除磷工艺。其中污泥处理所需资金对大部分城市的资金缺口影响较小；丹江口水库及上游、巢湖、淮河和滇池流域的脱氮除磷工艺改造产生的资金问题比较严重，需要给予关注。

第四节　城市污水设施建设融资组合方案设计

一、我国现有的城市污水设施建设融资渠道

由于污水行业的市场化改革，当前我国的污水处理设施建设资金直接来源除了政府以外，还有企业。政府分为中央政府和地方政府，企业分为国有企业（国有或国有控股企业）和非国有企业（非国有控股的企业）。各自的融资渠道如表 6-17 所列。其中，国债资金以中央预算内专项资金和地方预算内资金两种方式投入项目，前者为国债拨款资金，后者为国债转贷资金，要求地方政府按规定还本付息。中央政府的财政拨款有部分通过企业进入项目，但是企业在其中基本上只是媒介的作用，所以这部分资金政府控制的特征更强烈，不列入以市场特征为主的企业投资。地方财政收入资金进入项目的形式主要是国债配套资金。国际金融组织贷款以国家主权外债的方式，通过中央政府进入项目或经中央政府转贷地方政府后进入项目。调研发现，国家开发银行贷款主要面向国有企业，只有个别非国有企业案例。非国有企业的贷款基本来自商业银行，国有企业的贷款也有很大一部分来自商业银行。而企业把筹集到的资金投资到污水行业的模式有多

种，但是用于设施建设（尤其是新建）的几乎都是 BOT，也有个别采用 BT 模式。

表 6–17　我国目前采用的污水设施建设融资渠道

投资主体		融资渠道
政府	中央政府	中央财政收入（中央预算内资金）、国债（中央预算内专项资金）、国际金融组织贷款（WB、ADB、JBIC）*
	地方政府	地方财政收入（国债配套资金及其他）、国债（地方预算内专项资金）、国际金融组织贷款（转贷）
企业	国有企业	政府财政拨款、国家开发银行贷款、股权融资、商业银行贷款等
	国有控股企业	股权融资、国家开发银行贷款、商业银行贷款、政府财政拨款等
	非国有企业	股权融资、商业银行贷款、企业债券、国家开发银行贷款等

*WB, World Bank, 世界银行；ADB, Asian Development Bank, 亚洲开发银行；JBIC, Japan Bank for International Cooperation, 日本国际协力银行。

根据以上分析得到我国城市污水设施建设融资组合的基本情况（如表 6–18 所示）。当然，实际上还存在一些资金和项目未能统计，例如企业融资的项目统计并不完全，而国开行的资金难以从综合性项目中完全剥离等。但是，这并不影响对总体情况的把握。过去我国污水设施建设资金主要来自地方政府和国债，国际金融组织和企业融资也都发挥了重要的作用。根据政策趋势分析可以预测"十一五"期间各项融资渠道的变化：企

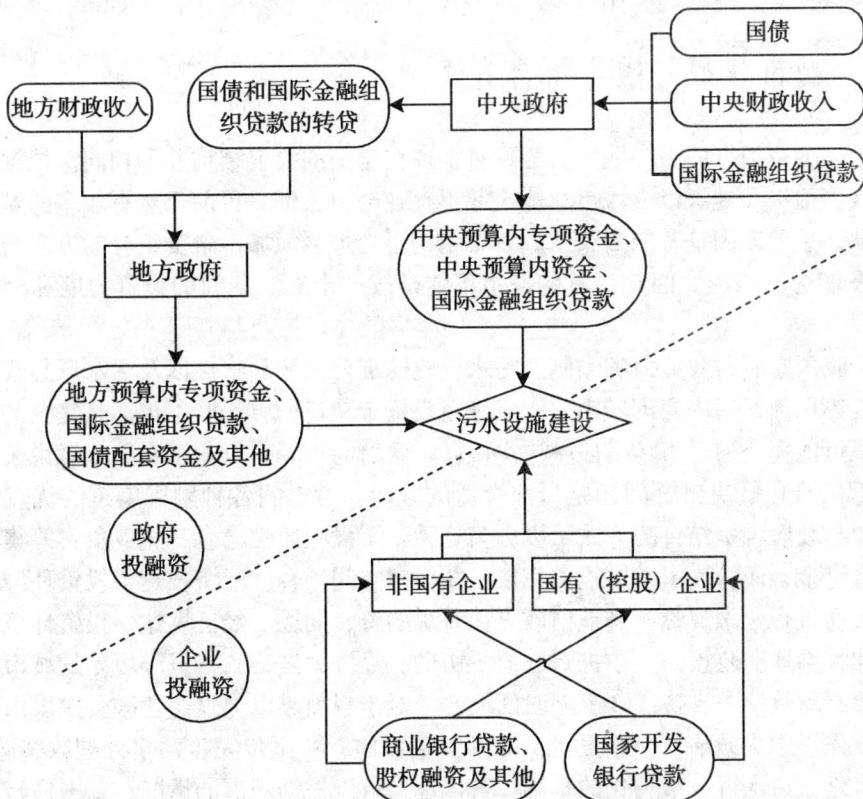

图 6–8　我国城市污水设施建设融资过程

表 6-18　城市污水设施建设资金主要来源分布及预测

资金来源	资金量/亿元		比例/%		
		"十五"期间		"十五"期间	"十一五"期间预测
企业融资	268.51	243.54	11.69	17.28	28
中央预算内资金	10.16	10.16	0.44	0.72	6
国债	616.30	362.66	26.84	25.73	16
地方配套	1045.27	603.70	45.51	42.84	40
国家开发银行	53.4	约40	2.33	2.84	5
国际金融组织	302.90	149.21	13.19	10.59	5
合　计	2296.54	1409.27	100	100	100

业融资将得到进一步的发展；长期建设国债发行总量已经压缩到"十五"期间的一半以内，但是污水设施建设得到更多的重视，加上中央预算内经常性建设资金的增加，国债及其他中央资金所占的比例会有所压缩，但不至于剧减；随着经济的发展，地方政府在污水设施建设上的投入将更多；国开行已经加大了相关贷款力度；国际金融组织的贷款会随着 JBIC 的退出以及其他贷款总额的压缩而减少。地方配套资金仍然是污水设施建设资金的主要来源，企业融资将成为第二大资金来源。中央预算内资金也将发挥较大的作用，加上国债资金中的中央拨款资金，中央资金将成为我国城市污水设施建设的第三大资金来源。

二、城市分类与融资组合方案

在上述融资组合的大环境下，各融资渠道在全国的投资结构并不相同。根据以上的估算，我国地级和地级以上城市总体上并不存在缺口，但是目前仍然有较多的城市面临资金短缺，主要原因是各融资渠道的投资结构不合理，而城市融资组合的方案与城市的需求以及能力不匹配。因此，有的城市不能延续"十五"期间的投资力度和融资组合方案。

由于我国政府财政能力的限制、污水设施的准公共物品特性以及污水厂与管网经营性的差别等原因，解决我国城市污水设施建设资金缺口的方法既不可能是完全的政府投资，也不可能完全通过市场手段解决。因此，政府与市场手段的结合，或者说公共部门与私人部门合作解决融资问题是目前合适的方向。考虑到各种融资渠道的优点和局限性，企业与政府融资结合的方式可以分为三种：①设施属性结合。企业负责筹集解决污水厂建设资金，而管网由政府投资完成。②横向空间结合。经济发达、投资环境良好的城市尽量通过企业融资弥补当地财政无法解决的资金问题。经济发达、投资环境差的城市，要加大当地财政投入，中央财政给予协助。经济欠发达、投资环境差的城市则主要由中央政府财政给予支持。③纵向时间结合。对于当前难以通过企业融资建设污水设施的城市，先以中央政府资金帮助地方政府建设设施，并逐步完善污水处理收费等环节，帮助城市建立污水行业市场化的基础。具体地，可以根据城市的情况，以国债转贷、国际金融组织贷款、国开行贷款等优惠资金替代中央政府国债拨款或中央预算内资金。

根据前面的分析，超大和巨型城市不存在资金缺口问题，这些城市应该利用地方财政和企业资金来完成污水设施建设。其他的城市则主要考虑第三节阐述的"需要重点关注的城市"，根据污水设施资金缺口问题的分布特征，把城市按东/中/西部、中小城市和大城市与特大城以及发达/较发达/欠发达城市等分为18类。所谓的较发达的城市定义为市辖区人均GDP在1.8万~3.0万元的城市，主要根据第三节所述的"2.3万~2.5万元的分隔带"适当扩大范围而来，与缺口分析中的几类重要城市的边界相适应。这18类城市"十一五"期间的融资组合方案设计如下：

第一，表6-16中的资金缺口及其造成的负担都较大的城市，需要给予较多的优惠支持。对于其中市辖区人均GDP在1万~1.8万元的大城市和特大城市，中央应当给予更多的拨款支持；同一经济水平段的中小城市，也应当成为中央拨款的重点。中西部较发达的城市有一定的经济基础，发展迅速，通过较长时间的经济建设和社会发展之后，应该可以完成最终的贷款偿还责任，因此可以通过国际金融组织和转贷国债给予支持。

第二，表6-16中的仅资金缺口负担较大的城市虽然缺口较小，但是一旦借款，将会承担较重的还款压力，所以仍然需要加强优惠资金的支持，尤其是拨款。但可以根据经济水平的高低，考虑采用拨款、国际金融组织贷款还是国债转贷。

第三，表6-16中的仅资金缺口较大的城市，经济基础良好，应当大力发展企业融资。鉴于这些城市污水排放量的增加与其经济增长一样快速，必要时可以通过国开行贷款来支持管网建设，以创造更好的市场化条件，尽快吸引更多的资金。

第四，对于经济较发达的城市，通常投资环境较好，应该尽量利用企业融资来弥补缺口。其中东部地区经过多年的发展，污水设施建设的市场发展迅速，周边城市也可以提供大量的经验，更应该充分开发市场的潜力，必要时可以通过国际金融组织贷款来加强管网建设，吸引资金。广东省作为投资环境普遍较好的地区，尽管有的城市人均GDP较少，但也鼓励充分利用投资环境和已有的市场发展优势，进一步展开污水设施建设的企业融资行动。对于中部地区，投资环境相对较差，可以考虑通过国际金融组织贷款来带动更多的资金流入。

第五，充分开发经济发达城市的污水设施建设融资市场，同时应该尽量减少对这些城市的国债投资。这样一方面减少国债投资的"挤出效应"，使其不能与社会资本争夺投资项目；另一方面也可以把国债资金"挤"到更加需要的地方。

由此得到我国地级和地级以上城市污水设施建设"十一五"期间的融资组合方案图，如图6-9所示。图中所列为相关城市的主要融资组合方案，并非绝对不使用其他融资渠道。该方案的实施必须重点扭转当前国债、国家开发银行和国际金融组织贷款资金中不合理的使用方向。对于县级市和县城等城镇，可以根据所处的区域及经济、人口规模等特征，利用该融资组合方案来指导融资操作。

三、政府主要投资方向

从上述融资方案可以看到，无论哪一类城市，地方财政始终是当地污水设施建设的重要资金来源，除了体现地方政府在污水设施建设中的责任外，主要原因是管网建设企

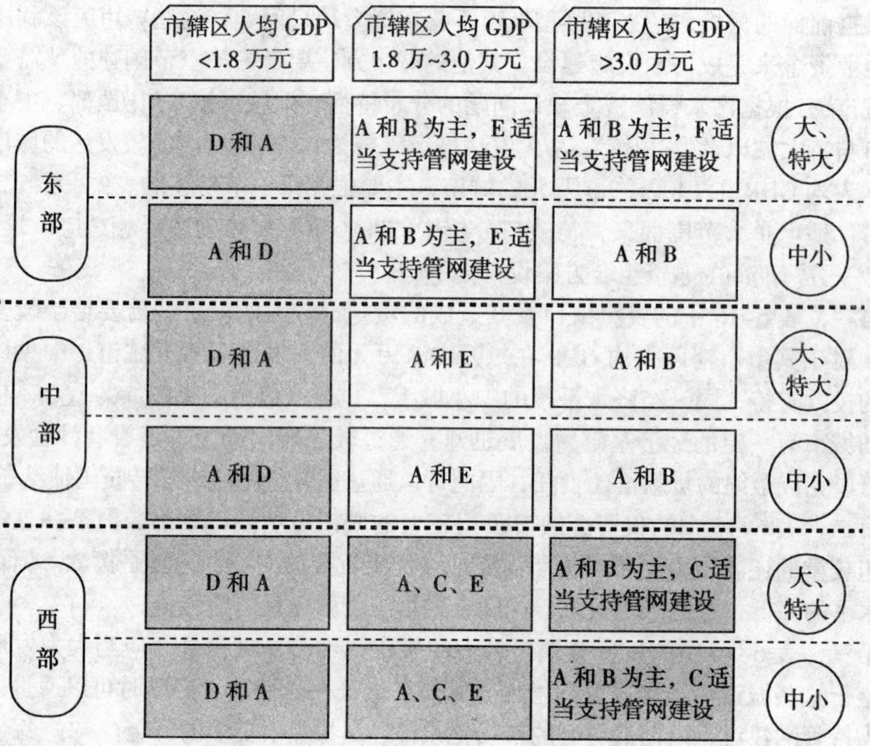

	市辖区人均 GDP <1.8 万元	市辖区人均 GDP 1.8 万~3.0 万元	市辖区人均 GDP >3.0 万元	
东部	D 和 A	A 和 B 为主，E 适当支持管网建设	A 和 B 为主，F 适当支持管网建设	大、特大
	A 和 D	A 和 B 为主，E 适当支持管网建设	A 和 B	中小
中部	D 和 A	A 和 E	A 和 B	大、特大
	A 和 D	A 和 E	A 和 B	中小
西部	D 和 A	A、C、E	A 和 B 为主，C 适当支持管网建设	大、特大
	D 和 A	A、C、E	A 和 B 为主，C 适当支持管网建设	中小

图 6-9　我国城市污水设施建设融资组合方案

注：A. 地方财政，B. 企业融资，C. 国债（转贷为主），D. 国债（拨款为主）和中央预算内资金，E. 国际金融组织贷款，F. 国家开发银行贷款。

业融资难度高。因此，管网建设成为地方政府投资的主要方向。

中央政府投资要体现国家方针政策的内容，统筹兼顾全国各地。如上所述，其主要投资方向为欠发达城市和西部城市，欠发达城市是重中之重。中央政府对这些城市也应该设置一定的优先投资顺序。结合第三节指出的需要重点关注的城市以及本章设计的融资组合方案情况，从欠发达城市中选出了 3 类资金短缺最为突出的城市，即东部欠发达的中小城市、中西部地区不发达的中小城市以及欠发达的非中小城市。其中属于辽河与松花江流域、21 世纪首都水资源影响区、巢湖流域、三峡库区及上游影响区的城市，是重点投资对象。

上述 3 类城市的资金短缺额度概况如表 6-19 所列。对比可知，从受惠城市和人口数量两个方面来说，在中西部地区不发达的中小城市污水设施建设中增加的单位资金投入将获得最大的社会效益，政府应当给予较多的关注。

表 6-19　污水设施建设资金严重短缺的三类城市

城市属性	存在资金缺口的城市/个	市辖区人口/万人	资金短缺总额/亿元
市辖区人均 GDP <1.8 万元的东部中小城市	19	1072.35	50.81
市辖区人均 GDP <3.0 万元的中西部中小城市	47	2969.75	111.78
市辖区人均 GDP <1.5 万元的非中小城市	13	1754.75	53.98

四、总结

本章分析了我国城市污水设施建设领域现有的融资渠道及其组织方式，阐述了企业融资、国债、政策性银行以及国际金融组织贷款资金的主要流向，描绘了污水设施建设全国范围的融资组合情况，并重点阐述了政府融资渠道的优点与局限性。

通过分析我国投融资政策的现状和趋势，预测了我国"十一五"期间可能的融资组合概况。根据各种融资渠道的特点，进一步结合各城市污水设施建设融资缺口情况，对我国地级和地级以上城市分类建立了具体的融资组合方案，并指出了政府投资的主要方向。

参考文献

1. 韩国刚、于连生、胡学海等：《水资源核算》，中国环境科学出版社，1995年，第121页。

2.《南水北调东线工程规划》（2001年修订）。

3.《三峡库区及其上游水污染防治规划》（2001~2010）。

4. 建设部城建司：《2002~2005年度供水和市政统计报表》。

5. 文一波：《论我国城市污水厂建设资金筹集问题》，《中国环保产业》，1999年第6期，第14~16页。

6. 徐卫光、杨长岭、孙晓森：《浅谈污水处理厂建设的投资控制》，《山东环境》，2002年第3期，第31~32页。

7. 常庆：《污水处理设施投资情况调查》，《中国投资》，2003年第10期，第54~56页。

8. 林挺：《城市污水处理厂BOT项目风险研究（硕士学位论文）》，清华大学，2006年，第26~30页。

9. 常杪、林挺：《我国城市污水处理厂BOT项目建设现状分析》，《给水排水》，2006年第32期，第101~106页。

10. 国家统计局：《2000~2003年度地方财政预算、决算收支表》。

11. 张宏亮：《我国城市污水处理设施建设投资现状与问题分析》（学士学位论文），清华大学，2006年，第36~37页。

12. OECD. Financing Strategy of the Urban Wastewater Sector in Selected Municipalities of the Sichuan Province in China. 2004.

（本章作者：王世汶）

第七章　能源强度分解方法综合评价和中国能源的实证分析

第一节　引　言

改革开放以来，伴随着经济的持续快速增长，我国能源消费也大幅增加，一次能源消费量从 1980 年的 6 亿吨标煤增加到 2007 年的 25.8 亿吨标煤。2006 年，一次能源消费总量占世界消费总量的 15.6%，仅次于美国，居世界第二位。[①] 当前，我国经济发展正处在工业化、城镇化的不断推进中，随着人口的增加，我国能源消费还将大幅增加。有关资料显示，我国人均能源消费量远低于世界平均水平，而目前我国的能源利用效率仅为 33% 左右，比发达国家约低 10 个百分点。因此，为了确保我国未来的能源安全，必须从降低能源消耗，提高能源利用效率入手。"节能降耗"成为各级政府发展当地经济的一个重要约束性指标。

关于我国能源发展和提高能源效率的研究一直以来都是学术界关注的重点。研究能源效率可以从不同的角度进行，王庆一（2003）区分了物理能源效率和经济能源效率。物理能源效率主要用于微观分析，注重对能源转换过程的有效利用程度；经济能源效率则广泛应用于中观分析和宏观分析，[②] 注重从国民经济发展的角度来分析能源效率。经济能源效率可以用单位产品产量能耗和单位产值能耗来表示。单位产品产量能耗一般用单位产品综合能耗或单位产品可比能耗表示，但由于一个产品往往存在不同的能源消耗结构，因此单位产品产量综合能耗不能准确反应节能的真正成本效益（蒋金荷，2004）。单位产值能耗即我们常说的能源强度（Energy Intensity）是指生产单位产出需要耗费的能源量。能源强度是从社会经济角度衡量能源效率的一个重要指标，一个国家或地区的综合能源强度可以用单位国内生产总值的能源消耗量表示，部门或行业的能源强度则可以用单位产值能耗或单位产品（单位服务）能耗表示。

然而，能源强度是一个静态指标，不能分析能源效率的变动情况和变化原因，因此有必要对其作进一步的分析。到目前为止，许多方法都曾被应用到能源消费和能源强度的分析中，比较常见的模型方法有分解分析、投入产出模型、一般均衡模型、向量自回

[①] 资料来源：2007 年 BP 世界能源回顾 http://www.bp.com/statisticalreview。
[②] 本章以后所指的能源效率均指经济效率。

归模型（VAR）、协整分析等。其中分解分析是通过对能源消耗或能源强度进行因素分解（即通过对数学恒等式的转化运算，把目标变量分解成若干关键因素进行分析，并计算组成因素对目标变量变化的相对影响程度），以区别总产出、产业结构和部门能源效率等因素的变化对能源消耗或综合能源强度变化的影响程度。从 20 世纪 70 年代末开始，西方学者就开始将分解分析用于能源消耗领域的研究，并逐渐形成了基于指数分解方法基础上的多种分解方法。分解方法的逐渐成熟使得对能源消耗和能源强度的分解分析成为能源经济研究的重点，该方法也成为国内外学者在能源经济领域使用最多、应用最广的方法。

国内开展能源分解分析的研究起步较晚，目前还主要集中在利用已有的分解模型对影响我国能源强度变化的因素进行实证分析，对分解分析方法论的评价方面还比较薄弱。下面首先总结国内外学者普遍采用的指数分解法，根据不同方法的优缺点，提出一个在实际研究中选择分解方法的一般性准则，并利用我国分行业数据进行实证分析。

第二节　能源强度指数分解方法

一、能源分解方法概述

Ang（2004）认为，分解分析是把一个总量指标分解成多个事先设定的待研究指标，它首先要定义一个与被分解指标有关的"主函数"（Governing Function），通过这个主函数，可以计算分解后的各指标变动对被分解指标变动的影响程度。能源消费和能源强度的分解分析起源于 20 世纪 70 年代末。1978 年，Myers 和 Nakamura 首先将经济学中用于分析价格指数的 Laspeyres 指数引入能源系统领域，[①] 为能源效率分析提供了一种全新的思路和方法。在整个 20 世纪后 20 年，能源分解分析法逐渐成为研究能源强度的主要方法之一。

与其他分析方法相比，分解分析具有简单、灵活的特点。分解分析根据分解对象的不同而有不同的含义。Ang（2001），Liu（2006）将分解分为能源消费分解和能源强度分解。分解对象为能源消费的，将总能源消费随时间的变化分解成总产出变化（产出效应）、产业结构变化（结构效应）和部门能源强度变化（强度效应）。若分解对象为总能源强度，能源强度的变化通常只分解成结构效应和强度效应两部分。在分解方法上，常用的有加法分解和乘法分解两种方式。加法分解是对报告期与基期能源强度的差进行分解，是分解能源强度在一个时间段内的绝对数变化；乘法分解是对报告期与基期能源强度之比进行分解，是分解能源强度在一个时间段内的变化比例，是对相对数的分解。

为了更详细地说明能源消费分解和能源强度分解的区别，我们用数学表达式来说

---

① Myers, J. and L. Nakamura (1978). Saving Energy in Manufacturing. Cambridge, MA: Ballinger.

明。假定：E——全部能源消费；E_i——第 i 个部门或产业的能源消费；Y——总产出水平；Y_i——第 i 个部门或产业的产业增加值；S_i——第 i 个部门或产业增加值占总产出水平的比重（$= Y_i/Y$）；I——总能源消耗强度（$= E/Y$）；I_i——第 i 个部门或产业能源消耗强度（$= E_i/Y_i$）。

则有：

$$E = \sum_i E_i = \sum_i Y \times \frac{Y_i}{Y} \times \frac{E_i}{Y_i} = \sum_i Y \times S_i \times I_i \qquad (7-1)$$

$$I = E/Y = \sum_i S_i \times I_i \qquad (7-2)$$

式 7-1 是对能源消费的分解，它将全部能源消费（E）分解成产出水平（Y）、生产结构（S_i）和部门能源强度（I_i）三个部分；式 7-2 是对能源强度的分解，它将总能源消耗强度(I)分解成两个部分，分别为生产结构（S_i）和部门能源强度（I_i）。

如果考虑时间因素，在 0 期到 T 期的时间序列上能源总消费的变动用加法分解和乘法分解可以分别表示为：

$$\Delta E_{tot} = E^T - E^0 \qquad (7-3)$$

$$D_{tot} = E^T/E^0 \qquad (7-4)$$

假设产出水平（Y）、生产结构（S_i）和部门能源强度（I_i）是相互独立的，则：

$$E_{tot} = E_{act} + E_{str} + E_{int} + D_a \qquad (7-5)$$

$$D_{tot} = R_{act} \times R_{str} \times R_{int} \times D_m \qquad (7-6)$$

R_{act}、R_{str}、R_{int} 分别表示乘法分解的产出效应、结构效应和效率效应；E_{act}、E_{str}、E_{int} 分别表示加法分解的产出效应、结构效应和效率效应；D_m 和 D_a 分别表示乘法分解和加法分解的残差。这种分解分析研究对于理解能源消费模式、不同因素影响能源消费变化的贡献，以及预测未来能源需求都非常有用。

理论研究和大量的实践表明，进行分解分析的关键在于如何对式 7-5 和式 7-6 右侧每一项因子进行确定：每个因子的选择既要考虑其实际意义，又要保证残差项尽量小。目前比较成熟的分解方法是根据指数分解的思路进行的。按照对分解因子权重选取的差别，常用的分解方法可以分为两大类：一类是基于拉氏分解法（Laspeyres Decomposition Method），另一类是基于迪氏分解法（Divisia Decomposition Method）。当然，由于指数类型的不同，还有一些其他的分解方法。

从上面的数学表达式可以看出，能源消费分解和能源强度分解两种分解在方法和思路上是基本一致的，其区别在于：①分解对象不同，能源消费量与能源强度；②分解结果不同，能源消费分解的结果由产出效应、结构效应和效率效应三部分构成，而能源强度分解的结果只由结构效应和效率效应两部分构成。在应用上，根据研究目的的不同，研究者可以根据需要在能源消费和能源强度两者之间自由选择。下面主要是为了说明和比较能源分解分析方法，因此为了表述简便和统一，在方法分析中除特别说明外，仅对能源强度的分解进行说明。

二、国内能源强度分解研究现状

我国关于能源经济的研究起步并不晚。但是，对我国能源消费和能源强度进行分解分析的大量研究直到近几年才开始，且目前国内学者对能源消费和能源强度的变动原因研究还主要处于利用国外比较成熟的分解模型阶段，而对分解分析方法本身的研究并不多。

王玉潜是国内较早开始对能源消耗强度进行分解分析的学者，他在 2003 年发表的一篇文章中介绍了能源消耗强度因素分解的矩阵表达形式，将能源消耗强度的变动分解成能源技术变动影响和需求结构变动影响两部分，并对我国 1987~1997 年的能源消耗情况进行了实证分析。Zhang（2003）使用改进的拉氏加法分解法计算了我国 1990~1997 年的工业能源消费，认为其中 82.1%的能源节约为效率效应，而 17.9%为结构效应。孙鹏等（2005）用 Jukka Hoffren 等人研究物质使用效率与经济结构的分解方法分析了 1978~2003 年经济增长和能源消耗强度对中国的能源消耗量的影响。胡萌（2006）用改进的结构分解方法（SDA）分析了我国各行业的能源强度变化和结构变化对综合能源强度变化的影响。韩志勇（2004）、吴巧生（2006）使用拉氏分解法对我国能源强度变化中的结构因素和效率因素进行了定量分析；吴巧生（2006）还利用我国 1980~2004 年的能源数据对两种"简单平均参数微分法"（PDM_1 和 PDM_2）的分解效果进行了比较，认为 PDM_2 方法分解结果误差相对较小，并得出我国能源强度下降主要是各部门能源使用效率提高的结果，而结构因素的影响则小得多，甚至在少数年份结构因素在降低能源消耗强度的作用上为负的结论；周勇等（2006）则利用 Liu et al.提出的"自适应加权迪氏指数法"（AWD）考察了 1980~2003 年不同时段我国产业结构与产业能源效率对总能源强度的不同影响方向及影响程度。

进入 2007 年后，国内发表的关于能源消费和能源强度变动因素分析的文献明显增多。张瑞等（2007）介绍了 Sun 提出的"全分解模型"（Complete Decomposition Model），并利用该模型分析了我国不同时期内能源强度变化的原因；高振宇（2007）、马晓微（2007）等引入了"对数平均迪氏指数分解法"（Logarithmic Mean Divisia Index Model，简称 LMDI），认为 LMDI 模型满足因素可逆，可以在加法分解和乘法分解之间建立某种关系，而且模型的适用性较强，因而认为是目前最好的分解方法。另外，彭源贤（1992）利用 Park（1992）提出的能源消费的测算模型计算了年产业结构因素和真实能源消费效率因素对总体能源消费效率提高的贡献度。周鹏等（2007）、吴滨等（2007）也分别利用分解方法分析了我国的能源消费变化影响。

在温室气体排放研究上，徐国泉等（2006）利用 LMDI 模型建立了中国人均碳排放的因素分解模型，定量分析了 1995~2004 年间能源结构、能源效率和经济发展因素对人均碳排放量的影响，拓展了分解模型在我国能源经济研究中的领域。

三、指数分解方法

指数分解就是将总量的变化分解成几个独立的因素，通过分析各因素的变化对总量变化的影响程度。能源强度分解的理论基础是价格指数分解方法。在研究总价值的变动时，若 V 表示总价值，p、q 表示单价和数量，T 和 0 分别表示 T 期（报告期）和基期。我们可以将总价值的变化 $V_T/V_0 = \sum_i p_{i,T}q_{i,T} / \sum_i p_{i,0}q_{i,0}$ 写成关于价格 P 和数量 Q 的方程，满足条件：

$$V_T/V_0 = P(p_0, p_T, q_0, q_T) \ Q(p_0, p_T, q_0, q_T) \tag{7-7}$$

式 7-7 将总价值的变动分解成价格因素的变动和数量因素的变动两部分，这使得我们可以将总价值的变动情况分解成由价格变动的影响和数量变动的影响两部分，也可以看出价格变动和数量变动分别对总价值的变动的贡献程度。

将上述思想引入能源强度分解应用中，我们就可以用来研究影响能源强度变化的因素及各种因素对总能源强度变化的贡献率。结合前面的能源强度表达式，不难发现，其与总价值表达式之间存在类似的关系。对能源消费量：

$$E_t = \sum_i Y_{it}(E_{it}/Y_{it}) = \sum_i Y_{it}I_{it} \tag{7-8}$$

式 7-8 表示能源总消费可以表示为分部门的产出和分部门的能源强度两部分。式 7-8 两边同时除以总产出 Y_t，得到：

$$E_t/Y_t = \sum_i (Y_{it}/Y_t)I_{it} = \sum_i S_{it}I_{it} \tag{7-9}$$

我们可以把能源消费的变化写成累积效应 Act 和效率效应 Int：

$$E_T/E_0 = Act(Y_0, Y_T, I_0, I_T) \ Int(Y_0, Y_T, I_0, I_T) \tag{7-10}$$

这表明能源消费变化可以由累积效应和效率效应单独表示。将式 7-10 与式 7-7 相对比，可以看出，要定义能源指数，需要知道以下几个条件：一是分部门的能源消费量，即总能源消费量等于各部门能源消费量之和；二是各部门的产出。对于能源强度变化，我们可以在式 7-9 的基础上讨论能源强度指数，这样，能源强度总变化可以表示为：

$$I_T/I_0 = \sum_i S_{it}I_{it} / \sum_i S_{i0}I_{i0} \tag{7-11}$$

写成关于结构效应 str 和效率效应 int* 的形式，能源强度的变化就为：

$$I_T/I_0 = Str(S_0, S_T, I_0, I_T) \ Int^*(S_0, S_T, I_0, I_T) \tag{7-12}$$

式 7-12 两边同时乘以 (Y_T/Y_0)，我们得到：

$$(I_T/I_0)(Y_T/Y_0) = E_T/E_0 = (Y_T/Y_0) \ Str(S_0, S_T, I_0, I_T) \ Int^*(S_0, S_T, I_0, I_T) \tag{7-13}$$

根据指数理论，指数必须具有数量按比例变化而指数不变的性质（Diewert，2001）。如果我们要使能源强度的分解同样具有这样的性质，那就意味着如果我们用它除以产出 Y_i，所得的指数不会变化。即能源消费的效率效应与能源强度的效率效应相同，用公式表达为：$Int^*(S_0, S_T, I_0, I_T) = Int^*(Y_0, Y_T, I_0, I_T)$；同样，根据式 7-10，也可以得到：

$$\text{Int}\,(Y_0,\ Y_T,\ I_0,\ I_T) = \text{Int}\,(S_0,\ S_T,\ I_0,\ I_T) \tag{7-14}$$

式 7-14 的性质对能源强度指数非常重要。它表明总能源强度指数与产出无关。因此可以得到关系式：

$$\text{Int}^*\,(Y_0,\ Y_T,\ I_0,\ I_T) = \text{Int}\,(Y_0,\ Y_T,\ I_0,\ I_T) \tag{7-15}$$

因此有：

$$(Y_T/Y_0)\,\text{Str}\,(S_0,\ S_T,\ I_0,\ I_T) = \text{Act}\,(S_0,\ S_T,\ I_0,\ I_T) \tag{7-16}$$

通过式 7-13 和式 7-16 这两个式子，可以得到以下两个结论：

（1）能源消费中的累积效应为总产出的变化与结构效应之积，即积累效应可以分解成产出效应（Y_T/Y_0）和结构效应两部分；

（2）能源消费指数和能源强度指数之间存在一个关系，即能源消费指数等于能源强度指数乘以产出指数。

在能源经济学中研究能源强度分解，常用的指数形式有以下几种：

（一）Laspeyres 指数

拉氏指数在能源强度分解中是最常用的方法。在价格指数中，拉氏指数是固定基期作为价格和数量的权重。将其用在能源强度分解上有：

$$L_{Str} = \sum_i S_{iT}I_{i0} \Big/ \sum_i S_{i0}I_{i0} \tag{7-17}$$

$$L_{Int} = \sum_i S_{i0}I_{iT} \Big/ \sum_i S_{i0}I_{iT} \tag{7-18}$$

L_{Str} 表示结构效应的拉氏指数，L_{Int} 表示效率效应的拉氏指数。

（二）Paasche 指数

如果将权重固定在报告期 T，那么我们可以得到帕氏指数的表达形式：

$$P_{Str} = \sum_i S_{iT}I_{iT} \Big/ \sum_i S_{i0}I_{iT} \tag{7-19}$$

$$P_{Int} = \sum_i S_{iT}I_{iT} \Big/ \sum_i S_{iT}I_{i0} \tag{7-20}$$

（三）Törnqvist Divisia 指数

Törnqvist Divisia 指数又叫做算术平均迪氏指数（AMD，Arithmetic Mean Divisia），它将基期和报告期部门能源消费比重的算术平均数作为权重，其表达式如下：

$$D_{Str} = \exp\Big[\sum_i \frac{(\omega_{iT}+\omega_{i0})/2}{\ln(S_{iT}/S_{i0})}\Big] \tag{7-21}$$

$$D_{Int} = \exp\Big[\sum_i \frac{(\omega_{iT}+\omega_{i0})/2}{\ln(I_{iT}/I_{i0})}\Big] \tag{7-22}$$

其中：$\omega_{i0} = E_{i0}\Big/\sum_i E_{i0}$；$\omega_{iT} = E_{iT}\Big/\sum_i E_{iT}$

（四）Fisher 指数

Fisher 指数是拉氏指数和帕氏指数的几何平均数，其表达式如下：

$$F_{Str} = (L_{Str}P_{Str})^{1/2} \tag{7-23}$$

$$F_{Int} = (L_{Int}P_{Int})^{1/2} \tag{7-24}$$

上述指数都具有价格和数量指数所具有的性质，如前面提到的不变性。对上面提到的几种指数，很容易证明它们对通过 Y_T 按比例变换 S_{TT} 能够满足不变性的性质。另一个重要的性质是因素可逆性。因素可逆性表明了，如果价格指数的表达形式 P（p_0，p_T，q_0，q_T）成立，那么它通过价格和数量指标的坐标转换，也能作为数量指标的表达式，例如 Q（p_0，p_T，q_0，q_T）= P（q_0，q_T，p_0，p_T）。这个数量指标必须满足条件 V_T / V_0 = P（p_0，p_T，q_0，q_T）Q（p_0，p_T，q_0，q_T）。满足这个条件，也就等价于进行了完全分解（Gale et al.，2004）。

当然，在上述指数分解方法的基础上，还派生出了许多其他方法。总体说来，比较常见的分解方法可分为两类：一类是基于拉氏指数的分解方法；另一类是基于迪氏指数的分解方法。拉氏分解法是以因子的基期（0 期）数量值作为权重计算因子在计算期内变动对总变动的影响；而迪氏分解法则以增长速度的对数作为权重计算因子在计算期内变动对总变动的影响。简而言之，拉氏分解法就是基于我们所熟知的百分比变化为权重的方法，而迪氏分解法则是基于对数变化为权重的方法。通常认为迪氏分解法优于拉氏分解法是由于拉氏分解法中带有分解残余 R，但事实上迪氏分解法在实际应用中往往需要采用其他方法进行近似计算。因此大多数迪氏分解法也并没有实现完全分解，仍含有分解残余。然而，随着对离散分析技术的提高，现在已经找到了能够完全分解的基于迪氏分解的方法。[①] 参考 Ang（2004）对两者的归类，指数分解法分类如表 7-1。

表 7-1　指数分解分析法归类表

指数分解方法			
基于迪氏指数方法		基于拉氏指数方法	
乘法分解	加法分解	乘法分解	加法分解
LMD Ⅱ	LMD Ⅱ	修正 Fisher 指数法	Shapley-Sun 分解法
AMD Ⅰ	AMD Ⅰ	传统 Fisher 指数法	Marshall-Edgeworth 分解法

在 Ang 的归纳中，两种指数分解方法又可以分别进行加法分解和乘法分解。至于对每一种加法或乘法分解方法又可采用不同的处理手段和方式。例如，对基于拉氏分解的乘法分解法，既可采用传统的 Fisher 理想指数法，又可以采用修正的 Fisher 理想指数法；在基于迪氏分解的加法分解法中，即有对数平均迪氏指数法（LMD Ⅰ），也有算术平均迪氏指数法（AMD Ⅰ，Arithmetic Mean Divisia Index）。

但是表 7-1 也仅仅包含了部分分解方法，还有一些比较基础的分解方法，如 PDM；以及计算公式很复杂的方法，如由 Chung& Rhee（2001）提出的加法完全分解法

---

① LMD Ⅱ 和 LMD Ⅲ 都能够实现完全分解的目标。

（APD）、Ang & Choi（1997）提出的对数平均迪氏分解法等。

四、拉氏指数法和迪氏指数法

拉氏指数法的基本思想是将某一个解释变量的影响表示为在其他解释变量不变的情况下该变量变化引起被解释变量的变化量，其本质上是对各个解释变量的微分展开。具体到加法分解和乘积分解，影响因素可以表示为不同形式。

对于加法分解形式：

$$E_{str} = \sum_i S_{iT}I_{i0} - \sum_i S_{i0}I_{i0} \tag{7-25}$$

$$E_{int} = \sum_i S_{i0}I_{iT} - \sum_i S_{i0}I_{i0} \tag{7-26}$$

$$E_{rsd} = E_{tot} - E_{str} - E_{int} \tag{7-27}$$

对于乘法分解形式：

$$D_{str} = \sum_i S_{iT}I_{i0} \Big/ \sum_i S_{i0}I_{i0} \tag{7-28}$$

$$D_{int} = \sum_i S_{i0}I_{iT} \Big/ \sum_i S_{i0}I_{i0} \tag{7-29}$$

$$D_{rsd} = D_{tot} / (D_{str} \times D_{int}) \tag{7-30}$$

从上述过程可以看出，拉氏分解法会存在较大的残余项，这个残余项使得拉氏分解在理论研究和实践应用上都存在较大缺陷。传统的拉氏分解法现在已经基本不再使用，如，两种加法分解方法（Shapley-Sun 分解法和 Marshall-Edgeworth 分解法）都存在较大的残差，目前仍有实践意义的拉氏分解法采用了更为精炼的修正形式。Fisher 指数分解法是目前基于拉氏指数比较重要的一种分解方法，被证明可以进行完全分解（Liu et al., 2003；Boy et al., 2004）。

Fisher 指数是拉氏指数和帕氏指数的几何平均数，因此可以将 Fisher 指数分解归于拉氏分解法之中。根据 Fisher 指数的定义，它实质上是通过对以拉氏指数和帕氏指数求几何平均数，以得到一个更加适当的权数。Fisher 分解法的表达式如下：

$$D_{Str} = \left(\frac{\sum_i S_{iT}I_{i0}}{\sum_i S_{i0}I_{i0}} \cdot \frac{\sum_i S_{iT}I_{iT}}{\sum_i S_{i0}I_{iT}} \right)^{\frac{1}{2}} \tag{7-31}$$

$$D_{Str} = \left(\frac{\sum_i S_{i0}I_{iT}}{\sum_i S_{i0}I_{i0}} \cdot \frac{\sum_i S_{iT}I_{iT}}{\sum_i S_{iT}I_{i0}} \right)^{\frac{1}{2}} \tag{7-32}$$

Boyd（2004）证明了 Fisher 分解法可以实现完全分解而不会剩下残差项。并给出了完全分解的证明。在两因素分解的基础上 Ang 进行了扩充，完善了 Fisher 指数分解的方法，并给出了三因素、四因素分解公式，即修正的 Fisher 指数分解（Ang et al.，2004）。

与拉氏指数法不同，迪氏指数法较为复杂，它是在对时间求微分的基础上的展开，以对数作为权重解释各因素对总体的影响。由于迪氏分解对时间求微分，且在表示上是用对数的方式，因而它在处理时间序列数据上更具有优势；在表达形式上，由于对数具有对称性，因而表达也更加科学。以能源强度为例，迪氏分解过程如下：

将乘法分解式 7-2 两边对时间 t 求微分得：

$$dI_t/dt = \sum_i \ (I_{it}dS_{it}/dt + S_{it}dI_{it}/dt) \tag{7-33}$$

对式 7-33 两边同时除以 I_t，得到：

$$\frac{dI_t}{I_tdt} = \sum_i \frac{I_{it}}{I_t} \times \frac{dS_{it}}{dt} + \frac{S_{it}}{I_t} \times \frac{dI_{it}}{dt} \tag{7-34}$$

其中：$I_{it}/I_t = (E_{it}/Y_{it})/(E_t/Y_t) = (E_{it}/E_t)/S_{it}$ \hfill (7-35)

$S_{it}/I_t = (Y_{it}/Y_t)/(E_t/Y_t) = Y_{it}/E_t = (E_{it}/E_t)/I_t$ \hfill (7-36)

将式 7-35、式 7-36 代入式 7-34，并令 $\omega_i = E_{it}/E_t$，则有：

$$\frac{dI_t}{I_tdt} = \sum_i \ (\frac{\omega_i}{S_{it}} \times \frac{dS_{it}}{dt} + \frac{\omega_i}{I_t} \times \frac{dI_{it}}{dt}) \tag{7-37}$$

将上式改写成对数形式有：

$$\frac{dln(I_t)}{dt} = \sum_i \omega_i \ (\frac{dln(S_{it})}{dt} + \frac{dln(I_{it})}{dt}) \tag{7-38}$$

对式 7-38 两边从 0 到 T 求积分，可以得到：

$$ln(I_T/I_0) = \int_0^T \sum_i \omega_i \ (\frac{dln(S_{it})}{dt}) \, dt + \int_0^T \sum_i \omega_i \ (\frac{dln(I_{it})}{dt}) \, dt \tag{7-39}$$

将式 7-39 两边还原，则得到：

$$I_T/I_0 = exp \ [\int_0^T \sum_i \omega_i \ (\frac{dln(S_{it})}{dt}) \, dt] \times exp \ [\int_0^T \sum_i \omega_i \ (\frac{dln(I_{it})}{dt}) \, dt] \tag{7-40}$$

根据前面的定义，可以将式 7-40 写成迪式分解法的乘法形式：

$$D_{tot} = D_{str} \times D_{int} \tag{7-41}$$

其中：$D_{str} = exp \ [\int_0^T \sum_i \omega_i \ (\frac{dln(S_{it})}{dt}) \, dt]$ \hfill (7-42)

$$D_{int} = exp \ [\int_0^T \sum_i \omega_i \ (\frac{dln(I_{it})}{dt}) \, dt] \tag{7-43}$$

根据类似的方法，也可以得到迪式分解法的加法形式：

$$E_{tot} = E_{str} + E_{int} \tag{7-44}$$

其中：$E_{str} = \int_0^T \sum_i \ (\frac{E_{it}}{Y_t} \times \frac{dln(S_{it})}{dt}) \, dt$ \hfill (7-45)

$$E_{int} = \int_0^T \sum_i \ (\frac{E_{it}}{Y_t} \times \frac{dln(I_{it})}{dt}) \, dt \tag{7-46}$$

迪氏分解法最大的特点就是利用对数作为权重，到目前为止，比较常用的迪氏分解法主要有参数迪氏指数法（PDM）、自适应加权迪氏指数法（AWD）和对数平均迪氏指数法（PDMI）。

（一）参数迪氏指数法

参数迪氏指数法（PDM，Parametric Divisia Methods）就是将式 7-39 中的积分过程变成求解参数问题，通过求解设定参数来完成分解过程。参数迪氏法最早由 Liu et al.（1992）提出，Ang（1994）、Liu（2006）等后来又对该方法作了进一步的补充。

对式 7-40，令 $\omega_{i0} = E_{i0}/E_0$；$\omega_{iT} = E_{iT}/E_T$，假设积分满足条件：

$$\min(\omega_{i0}, \ \omega_{i,T}) \leqslant \omega_i \leqslant \max(\omega_{i,0}, \ \omega_{i,T}) \tag{7-47}$$

$$\min(S_{i,0}, \ S_{i,T}) \leqslant S_i \leqslant \max(S_{i,0}, \ S_{i,T}) \tag{7-48}$$

那么我们能够找到一组参数 β_i 和 τ_i，使其满足如下方程：

$$D_{Str} = \exp\left\{ \sum_i \left[(\omega_{i0} + \beta_i(\omega_{iT} - \omega_{i0}))\right] \times \ln(S_{iT}/S_{i0}) \right\} \tag{7-49}$$

β_i 满足条件 $0 \leqslant \beta_i$，$\tau_i \leqslant 1$。将上述过程应用到式 7-42、式 7-43 中，我们可以得到以下两种参数迪氏指数法。

1. PDM 的两种乘法分解形式

PDM_1：

$$D_{Str} = \exp\left\{ \sum_i \ \left[(\omega_{i0} + \beta_i(\omega_{iT} - \omega_{i0}))\right] \times \ln(S_{iT}/S_{i0}) \right\} \tag{7-50}$$

$$D_{Int} = \exp\left\{ \sum_i \ \left[(\omega_{i0} + \tau_i(\omega_{iT} - \omega_{i0}))\right] \times \ln(I_{iT}/I_{i0}) \right\} \tag{7-51}$$

PDM_2：

$$D_{Str} = \exp\left\{ \sum_i \ \left[(\xi_{i0} + \beta_i(\xi_{iT} - \xi_{i0}))\right] \times (S_{iT} - S_{i0}) \right\} \tag{7-52}$$

$$D_{Int} = \exp\left\{ \sum_i \ \left[(\zeta_{i0} + \tau_i(\zeta_{iT} - \zeta_{i0}))\right] \times (I_{iT} - I_{i0}) \right\} \tag{7-53}$$

式 7-49 到式 7-52 中，β_i 和 τ_i 为参数，满足 $0 \leqslant \beta_i$，$\tau_i \leqslant 1$；$\xi_{i,0} = I_{i,0}/I_0$；$\xi_{i,T} = I_{i,T}/I_T$；$\zeta_{i,0} = S_{i,0}/I_0$；$\zeta_{i,T} = S_{i,T}/I_T$。

2. PDM 的两种加法分解形式

用 ΔE 表示从基期（0）能源强度 D_t 到报告期（T）能源强度 D_0 的差，用 t 表示 $[0, T]$ 之间的时间。由式 7-45 和式 7-46，可以得到：

PDM_1：

$$\Delta E_{Str} = \sum_i \ \left[E_{i0}/Y_0 + \beta_i(E_{i,T}/Y_T - E_{i,0}/Y_0)\right] \times \ln(S_{iT}/S_{i0}) \tag{7-54}$$

$$\Delta E_{Int} = \sum_i \ \left[E_{i0}/Y_0 + \tau_i(E_{i,T}/Y_T - E_{i,0}/Y_0)\right] \times \ln(I_{iT}/I_{i0}) \tag{7-55}$$

PDM_2：

$$\Delta E_{Str} = \sum_i \ \left[I_{i0} + \beta_i(I_{iT} - I_{i0})\right] \times (S_{iT} - S_{i0}) \tag{7-56}$$

$$\Delta E_{Int} = \sum_i \left[S_{i0} + \tau_i (S_{iT} - S_{i0}) \right] \times (I_{iT} - I_{i0}) \tag{7-57}$$

式 7-54 到式 7-57 中，β_i 和 τ_i 为参数，满足 $0 \leq \beta_i$，$\tau_i \leq 1$。

式 7-50 到式 7-57 中的参数值也可以看成分解过程中某个变量在 t 时期的权重。这是 PDM 分解的一般方法，通常又叫做一般参数迪氏分解法（GPDM）。但在实际应用中，如何确定参数 β_i 和 τ_i 的值仍是一个难题，Ang&Lee（1994）在 GPDM 基础上总结了在实证研究中常用的三种以 PDM 为基础的特殊方法。

3. 三种特殊的 PDM 方法

对于乘法分解和加法分解，五种常用的 PDM 法提供了参数 β_i 和 τ_i 可供参考的值。众多学者利用这些确定的参数用于实证研究，取得了较好的效果。[①] 下面对几种特殊参数迪氏法分别介绍。

（1）Las-PDM。Las-PDM 法是利用拉氏指数思想，以基期为标准设定参数，因而对 β_i 和 τ_i 的赋值都为零，即 $\beta_i = \tau_i = 0$。

Las-PDM$_1$

Las-PDM$_1$ 的乘法分解形式：

$$D_{Str} = \exp \left[\sum_i \omega_{i0} \times \ln (S_{iT}/S_{i0}) \right] \tag{7-58}$$

$$D_{Int} = \exp \left[\sum_i \omega_{i0} \times \ln (I_{iT}/I_{i0}) \right] \tag{7-59}$$

Las-PDM$_1$ 的加法分解形式：

$$\Delta E_{Str} = \sum_i \left[(E_{i0}/Y_0) \times \ln (S_{iT}/S_{i0}) \right] \tag{7-60}$$

$$\Delta E_{Str} = \sum_i \left[(E_{i0}/Y_0) \times \ln (I_{iT}/I_{i0}) \right] \tag{7-61}$$

Las-PDM$_2$

Las-PDM$_2$ 的乘法分解形式：

$$D_{Str} = \exp \left[\xi_{i0} \times (S_{iT} - S_{i0}) \right] \tag{7-62}$$

$$D_{Int} = \exp \left[\zeta_{i0} \times (I_{iT} - I_{i0}) \right] \tag{7-63}$$

Las-PDM$_2$ 的加法分解形式：

$$\Delta E_{Str} = \sum_i I_{i0} (S_{iT} - S_{i0}) \tag{7-64}$$

$$\Delta E_{Int} = \sum_i S_{i0} (I_{iT} - I_{i0}) \tag{7-65}$$

（2）AVE-PDM。AVE-PDM 是将基期和报告期的权重视为相等，以简单平均数作为设定参数，即令 $\beta_i = \tau_i = 0.5$。

AVE-PDM$_1$

AVE-PDM$_1$ 的乘法分解形式：

---

① 参见 Boyd et al.（1987），Jenny & Cattell（1983），Hankinson & Rhys（1983），Park（1992），Reitler et al.（1987），Liu et al.（1992），Ang（1994），Chun-Chu Liu（2006）等。

$$D_{Str} = exp \left\{ 0.5 \sum_i \left[(\omega_{i0} + \omega_{iT}) \right] \times ln \ (S_{iT}/S_{i0}) \right\} \qquad (7-66)$$

$$D_{Int} = exp \left\{ 0.5 \sum_i \left[(\omega_{i0} + \omega_{iT}) \right] \times ln(I_{iT}/I_{i0}) \right\} \qquad (7-67)$$

AVE-PDM$_1$ 的加法分解形式：

$$\Delta E_{Str} = 0.5 \sum_i \left[(E_{i0}/Y_0 + E_{i,T}/Y_T) \right] \times ln(S_{iT}/S_{i0}) \qquad (7-68)$$

$$\Delta E_{Int} = 0.5 \sum_i \left[(E_{i0}/Y_0 + E_{i,T}/Y_T) \right] \times ln(I_{iT}/I_{i0}) \qquad (7-69)$$

AVE-PDM$_2$

AVE-PDM$_2$ 的乘法分解形式：

$$D_{Str} = exp \left\{ 0.5 \sum_i \left[(\xi_{i0} + \xi_{iT}) \right] \times (S_{iT} - S_{i0}) \right\} \qquad (7-70)$$

$$D_{Str} = exp \left\{ 0.5 \sum_i \left[(\zeta_{i0} + \zeta_{iT}) \right] \times (I_{iT} - I_{i0}) \right\} \qquad (7-71)$$

AVE-PDM$_2$ 的加法分解形式：

$$\Delta E_{Str} = 0.5 \sum_i \left[(I_{i0} + I_{iT}) \right] \times (S_{iT} - S_{i0}) \qquad (7-72)$$

$$\Delta E_{Int} = 0.5 \sum_i \left[(S_{i0} + S_{iT}) \right] \times (I_{iT} - I_{i0}) \qquad (7-73)$$

（3）AWT-PDM（AWD）。AWT-PDM 是将 PDM$_1$ 和 PDM$_2$ 两种方法结合起来，假设用这两种得到的结构效应与效率效应相同，进而求得参数值。

根据这种思想，对于乘法分解，由式 7-50 和式 7-52 可以得到 β_i；根据式 7-51 和式 7-53 可以得到 τ_i。乘法分解中的参数 β_i 和 τ_i 的表达式分别为：

$$\beta_i = \frac{\xi_{i0} \ (S_{iT} - S_{i0}) - \omega_{i0} ln(S_{iT}/S_{i0})}{(\xi_{i0} - \xi_{iT})(S_{iT} - S_{i0}) + (\omega_{iT} - \omega_{i0}) ln(S_{iT}/S_{i0})} \qquad (7-74)$$

$$\tau_i = \frac{\zeta_{i0} \ (I_{iT} - I_{i0}) - \omega_{i0} ln(I_{iT}/I_{i0})}{(\zeta_{i0} - \zeta_{iT})(I_{iT} - I_{i0}) + (\omega_{iT} - \omega_{i0}) ln(I_{iT}/I_{i0})} \qquad (7-75)$$

对于加法分解，由式 7-54 和式 7-56 可以得到 β_i；根据式 7-55 和式 7-57，可以得到 τ_i。加法分解中的参数 β_i 和 τ_i 的表达式分别为：

$$\beta_i = \frac{I_{i0} \ (S_{iT} - S_{i0}) - (E_{i0}/Y_0) ln(S_{iT}/S_{i0})}{(I_{i0} - I_{iT})(S_{iT} - S_{i0}) + (E_{iT}/Y_T - E_{i0}/Y_0) ln(S_{iT}/S_{i0})} \qquad (7-76)$$

$$\tau_i = \frac{S_{i0} \ (I_{iT} - I_{i0}) - (E_{i0}/Y_0) ln(I_{iT}/I_{i0})}{(S_{i0} - S_{iT})(I_{iT} - I_{i0}) + (E_{iT}/Y_T - E_{i0}/Y_0) ln(I_{iT}/I_{i0})} \qquad (7-77)$$

从上面可以看出，由于参数 β_i 和 τ_i 的值由 PDM$_1$ 和 PDM$_2$ 综合计算得到，因此在 AWT-PDM 方法中，参数值在两种方法中相同。这种方法确定参数的过程不再含有研究者的主观意志，而是依靠模型自身的协调和平衡，因此它也被称为自适应加权迪氏指数法（AWD，Adaptive Weighting Divisia）。AWD 符合数学恒等式条件，能够处理时间序列数据。因此它也是国内外学者所广泛使用的一种重要的分解方法。[①]

---

① 使用这种方法的有 Rillima F. Sitompul & Anthony D.（2004）；周勇、李廉水（2006）等。

参数迪氏指数法是用参数近似计算迪氏分解法右边的积分。虽然用这种方法分解的结果往往会剩余，但随着参数选择技术的进步，分解剩余已经非常小，基本上不会对分解结果产生影响。

（二）平均迪氏指数法

由于迪氏分解法中的 $\exp\left[\int_0^T \sum_i \omega_i \left(\frac{d\ln(Q_{it})}{dt}\right)dt\right]$ 的积分无法直接计算，我们只能采取其他方法。平均迪氏分解法是通过设定一个函数 $\phi_i = f(\omega_0, \omega_T)$，使其满足条件：

$$D = \exp\left[\sum_i \phi_i \ln\left(\frac{Q_{iT}}{Q_{i0}}\right)\right] \cong \exp\left[\int_0^T \sum_i \omega_i \left(\frac{d\ln(Q_{it})}{dt}\right)dt\right] \qquad (7\text{-}78)$$

这种方法的思想是根据积分函数是对数函数的特点，对被积函数以积分区间端点取差 $(\ln(Q_{iT}) - \ln(Q_{i0}))$，再通过设定一个关于 $\omega_i = E_{it}/E_t$ 在积分区间端点值（ω_0 和 ω_T）的数 $\phi_i = f(\omega_0, \omega_T)$ 作为权数，在积分区间内求和，以达到将连续的积分问题离散化的目的。通常，对 ϕ_i 的设定常常应用的是平均数理论，即设定一种 ω_0 和 ω_T 的平均数，以尽量使得通过离散求和方式得到的值与积分值接近。当然，平均数种类繁多，对 ϕ_i 的选择，即对平均数类型的选择直接关系到求和结果与真实值的差异。根据选择不同形式的平均数，我们又可以将平均迪氏分解法分成算术平均迪氏指数法、对数平均迪氏指数法等。

对迪氏分解法的发展启发最大的是 20 世纪 70 年代 Theil、Sato、Diewert 等人在对数变化指数研究上作出的贡献。从 80 年代开始，Boy、Ang、Liu 等人开始致力于将这种方法应用于能源环境研究领域，并形成了目前较为成熟的能源、温室气体排放等因素分解的 AMD 和 LMDI 等方法。

1. 算术平均迪氏指数法

算术平均迪氏指数法（AMDI，Arithmetic Mean Divisia Index）是利用第 0 期和第 T 期各部门的强度比重的平均数作为权重。

对乘法分解，令 $f(\omega_0, \omega_T) = w_i^* = (E_{iT}/E_T + E_{i0}/E_0)/2$ $\qquad (7\text{-}79)$

对加法分解，令 $f(\omega_0, \omega_T) = w_i' = (E_T + E_0)/2$ $\qquad (7\text{-}80)$

2. 对数平均迪氏指数分解

对数平均迪氏指数分解（Logarithmic Mean Divisia Index，LMDI）是将 Vartia 指数用于分析能源强度的分解分析。将对数平均数用于迪氏分解，最早可以追溯到 20 世纪 70 年代 Theil（1965）、Sato（1974，1976）、Diewert（1978）等经济学家对经济指数的研究。他们提出并完善了对数平均数在迪氏指数分解法中的重要作用，并证明了这种分解法所具有的良好性质。从 1998 年开始，研究能源分解的学者开始将上述指数分解方法引入这个分析体系，其中最主要的倡导者和实践者是新加坡的 Ang（1997，1998，2001，2004）和中国台湾的 Liu（2001）等。

对数平均迪氏指数分解就是将 f（ω_0，ω_T）定义为对数平均数的表示形式，[1] 由于表示方式的不同，对数平均迪氏分解法可以分成两种形式，分别称做 LMD Ⅲ 和 LMD Ⅱ。

（1）LMD Ⅲ。LMD Ⅲ 由 Ang and Choi（1997）提出，它将 f（ω_0，ω_T）定义为 $\omega_i = \dfrac{L(w_{iT}, w_{i0})}{\sum_i L(w_{jT}, w_{j0})}$，因此，其分解可以表示成：

$$D_{act} = \exp\left[\sum_i \frac{L(w_{iT}, w_{i0})}{\sum_i L(w_{jT}, w_{j0})} \ln\left(\frac{Y_T}{Y_0}\right)\right] \tag{7-81}$$

$$D_{str} = \exp\left[\sum_i \frac{L(w_{iT}, w_{i0})}{\sum_i L(w_{jT}, w_{j0})} \ln\left(\frac{S_{iT}}{S_{i0}}\right)\right] \tag{7-82}$$

$$D_{str} = \exp\left[\sum_i \frac{L(w_{iT}, w_{i0})}{\sum_i L(w_{jT}, w_{j0})} \ln\left(\frac{I_{iT}}{I_{i0}}\right)\right] \tag{7-83}$$

其中：$w_{iT} = E_{iT}/E_T$；$w_{i0} = E_{i0}/E_0$。

（2）LMD Ⅱ。LMD Ⅱ 是将 f（ω_0，ω_T）定义为 $\omega_i = \dfrac{L(w_{iT}, w_{i0})}{L(w_T, w_0)}$，其分解可以表示成

乘法分解：

$$D_{act} = \exp\left[\sum_i \frac{L(E_{iT}, E_{i0})}{L(E_T, E_0)} \ln\left(\frac{Y_T}{Y_0}\right)\right] \tag{7-84}$$

$$D_{str} = \exp\left[\sum_i \frac{L(E_{iT}, E_{i0})}{L(E_T, E_0)} \ln\left(\frac{S_{iT}}{S_{i0}}\right)\right] \tag{7-85}$$

$$D_{int} = \exp\left[\sum_i \frac{L(E_{iT}, E_{i0})}{L(E_T, E_0)} \ln\left(\frac{I_{iT}}{I_{i0}}\right)\right] \tag{7-86}$$

加法分解：

$$\Delta E_{act} = \sum_i L(E_{iT}, E_{i0}) \ln\left(\frac{Y_T}{Y_0}\right) \tag{7-87}$$

$$\Delta E_{str} = \sum_i L(E_{iT}, E_{i0}) \ln\left(\frac{S_{iT}}{S_{i0}}\right) \tag{7-88}$$

$$\Delta E_{str} = \sum_i L(E_{iT}, E_{i0}) \ln\left(\frac{I_{iT}}{I_{i0}}\right) \tag{7-89}$$

LMDI 的乘法分解和加法分解都能进行完全分解，而且二者之间还存在一定的关系（Ang，2004），使得应用这种方法可以在乘法分解和加法分解之间相互转换。此外，LMD Ⅱ 能够应用于处理时间序列和横截面两种数据，应用范围相当广泛。

---

[1] 对数平均数的定义如下：

对于 a>0，b>0，L（a，b）定义为：

$$L(a, b) = \begin{cases} \dfrac{a-b}{\ln a - \ln b} & a \neq b \\ a & a = b \end{cases}$$

由上述定义可以知道，对数平均数具有对称性。此外，Diewert（1978）还证明了利用对数平均数的其他诸多良好性质。

第三节 能源指数分解法的评价

一、两种分解方法的应用比较

从国内外发表的大量文献中可以看出，目前的能源强度分解方法并不存在"最优"，任何一种方法都有其优势和缺点，这依赖于数据的获得、计算工具的选择，甚至是数据的类型等多方面因素。但在很多实证研究中，诚如 Ang（2004）所言，"大多数研究者都没有或者没能说明他为何选用这种特定的分解方法，他们忽视了或者可能没留意其他的分解方法，以至于使读者认为他们选择的方法当做唯一的可选方法"。

多年来，拉氏分解法和迪氏分解法都曾被各类研究人员及能源组织使用。Ang（2004）对两种方法在历史上的使用情况做了很好的综述。他认为，在引入能源消费分解分析之初的 20 世纪 70 年代末期和 80 年代，主要的分解方法都是在拉氏分解法的基础上发展起来的。Sun（1998）和 Ang（2002）等随后对拉氏分解法进行了扩展和改进。目前，仍然有一些学者或组织在使用拉氏分解法进行能源强度分解分析。

然而，在过去的 10 多年当中，拉氏分解法的使用却逐渐被迪氏分解法所取代。据统计，1978~2003 年发表的关于能源消费分解分析的文章，发现自从 1995 年后，拉氏分解法除了 IEA 外就很少被使用了（Liu，2004）。自从 Boyd 在 1987 年提出迪氏分解法后，迪氏分解法得到不断的发展和完善，并逐渐成为研究人员和能源组织主要使用的方法，基于迪氏分解法的扩展模型也不断被创造并得到应用。

研究人员很早就发现了采用不同分解方法对分解结果的影响。为了寻找更优的分解方法，许多研究者为此做了有益的尝试。他们通过对不同的分解方法进行比较研究，发现了不同分解方法之间的联系和优劣。在这方面作出较为突出贡献的有：Howarth（1991），他用拉氏分解法分析了 1973~1987 年 8 个 OECD 国家制造业的能源消费变化，并将分解结果与用迪氏分解法分解的结果作了对比，并讨论了产出、产业结构和部门能源强度对能源消费的影响，他发现用两种分解方法的计算结果差异很小；Ang 和 Lee（1994）在拓展 Liu（1992）提出的"将积分路径问题转变为参数估计问题的两参数迪氏指数法"基础上，根据中国台湾和新加坡的数据比较了 5 种基于拉氏分解法和迪氏分解法的特定分解方法的优劣，并得出分解结果由分解方法决定的结论；Ang（2004）通过对已有分解方法的总结对比，认为从理论基础、适用性、使用的简便性和结果的解释性来看，LMDI（Logarithmic Mean Divisia Index Model）分解法是目前能源消费/强度分解的较好的方法。除此外，Chung & Rhee（2001）、Zhang & Ang（2001）也就多种分解方法进行过比较分析。

然而，一种"完美"的方法不但需要具有完美的理论探讨和丰富的实践检验，还应该有其他的要求，毕竟，理论和方法存在的意义在于解决实际问题。事实上，最优只是一种相对的概念。不同的方法均有其优劣所在。由于存在不同的评价标准，因此在开始能源分解方法研究 20 多年后的今天，仍然没能有一种方法能作为"最优"而在研究人员间形成共识。在进行实际研究时应该遵循什么样的选择标准？这是除方法本身之外众多研究人员关心的又一个重点。

对于基于拉氏分解法和迪氏分解法的选择。拉氏分解法有形式更简单、容易理解，在实际应用中更容易得到推广的优势，但由于这种方法会产生残差项。当指数分解存在残差，就意味着有部分从基期到分析期的能源强度变化没有分配到特定的指标中去，也就是说没有得到解释。残差项如果足够大，甚至可能使得实证分析的结果没有任何意义。虽然在后来出现的 Fisher 理想指数分解法中有效地克服了上述问题，却又使其丧失了简明、易学易用的优点。另外，拉氏分解法的结果不具有对称性，使其在结果的可读性和可辨识性上也大受影响。因此，从这一点来看，拉氏分解法不是分解方法的最优选择。

迪氏分解法分解过程复杂，在形式上也较拉氏分解法困难，且由于在计算过程中常常需要进行近似估计，因此在早期的迪氏分解法中也存在残差。但随着对迪氏分解法研究的深入，大多数迪氏分解法产生的残差已经很小，Ang（2007）通过利用美国的数据比较，同拉氏分解法所产生的残差相比，其误差已经小到几乎可以忽略的地步。而且，迪氏分解法中还有像 AWD 和 LMDI 这样能够完全分解的方法。在分解结果的表达上，迪氏分解法利用对数所具有的良好特性，使得分解结果对称、简练、易于理解，表达上也更符合科学的特点。况且，在计算机技术已经普及的今天，复杂的计算过程也不再是我们在选择方法上的一大障碍。因而普遍认为迪氏分解法比拉氏分解法更为精确和科学。

二、分解方法选择的"Ang 四原则"

新加坡能源经济学家 Ang 通过对 20 多年来能源分解方法的总结，提出了判定分解方法优劣的四条标准（Ang，2004），为简便起见，我们称之为分解方法选择的"Ang 四原则"：①理论基础（Theoretical foundation）；②适用性（Adaptability）；③易用程度（Easy of use）；④结果的可解释性（Easy of result interpretation）。

分解分析的理论基础是指数理论。对能源分解指数理论的检验通常要求满足四个条件，即因素可逆性、时间可逆性（即对从第 0 期到第 T 期分解结果与从第 T 期到第 0 期的分解结果具有对称性）、比例性（因素的同比例变换不会影响因素之间的关系）和聚合性（总体与分部门具有同样的性质）。这四个检验中，最重要的是因素可逆性检验，通常分析者认为一种分解方法只要通过这个检验就可以认为该方法满足指数理论。另外，由于分解方法可以采用加法和乘法两种形式，因此，能否在加法分解和乘法分解中间进行简单换算也是判断一种分解方法是否具有良好理论基础的重要判断条件。

适用性是指一种分解方法适合使用的范围。例如，能否通过较少的技术转换就可实现对时间序列数据和截面数据的分解。对数据集而言，适用范围还表现在能否处理变异值、零值、负值等特殊值上。

易用程度是指一种分解方法对不同实际问题处理的方便程度。例如，对两个不同问题进行分解分析，每个问题的分解因素个数不同，能否很容易或很方便地根据对其中一个问题的分解得到对另一个问题的分解方程。

结果的可解释性与分解的理论基础和采用的分解方法（加法分解或乘法分解）都具有密切的关系。例如，对分解的残差项通常很难解释，但通过因素可逆性检验的分解方法则具有完全分解的性质，不具有残差项。对加法分解和乘法分解而言，有时加法分解优于乘法分解的结果，有时乘法分解又比加法分解的结果更好理解，但如果一种分解方法可以使得在加法分解和乘法分解之间具有一种直接的关系，那么这将更有助于提高分解结果的易解释性。

Ang 的上述四条标准既注重理论的正确性，又注重方法的运用和对结果的判读。可以说，这四条标准很好地把握了对分析工具的探索与对现实问题的分析之间的平衡。他还根据这四条原则得出 LMD II 是最优的分解方法（Ang, 2004）。

Ang 提出的四条判定标准是一个理想的状态。在分析实际问题中遇到的情况往往会复杂得多。例如，在选择分解对象，即在对能源消费分解还是能源强度分解时，除了关注的重点外，还要受到选择方法的限制。对于 LMDI 分解法，由于其分解过程中隐含的条件限制，使得这种方法虽然同时满足 Ang 所提出的全部四条标准，却只能对能源消费进行分解。事实上，经过验证，除 LMDI 外，由于是通过对分解对象取平均数（简单算术平均、对数平均数等）的方法来近似计算积分，决定了分解对象必须具有可加和性，因此，全部平均迪氏分解法都不能进行能源强度分解。具体论证如下：

如前所示，平均迪氏分解法是通过对 ω_0 和 ω_T 设定一个平均数 ϕ_i 来达到对被积函数求和的目的。这里面暗含的一个条件就是，ω_i（$\omega_i = E_{iT}/E_t$）能够进行加和计算，即 $\sum_i \omega_i = \sum_i E_{it}/E_t$ 是可计算的。显然，$\sum_i E_{it}/E_t$ 可计算的条件是 $\sum_i E_{it}$ 可计算，而又已知 $E_t = \sum_i E_{it}$，因此满足要求。而对能源强度 $I_t = E_t/Y_t$，ω_i 定义为 $\omega_i = I_{it}/I_t$，而此时有 $\sum_i \omega_i = \sum_i I_{it}/I_t = \sum_i (E_{it}/E_{it})/(E_t/Y_t) = \sum_i (E_{it}/E_{it})/(E_t/Y_{it})$，$\sum_i \omega_i$ 无法求和，因此不能对能源强度进行分解。

下面我们再通过对 LMD II 乘法分解中在能源消费分解中满足能够完全分解的性质的证明为例来进一步证明上述结论。

已知：

$$E = \sum E_i = \sum Y \frac{Y_i}{Y} \frac{E_i}{Y_i} = \sum Y S_i I_i$$

$$I = E/Y = \sum S_i I_i$$

由前面可知，对能源消费的分解可以写成：

$$D_{tot} = D_{act} \times D_{str} \times D_{int}$$

且，

$$D_{tot} = E_T/E_0$$

$$D_{act} = \exp \left[\sum_i \frac{L (E_{iT}, E_{i0})}{L (E_T, E_0)} \ln \left(\frac{Y_T}{Y_0} \right) \right]$$

$$D_{str} = \exp \left[\sum_i \frac{L\ (E_{iT},\ E_{i0})}{L\ (E_T,\ E_0)} \ln\ (\frac{S_{iT}}{S_{i0}}) \right]$$

$$D_{int} = \exp \left[\sum_i \frac{L\ (E_{iT},\ E_{i0})}{L\ (E_T,\ E_0)} \ln\ (\frac{I_{iT}}{I_{i0}}) \right]$$

因此，

$$D_{act} \times D_{str} \times D_{int} = \exp \left[\sum_i \frac{L\ (I_{iT},\ I_{i0})}{L\ (I_T,\ I_0)} \ (\ln(\frac{Y_T}{Y_0}) + \ln(\frac{S_{iT}}{S_{i0}}) + \ln(\frac{I_{iT}}{I_{i0}})) \right]$$

$$= \exp \left[\sum_i \frac{L\ (I_{iT},\ I_{i0})}{L\ (I_T,\ I_0)} \ln\ (\frac{Y_T}{Y_0} \frac{S_{iT}}{S_{i0}} \frac{I_{iT}}{I_{i0}}) \right] = \exp \left[\sum_i \frac{L\ (I_{iT},\ I_{i0})}{L\ (I_T,\ I_0)} \ln\ (\frac{E_T}{E_0}) \right]$$

$$= \exp \left[\sum_i \frac{E_{iT} - E_{i0}}{E_T - E_0} \frac{\ln\ (E_T/E_0)}{\ln\ (E_{iT}/E_{i0})} \ln\ (\frac{E_{iT}}{E_{i0}}) \right] = \exp \left[\ln\ (E_T/E_0) \sum_i \frac{E_{iT} - E_{i0}}{E_T - E_0} \right]$$

$$= \exp \left[\ln\ (E_T/E_0) \right] = E_T/E_0 = D_{Tot}$$

能源消费的完全分解性质得证。

对能源强度而言，将 f $(\omega_0,\ \omega_T)$ 定义为 $\omega_i = \frac{L(I_{iT},\ I_{i0})}{L(I_T,\ I_0)}$

则有 $D_{tot} = D_{str} \times D_{int}$

且，

$$D_{tot} = I_T/I_0$$

$$D_{str} = \exp \left[\sum_i \frac{L\ (I_{iT},\ I_{i0})}{L\ (I_T,\ I_0)} \ln\ (\frac{S_{iT}}{S_{i0}}) \right]$$

$$D_{int} = \exp \left[\sum_i \frac{L\ (I_{iT},\ I_{i0})}{L\ (I_T,\ I_0)} \ln\ (\frac{I_{iT}}{I_{i0}}) \right]$$

因此，

$$D_{str} \times D_{int} = \exp \left[\sum_i \frac{L\ (I_{iT},\ I_{i0})}{L\ (I_T,\ I_0)} \ln\ (\frac{S_{iT}}{S_{i0}}) + \sum_i \frac{L\ (I_{iT},\ I_{i0})}{L\ (I_T,\ I_0)} \ln\ (\frac{I_{iT}}{I_{i0}}) \right]$$

$$= \exp \left[\sum_i \frac{L\ (I_{iT},\ I_{i0})}{L\ (I_T,\ I_0)} \ln\ (\frac{S_{iT}}{S_{i0}}) + \ln\ (\frac{I_{iT}}{I_{i0}}) \right]$$

$$= \exp \left[\sum_i \frac{L\ (I_{iT},\ I_{i0})}{L\ (I_T,\ I_0)} \ln\ (\frac{S_{iT}I_{iT}}{S_{i0}I_{i0}}) \right]$$

$$= \exp \left[\sum_i \frac{I_{iT} - I_{i0}}{I_T - I_0} \frac{\ln(I_T/I_0)}{\ln(I_{iT}/I_{i0})} \ln(\frac{S_{iT}I_{iT}}{S_{i0}I_{i0}}) \right]$$

显然，由于 $I_T \neq S_{iT}I_{iT}$；$I_0 \neq S_{i0}I_{i0}$，因此上式不能做进一步化简，分解失败。

Ang 在提出 LMDI 分解法时并没有发现这个问题，也就没有对这他提出的四个选择原则作深入分析。但如果我们要进行能源强度分解的话，就不得不放弃具有良好性质的 LMDI 分解法。在解决方法出现以前，我们必须面临对"次优"的分解方法的选择。因此有必要对在对 Ang 的四个判定原则进行深入的探讨。

三、指数分解方法评价结论

综合前面的分析，参照 Ang 提出的分解方法选择标准，我们对能源强度指数分解方法综合评价如下。

(一) 慎重选择拉氏分解法

拉氏分解有其在分解分析历史上的重要地位，但随着对研究精度的不断提高，传统拉氏分解的粗略性越来越阻碍了其发展。而且，一方面，随着计算机技术的发展和普及，较复杂计算问题已经逐渐为研究者所忽视，拉氏分解法原先具有的优势也就不再明显了；另一方面，现在对分解结果要求越来越精确，拉氏分解法的残差问题也日益突出，由于其理论基础的局限，在这个问题上也很难再有大的突破，因此建议在做分解分析时尽量不再采取传统拉氏分解法。

前面已经证明基于拉氏分解法种的 Fisher 理想指数分解法能够完全分解。Fisher 理想指数分解法的理论基础是 Fisher 理想指数，具有指数性质，满足具有理论基础的条件；在适用性范围方面，Fisher 理想指数分解法可用于对时间序列数据和截面数据的分解，但其在处理零值和变异值上存在缺陷；就易用性而言，Fisher 理想指数分解法的多因素（三因素或四因素）分解表达形式与二因素分解存在较大不同，随着分解因素的增加，其表达形式越复杂，因此易用性较差；在结果的可解释性上，由于用这种方法分解的结果不存在残差，因此可解释性较强。此外，Fisher 理想指数分解法即可用于对能源消费的分解，也可用于对能源强度的分解。

综上，对于习惯于拉氏分解思想，在分解因素较少（最好只有两个因素），数据完整且无零值的情况，可以采用 Fisher 理想指数分解法。其他情况下应尽可能选择其他分解法代替。

(二) 选择性使用 ADW 分解法

ADW 分解是参数迪氏分解法中最复杂的形式，它依靠 PDM_1 和 PDM_2 自动确定参数，避免了人为主观因素，因此极大地提高了参数迪氏分解法的精度，使其分解残差小到可以忽略的程度。[①] 另外一个关键的因素是 ADW 分解法可以对能源强度进行分解，且在多因素分解中分解因素表达式结构对称，分解方程不会因为因素的增加而变得显著复杂。但是，这种方法对数据质量要求较高，不能处理零值。因此在要进行能源强度分解、数据完整的情况下，可以选择使用这种方法。

(三) 优先选择 LMD Ⅱ 分解法

LMD Ⅱ 能够同时满足 "Ang 四原则"，具有各种良好的性质。但如前所述，这种方法只能用于例如能源消费这种满足总体等于部分之和的变量的分解，不能用在对能源强度这类指标的分解上。当然，针对如能源消费量、二氧化碳排放量等分解对象而言，是目前所有分解方法中最优的方法。

---

① Ang（2007）在对 ADW、LMD Ⅱ、LMD Ⅲ 分解结果的比较中，显示了其很高的分解精度。在对美国制造业和交通运输业的能源消费分解结果比较中，ADW 分解精度与 LMD Ⅲ 相当，与 LMD Ⅱ 分解精度的差异在千分之一以内。

（四）参考使用其他分解方法

除了上述方法外，还有其他许多分解方法，这些分解方法部分满足"Ang 四原则"，但整体上看，它们在应用上不具有明显的优势。要么是残差项比较大，要么是使用范围有限，或者易用性较差，而且在整体上都能找到在适用范围内比它们更好的分解方法。例如，对参数迪氏分解法中的 AVE-PDM$_1$、AVE-PDM$_2$ 而言，ADW 拥有这两种方法的全部优点，且比它们的分解精度高，因此没有必要再选择这两种方法；对 LMD III 而言，这种方法能够完全分解不留残余，分解精度很高，但它不能处理零值、总体和部分的性质不具有一致性，而且它和 LMD II 一样不能对强度指标进行分解，因此也没有选择的必要。

但是，这并不是说其他分解方法就没有作用。具体表现在：在理论上，其他方法丰富了能源因素分解的研究，为分解方法的不断完善提供了理论参考和支持；在应用上，其他分解方法可以作为推荐方法分解结果的对照比较和检验。

四、指数分解方法应用步骤

根据指数分解方法选择的准则，我们可以进一步归纳出选择能源强度指数分解方法的两个步骤：

（一）确定分解对象

确定分解对象是选择分解方法的第一步。确定分解对象是根据研究的需要确定的，通常情况下，是对能源消费进行分解还是对能源强度进行分解并不是研究的主要目的，但常常由于研究者关注的重点不同或者一些其他原因，需要对分解对象进行限制和明确。在这种情况下，如果分解对象选择的是能源消费，首选的分解方法应该是 LMD II 法；如果分解对象是能源强度，则应该选择其他方法。当然，在对研究者而言选择对能源消费分解和能源强度分解意义都一样的情况下，我们建议采用将能源消费作为分解对象，这样一方面分解因素更完全，另一方面也是由于可以选择使用 LMD II 分解法，毕竟这种分解法具有更多的优良性质。

（二）确定分解因素

分析分解因素就是明确分解后因素的个数，如果是将分解对象（如能源强度）分解成两个因素，那么可以根据自己的习惯选择 Fisher 理想指数分解法或 ADW 分解法。如果分解因素有三个或三个以上，从简便的角度考虑，最好采用 ADW 分解法；但要追求分解结果的完美且不在乎计算过程的烦琐，也可采用修正的 Fisher 理想指数分解法（三因素以上的 Fisher 理想指数分解法）。

第四节　中国能源消费效率的实证分析

前面我们总结了目前已有的主要分解方法，并在前人研究的基础上提出了在实际应用中对指数分解方法选择的一般性准则和步骤。本节的另一个目的是研究中国的能源消费和能源效率变化问题。选择能源消费还是能源强度作为分解对象不会对本节的目的产生实质影响，因此按照分解方法的一般准则和步骤，我们选择能源消费作为分解对象，并选则 LMDⅡ法作为能源消费分解方法分析近年来不同因素对中国能源消费变化的影响及其变化特征。

一、我国一次能源消费强度分析

（一）我国能源总消耗及能源效率概况

改革开放 30 年来，我国经济保持着高速的增长态势。1990~2006 年，我国国内生产总值年均增长速度约为 9.5%。工业增加值占 GDP 比重呈稳步增加的态势，从 1990 年的 37%上升到 2006 年的 54%（按 1990 年不变价格）。与我国经济快速发展相伴的是能源消费量的迅速增加。我国一次能源消费总量由 1990 年的 9.87 亿吨标煤增加到 2006 年的 24.6 亿吨标煤。总体上，我国经济发展和能源消费具有以下几个特点：

第一，国民经济和能源消费总量上都保持着较快的增长速度。1990~2006 年，国内生产总值增加了 3.73 倍，同期能源消费量增加了约 1.5 倍。

第二，总体上能源消费增长速度低于经济增长速度，但能源消费弹性系数波动明显。1990~2006 年，能源消费弹性小于 1；但在 1996~1999 年，能源消费量出现了负增长；而从 2003 年开始，我国的能源消费弹性系数却出现了大幅回升，接近于 1；在 2003 年、2004 年两年，能源消费弹性系数甚至超过 1.5。

第三，不同能源品种消费增长幅度不同。其中，电力和天然气消费增长速度最快，2006 年比 1990 年分别增加了约 3.6 倍和 2.7 倍；石油和煤炭消费增长相对缓慢，分别增加了约 1.7 倍和 1.3 倍。

第四，工业是能源消费的主要部门。1990~2006 年，工业部门能源消费量占一次能源消费总量的比例大约为 70%，且近年来比重有提高的趋势。

第五，工业部门能源消费增长速度与一次能源消费总量增长速度基本保持一致。两者的相关系数达到 0.88。除 1991 年、1994 年和 1995 年三年外，其余 14 年的工业部门能源消费增长速度与总消费增长速度的差距都在 2 个百分点内。

衡量宏观能源效率的常用指标是能源强度以及其倒数——能源效率（也叫能源生产力）。能源强度越小，说明能源效率越高。图 7-1 是 1990 年以来我国能源效率和能源生产力的变化情况。

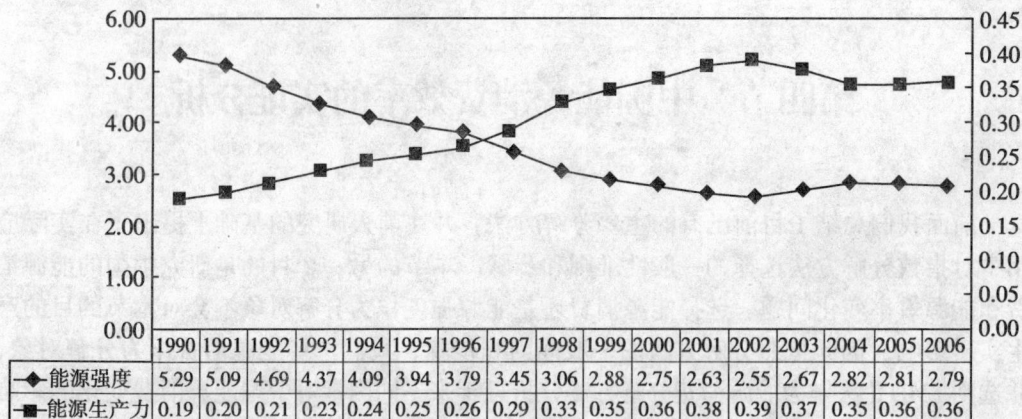

图 7-1　1990~2006 年我国总能源强度和能源生产力变化情况

注：以 1990 年为不变价，能源消费量为包括生活用能在内的总消费量。

可见，1990~2006 年，我国宏观能源使用效率的变化可以分成两个阶段：

第一阶段：1990~2002 年。这个阶段我国单位 GDP 能源消耗持续下降，能源生产力不断提高。以 1990 年 GDP 为不变价计算，每万元 GDP 能耗从 5.29 吨标准煤降低到 2002 年的 2.55 吨标准煤。能源生产力则提高了 1.07 倍。

第二阶段：2003~2006 年。这个阶段我国单位 GDP 能耗有所上升，能源生产力有所下降。2006 年，每万元 GDP 能耗为 2.79 吨标准煤，与 2000 年水平基本相当。

从绝对数据上来看，1990 年以来我国的能源效率有了很大的提高。但与发达国家相比，我国的能耗强度还有很大的下降空间（吴巧生、成金华，2006）。

（二）我国 1990~2006 年能源总消耗分部门分解

能源总消费包括产业部门能源消费和生活能源消费。其中，产业部门是对 GDP 直接贡献的部门，包括第一、二、三产业部门；生活能源消费主要是居民在生活中耗费的能源量。因此，在分析能源消费与经济增长的关系时除去生活能源消费部分。为了分析方便，我们把国民经济分成农业、工业、建筑业、运输交通仓储邮电业和商业及其他服务业五个部门，并按照这个结构对我国能源总消费进行分解分析，考察各种因素对我国能源消费总量变化的影响作用。

按照 LMDⅡ分解法，我们可以将产业部门用能的变化原因分解成经济的增长、产业结构的变化以及各产业自身能源效率的变化三个因素。为了研究这三个因素对能源消费的影响程度及其变化趋势，我们对每年生产能源消费的变动都将进行分解，乘法、加法分解结果见表 7-2、表 7-3。

从整体情况看，1990~2006 年产业部门能源消费量增长了 2.66 倍，而同期能源强度却下降了 43.5%。在能源消费变化的因素贡献方面，由于产出的提高增加能源消费 21.84 亿吨标煤，产出效应为 472%；由于产业结构变动增加能源消费 3.7 亿吨标煤，结构效应为 129.9%；由于能源使用效率提高而减少能源消费 11.73 亿吨标煤，效率效应为 43.5%。因此，就能源消费变化贡献因素来看，产出因素贡献作用最大，其次为经济结

表 7-2　1990~2006 年我国全部产业耗能 LMD II 乘法分解结果

年　份	能源强度下降速度	总效应	产出效应	结构效应	效率效应
1990~2006	0.435	2.6643	4.7166	1.2993	0.4348
1990~1995	0.219	1.3923	1.7828	1.1840	0.6596
1995~1996	0.045	1.0503	1.1000	1.0164	0.9394
1996~1997	0.081	1.0047	1.0930	1.0127	0.9077
1997~1998	0.103	0.9673	1.0780	1.0080	0.8902
1998~1999	0.064	1.0068	1.0760	1.0076	0.9286
1999~2000	0.047	1.0335	1.0840	1.0079	0.9460
2000~2001	0.046	1.0330	1.0830	1.0021	0.9518
2001~2002	0.028	1.0603	1.0910	1.0034	0.9686
2002~2003	−0.050	1.1553	1.1000	1.0131	1.0367
2003~2004	−0.065	1.1729	1.1010	1.0103	1.0545
2004~2005	0.005	1.0988	1.1040	1.0071	0.9883
2005~2006	0.006	1.1048	1.1110	1.0083	0.9863

资料来源：根据《中国统计年鉴》（1993~2007）数据计算。

表 7-3　1990~2006 年我国全部产业用能 LMD II 加法分解结果（万吨标煤）

年　份	总效应	产出效应	结构效应	效率效应
1990~2006	137977.99	218396.38	36865.34	−117283.73
1990~1995	32526.30	56821.43	16594.18	−40889.31
1995~1996	5803.76	11275.10	1925.62	−7396.97
1996~1997	570.64	10802.76	1532.95	−11765.07
1997~1998	−3983.78	8995.16	957.89	−13936.84
1998~1999	795.82	8657.74	890.14	−8752.06
1999~2000	3970.93	9726.46	944.81	−6700.34
2000~2001	4043.33	9934.82	266.76	−6158.25
2001~2002	7638.29	11358.15	436.18	−4156.04
2002~2003	20854.88	13766.06	1875.78	5213.04
2003~2004	26821.55	16181.88	1721.85	8917.82
2004~2005	17979.84	18876.92	1357.19	−2254.26
2005~2006	20956.42	22128.70	1737.71	−2909.99

资料来源：根据《中国统计年鉴》（1993~2007）数据计算。

构变动，能源效率提高作用最小。

从年度变化情况来看，在 1990~2006 年，我国能源强度下降速度大致经历了一个由慢到快，再由快到慢的过程。[①] 其中能源强度下降最快的是 1997~1998 年，下降速度为 10.3%。从 1998 年开始，下降速度开始逐年减慢，到 2002 年和 2003 年，下降速度分别

[①] 由于缺少 1991~1994 年的数据，年度变化情况只对 1995~2006 年进行分析。

为–5%和–6.5%，表明这两个年度单位 GDP 能耗出现了提高的现象。它们的图像很好地说明了能源消费变化总效应与三种效应之间的关系（见图 7-2）。

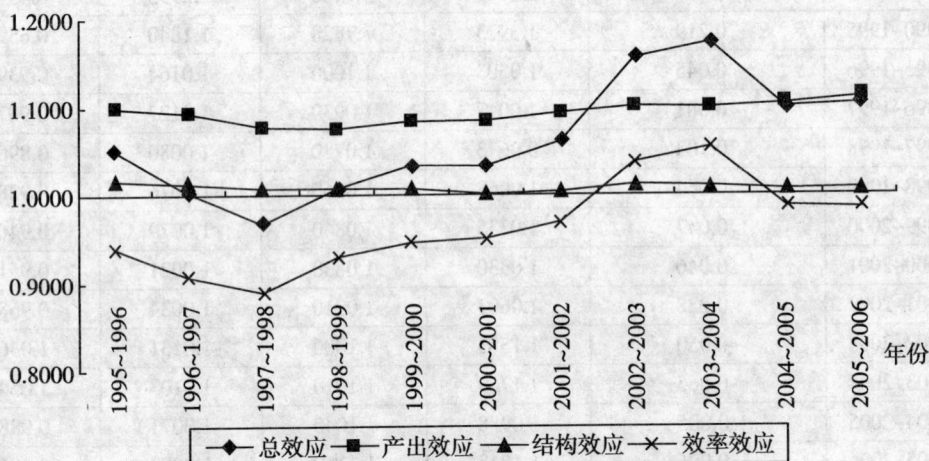

图 7-2　1995~2006 年影响中国能源消费变动的各种影响效应

从图 7-2 可以看出，在研究期内，我国能源消费的效率效应与总效应的变化趋势比较一致，是能源消费变化主要影响因素；而产出效应和结构效应的变化在形状上比较类似，二者都比较平缓，对总效应的变化趋势的作用方向不明显。同时，从图中还可看出，2002 年和 2003 年我国能源强度不降反升这一现象主要是由各部门能源效率降低导致的，与经济结构变化关系不大。这一分析结果与大多数研究中国能源效率问题的学者得到的结果相同（孙鹏，2005；吴巧生，2006；彭源贤，2007；高振宇，2007 等）。

二、工业部门能源消耗强度分析

从我国的经济发展阶段和产业经济结构来看，目前我国正处于全面工业化以及产业转型时期，工业还将在未来相当一段时期内成为推动我国经济发展的主要力量。同时，工业又是能源消耗的主要部门。因此，我国能源效率提高的重点应该是提高工业部门的能源效率。

（一）工业部门能源消耗及能源效率总体情况

1990~2006 年，我国工业增加值从 1990 年的 8087 亿元增长到 2006 年的 47646 亿元（按 1990 年不变价格），共增长了 5.9 倍。与此同时，工业部门能源消耗从 6.76 亿吨标煤增加到 17.5 亿吨标煤，只增加了 1.6 倍。可见在这段时期内，工业部门的能源效率有显著的提高，单位工业增加值能耗从 9.85 吨标煤/万元降低到 1.92 吨标煤/万元。总体上，工业部门能源效率变化趋势与 GDP 能源效率变化趋势类似。但在 1994 年之前，工业部门能源效率提高速度显著快于总能源效率的提高速度；而在 1994~2002 年，二者变化趋势较一致。这表明在 1990~1994 年和 2002~2006 年之间，其他部门的能源效率因素抵消了部分工业部门能源效率提高对总能源效率的影响，而造成这两段时间内其他部门的影响因素也不尽相同。

（二）工业部门能源强度分解分析

1. 数据及测算结果

我们选择 1992~2006 年工业部门数据进行能源消费效率分析。在工业部门分类上，由于行业能源消费数据不完整。为了减少分解误差，我们选择除"木材及竹材采运业"外其他 36 个行业数据。又由于工业部门的统计口径 1998 年后发生了变化，为了数据的可比性，我们对 1998 年以后的工业全行业增加值进行了估算，并利用分行业工业品出厂价格指数将全部增加值换算成 1990 年的不变价格。

表 7-4 利用 LMDⅡ法对 36 个工业行业能源消耗进行乘法分解的结果：总效应表示计算期内能源消耗量的变动比例；产出效应表示产出变动对能源消耗变动比例的贡献率；结构效应表示 36 个工业行业结构变动对能源消耗变动比例的贡献率；效率效应表示各行业能源效率变动对能源消耗变动比例的贡献率。表 7-5 是 LMDⅡ加法分解的结果：总效应表示计算期内工业能源消耗量的变动量；产出效应表示由于产出变化导致能源消耗量的变化；结构效应表示由于 36 个工业行业结构变动引起能源消耗量的变化；效率效应是指各工业行业能源效率的变化引起工业能源消耗量的变化。

表 7-4　中国 1992~2006 年工业分行业能源消耗 LMDⅡ乘法分解结果

年　份	总效应	产出效应	结构效应	效率效应
1992~2006	3.70	7.93	0.90	0.52
1992~1993	1.56	1.29	0.91	1.33
1993~1994	1.10	1.07	1.21	0.85
1994~1995	1.18	0.92	1.00	1.28
1995~1996	1.04	1.13	0.97	0.95
1996~1997	1.00	1.09	0.98	0.93
1997~1998	0.95	1.70	1.00	0.56
1998~1999	0.98	1.12	0.98	0.89
1999~2000	1.03	1.10	1.00	0.94
2000~2001	1.03	1.12	0.99	0.93
2001~2002	1.06	1.12	0.98	0.96
2002~2003	1.17	1.25	1.01	0.93
2003~2004	1.18	1.08	1.05	1.05
2004~2005	1.10	1.38	0.98	0.82
2005~2006	1.11	1.20	0.99	0.94

资料来源：根据《中国统计年鉴》（1993~2007）数据计算。

表 7-5　中国 1992~2006 年工业分行业能源消耗 LMD II 加法分解结果（万吨标煤）

年　份	总效应	产出效应	结构效应	效率效应
1992~1993	26470.37	15342.33	−5551.24	16679.29
1993~1994	7112.53	5221.83	14302.49	−12411.79
1994~1995	14188.09	−7008.85	−75.40	21272.34
1995~1996	4070.75	11676.63	−3021.42	−4584.46
1996~1997	−279.45	8445.88	−1764.64	−6960.69
1997~1998	−5391.03	50619.11	−109.79	−55900.35
1998~1999	−1700.84	10530.91	−1649.94	−10581.81
1999~2000	2553.74	8454.01	−146.08	−5754.19
2000~2001	2855.65	10569.71	−935.39	−6778.67
2001~2002	5798.15	11340.14	−1941.80	−3600.19
2002~2003	17610.52	24487.59	1540.96	−8418.04
2003~2004	21718.68	9724.94	6108.56	5885.18
2004~2005	14697.99	47832.92	−2657.54	−30477.38
2005~2006	17017.89	29917.86	−2384.44	−10515.53
1992~2006	126723.04	200517.07	−10402.62	−63391.41

资料来源：根据《中国统计年鉴》（1993~2007）数据计算。

　　计算结果表明，我国工业部门 2006 年的能源消耗量是 1992 年的 1.11 倍，增加了 12.67 亿吨标煤，其中由于产出增加使得工业部门能源消耗量增加了 20.1 亿吨标煤；工业结构的变化使得能源消耗减少了 1.04 亿吨标煤，结构变化的贡献作用为 14.1%；各工业行业能源效率提高减少了能源消费 6.34 亿吨标煤，各行业效率变化的贡献作用为 85.9%。

　　此外，我们还计算了 36 个工业行业 1992~2006 年工业行业产出变化和能源消耗结构的变化情况，以助于从多种角度分析工业的能源消耗的变动情况。

　　2. 测算结果分析

　　（1）不同行业能源效率变换存在较大差异。总体上看，工业部门各行业能源效率是在提高，但这并非是所有行业的规律。图 7-3 用 36 个行业 2006 年的能源强度与 1992 年的比值，以反映每个行业能源强度变化。结果显示，与 1992 年相比，有 31 个行业的能源强度下降，其中下降超过 50% 的行业有 28 个，占 90.3%。但是，仍有 5 个行业 2006 年的能源强度比 1992 年高，其中印刷业和记录媒介的复制与黑色金属冶炼及压延两个行业的能源强度甚至比 1992 年提高了 2 倍多。尽管图 7-3 所表示的变化关系是很粗略的，但这也大致反映出各行业在提高能源效率的能力上存在差异。

　　（2）各行业能源效率提高是工业能源消耗减少的主要因素。根据表 7-5 可得出，1992~2006 年，工业行业结构变化和各能源效率的提高对工业能源效率的提高都有积极的正向作用，同时分行业能源效率的提高对工业能源消费量减少的作用远大于工业结构变化的作用。图 7-4 为我们展示了 1992~2006 年产出效应、结构效应和效率效应对工业能源消费的作用强度大小及变化。从图 7-4 中可以看出，产出效应除了在 1994 年、

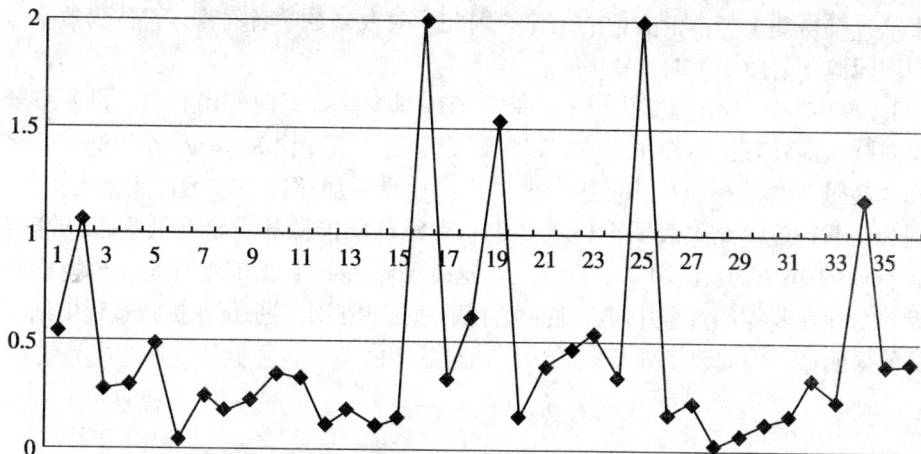

图 7-3　2006 年与 1992 年 36 个工业行业能源强度之比

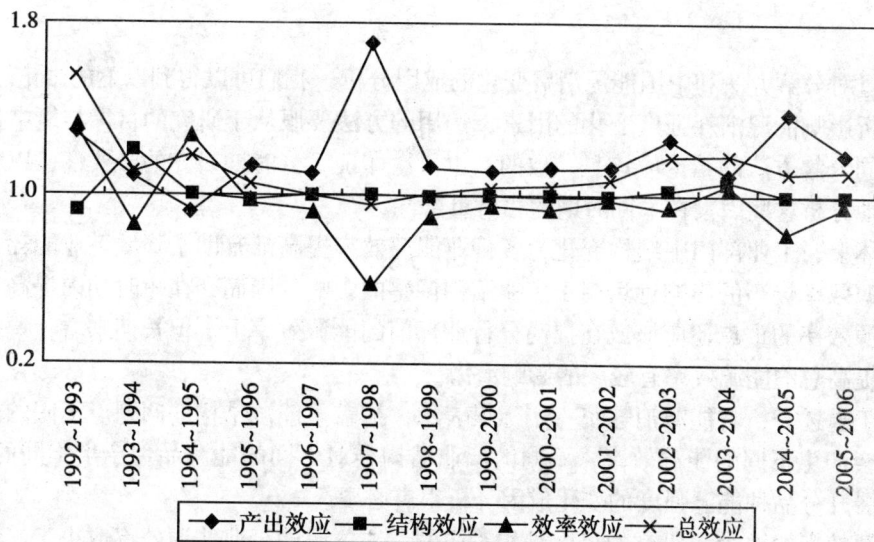

◆—产出效应　■—结构效应　▲—效率效应　×—总效应

图 7-4　1992~2006 年工业能源消耗变动各影响因素效应

1995 年小于 1 外，其他年度一直在 1 的上方。这同工业增加值变化规律具有一致性；[①] 结构效应的波动较小，一直维持在 1 附近；效率效应波动则较大，尤其是在 1997 年、1998 年度出现了大幅下降。学术界对 1998 年的能源效率效应的突变上已经有了很多的原因分析和争论，这里不再讨论。

　　不同学者研究为我们展现了不同的结果：[②] 世界银行的一份报告认为中国能源消费量的降低中有 35%~45% 是由结构调整所贡献的，能源效率因素的贡献率为 55%~65%。但是 Richard et al.（1999）、周鸿等（2005）、Zhang Zhongxiang（2001）等各自采用不同的

---

　　① 1994 年我国实际工业增加值是下降的，表现在能源消耗的产出效应中小于 1。
　　② 由于分析的时间段不同，分析结论有可能会存在一些差别。因此，对 1990 年前的分析，这里仅介绍其研究结论，不对其作分析比较。但笔者认为本节与对 1990 年后数据分析的文献在结论具有可比性。

分析方法，都得到了与本节类似的结论。因此，对大多数学者而言，都认为效率效应是降低中国能源总消费变化的主要因素。

（3）1992~2006 年结构变化对工业能源消耗减少具有正向作用。为了进一步验证结构调整对降低能耗有正向作用，我们以各行业产出比重变化为 30%[①] 作为标准，将产出比重降低超过 30%的行业视为萎缩行业，产出比重增加超过 30%的行业视为扩张行业，其他视为正常行业。结果表明，15 个萎缩行业消耗的能源却占整个工业耗能的 41.1%，比扩张行业的 16.2%高出 24.9 个百分点，这说明萎缩行业比扩张行业的消耗能源比重大，萎缩行业在萎缩的过程中减少能源消耗的效果也要比扩张行业扩张过程中增加能源消耗的效果明显。因此，工业行业结构变动对总的能源消费降低具有正的影响效果。

第五节 结 论

通过对分解方法和中国能源消费变化的成因分析，我们可以得到以下的结论。

分析影响能源消耗强度变化的因素，选用的方法要服从于研究的目标与所掌握的数据，不同分解方法的结论应该是一致的；也再次印证了分时期研究的必要性，以利于更加准确地分析这些因素在不同时期的相对重要性。

总体上，工业部门中结构变化与各行业能源效率提高都有助于降低工业能耗，但分行业能源效率提高的影响远远高于工业结构调整的影响。因而，在短时期内提高工业行业的能源效率的重点还应该放在提高分行业部门的能源效率上。但长期来看，调整产业结构对提高总的能源效率有较大的影响潜力。

由于上述分析将能源消耗统一用标煤表示，掩盖了能源结构的问题。不同的能源品种结构会产生不同的能源效率，不同的产业结构会对不同的能源品种产生不同的需求。因而，展开分品种能源强度的变化成因分析很有必要。

能源效率的概念与研究的尺度是相对应的，二位码的行业能源效率取决于三位码的部门能源效率及其产业结构。可见，提高行业整体能源效率与部门产业结构的变动是密切联系的。

参考文献

1. B. W. Ang, Decomposition analysis for policymaking in energy: which is the preferred method? *Energy Policy*, 2004（32）：1131-1139

2. B. W. Ang, The LMDI approach to decomposition analysis: a practical guide, *Energy Policy*, 2005（33）：867-871

3. B. W. Ang, Choi, K. H.,. Decomposition of aggregate energy and gas emission intensities for industry: a refined Divisia index method. *Energy Journal*, 1997, 8（3）：59-73

---

① 当然这里以 30%为划分标准并不具有任何科学性，选择这个数字仅为了分析方便。事实上，如果以 20%或40%为标准，我们也可以得到相同的结论。

4. B.W. Ang, F. L. Liu. A new energy decomposition method: perfect in de-composition and consistent in aggregation. *Energy*, 2001, 26 (6): 537 –548

5. B. W. Ang, F. L. Liu, Hyun-sik Chung. A generalized Fisher index approach to energy decomposition analysis, *Energy Economics*, 2004 (26): 757–763

6. B. W. Ang, F.L.Liu, E.P. Chew. Perfect decomposition techniques in energy and envi ronmental analysis, *Energy Policy*, 2003 (31): 1561–1566

7. B. W. Ang, Na Liu. Decomposition analysis: IEA model versus other methods, *Energy Policy*, 2007 (35): 1426–1432

8. B.W. Ang , Zhang , F. Q. , Choi , K. H. Factorizing changes in energy and environmental indicators through decomposition. *Energy*, 1998, 23 (6): 489–495

9. B.W. Ang, Zhang, F. Q. A survey of index decomposition analysis in energy and envi ronmental studies. *Energy*, 2000, 25 (12): 1149–1176

10. Boyd, G., McDonald, J.F., Ross, M., Hanson, D.A., Separating the changing composition of US manufacturing production from energy efficiency improvements: a Divisia index approach. *Energy Journal* 1987, 8 (2): 77–96

11. Chun-Chu Liu, A study on decomposition of industry energy consumption, *International Research Journal of Finance and Economics*, 2006

12. Gale A. Boyd, Joseph M. Roop. A note on the Fisher Ideal Index Decomposition for structural change in energy intensity. *Energy Journal*, 2004 (25): No.1

13. Myers, J. and L. Nakamura. Saving Energy in Manufacturing. Cambridge, MA: Ballinger. 1978

14. Richard F Garbaccio, Mun S H, W Jorgenson. Why has the energy-output ratio fall en in China? *Energy Journal*, 1999 (25): No.1

15. J . W. Sun. Changes in energy consumption and energy intensity: a complete decomposition model. *Energy Economics* 1998 (20): 85–100

16. Zhongxiang zhang. Why did the energy intensity fall in China's industrial sector in the 1990s? In East-West working paper. 2002

17. 高振宇、王益:《我国生产用能源消费变动的分解分析》,《统计研究》,2007 年第 3 期。

18. 韩智勇、魏一鸣、范英:《中国能源强度与经济结构变化特征研究》,《数理统计与管理》,2004 年第 11 期。

19. 胡萌:《再论我国能源强度降低问题》,《统计研究》,2006 年第 3 期。

20. 蒋金荷:《提高能源效率与经济结构调整的策略分析》,《数量经济技术经济研究》,2004 年第 10 期。

21. 马晓微、刘兰翠:《中国区域产业终端能源消费的影响因素分析》,《中国能源》,2007 年第 7 期。

22. 彭源贤、张光明:《中国能源消费效率提高因素分析:1995—2003——产业结构和真实效率,谁更重要》,《生产力研究》,2007 年第 10 期。

23. 孙鹏、顾晓薇、刘敬智、王青:《中国能源消费的分解分析》,《资源科学》,2005年第 5 期。

24. 王庆一:《中国的能源效率及国际比较》,《节能与环保》,2003 年第 8 期。

25. 王玉潜:《能源消耗强度变动的因素分析方法及其应用》,《数量经济技术经济研究》,2003 年第 8 期。

26. 王玉潜:《能源消耗强度的直接因素分析与完全因素分析的比较》,《学术论坛》,2003年第 9 期。

27. 王玉潜:《基于投入产出方法的能源消耗强度因素模型》,《中南财经政法大学学报》,2005 年第 6 期。

28. 吴滨、李为人:《中国能源强度变化因素争论与剖析》,《中国社会科学院研究生院学报》,2007 年第 2 期。

29. 吴巧生、成金华：《中国能源消耗强度变动及因素分解：1980—2004》，《经济理论与经济管理》，2006 年第 10 期。

30. 徐国泉、刘则渊、姜照华：《中国碳排放的因素分解模型及实证分析：1995—2004》，《中国人口、资源与环境》，2006 年第 6 期。

31. 张瑞、丁日佳：《中国能源强度变动因素分析》，《中国矿业》，2007 年第 2 期。

32. 周鹏、B.W.Ang、周德群：《基于指数分解分析的宏观能源效率评价》，《能源技术与管理》，2007年第 5 期。

33. 周勇、李廉水：《中国能源强度变化的结构与效率因素贡献——基于 AWD 的实证分析》，《产业经济研究》，2006 年第 4 期。

（本章作者：蒋金荷、徐波）

第八章 新中国成立以来财政与收入分配关系研究

——不同发展战略下的理论与经验实证

第一节 新中国成立以来我国财政对收入分配状况影响的理论分析

新中国成立以来，我国经济社会发展战略的演变大致可以分为三个阶段：①新中国成立初期至十一届三中全会之前的"赶超战略"阶段；②十一届三中全会至 2002 年十六大召开，这期间解决了温饱问题，人民生活基本达到小康水平，这一阶段可以称为"脱贫战略"阶段；③十六大以来，中央的战略重点转向可持续发展，先后提出了转变经济增长方式、科学发展观、全面建设小康社会等一系列战略目标，其核心最后都落实到社会主义和谐社会的构建，因此不妨称之为"和谐社会构建战略"阶段。① 在每个阶段中，财政的职能定位、对收入分配的影响机制和影响程度都有所不同。本章将通过数理分析，尝试着对各阶段财政对收入分配的影响机制进行刻画。

一、赶超战略下的作用机制分析

(一) 赶超战略下的生产与分配

赶超战略下，财政实现统收统支，其目的是为了在全国范围内更为有效地进行积累。其主要机制是通过扭曲价格的方式，尽可能压低劳动回报，提高资本回报，使得农业及其他劳动密集型产业的劳动剩余尽可能地转移到资本密集型的重工业领域，用于重

---

① 本节划分的"脱贫战略"阶段和"构建和谐社会战略"阶段是在邓小平现代化发展"三步走"战略基础上进行的划分。三步走战略具体是：第一步，从 1981~1990 年，国民生产总值翻一番，实现温饱；第二步，从 1991 年到 20 世纪末，再翻一番，达到小康；第三步，到 21 世纪中叶，再翻两番，达到中等发达国家水平。前两步在 2000 年左右已经实现，因为是从未彻底解决温饱发展到生活基本小康、基本摆脱贫困，所以本书将这两个阶段合并，称之为"脱贫战略"阶段。十六大开始，中央正式提出全面建设小康社会目标，并在十六届四中全会、六中全会中正式确立了构建社会主义和谐社会战略目标。这些都可以看做是现代化战略第三步的具体深化，不妨将这一阶段称为"构建和谐社会战略"阶段。

工业的资本积累和扩大再生产。

假定整个经济体的生产服从规模报酬不变的柯布—道格拉斯（Cobb-Douglas）函数：

$$Y_t = AK_t^{\alpha} L_t^{1-\alpha} \tag{8-1}$$

式（8-1）中 α 和 $1-\alpha$ 分别代表资本和劳动的边际产出，t 表示某一时点。

根据马歇尔新古典边际分配理论，在不存在价格扭曲的前提下，劳动和资本的单位报酬应等于其边际产出，于是有：

$$Y_t^{ko} = \alpha Y_t$$

$$Y_t^{ko} = (1-\alpha) Y_t \tag{8-2}$$

在赶超战略阶段，劳动所得基本由国家计划事先规定，单位劳动的所得可以假定为固定不变，即工资率为 w，而且有 $w < (1-\alpha) Y_t/L_t$。而公有制的经济基础决定了国民收入的其余部分都归国家所有并全部用于进一步的积累，因此，从某种意义上讲也可以看做是资本所得，即

$$Y_t^l = wL_t, \quad w < (1-\alpha) Y_t/L_t$$

$$Y_t^k = Y_t - Y_t^l \tag{8-3}$$

公有制的经济结构意味着居民的收入来源只能依靠自身的劳动力要素。与此同时，初次分配中的上述安排意味着居民（劳动者）收入水平处于较低水平并长时间维持基本不变。至于收入分配差距则取决于劳动力要素占有的差距，因此大体处于平均分配的状态。

（二）赶超战略下的资本积累及增长路径

假定资本的折旧率为 δ，那么每一期的新增资本和储蓄（积累）率可以表示为：

$$\dot{K}_t = Y_t^k - \delta K_t = Y_t - Y_t^l - \delta K_t \tag{8-4}$$

$$s_t = (Y_t - Y_t^l)/Y_t = 1 - Y_t^l/Y_t = 1 - wL_t/Y_t \tag{8-5}$$

根据索洛增长模型的动态方程，即

$$\dot{k}_t = s_t f(k_t) - (n+g+\delta) k_t \tag{8-6}$$

式 8-6 是索洛新古典增长模型的关键方程。它表明，单位有效劳动的资本存量 (k_t)[1] 的变动率 $(\dot{k}_t)$ 是由每单位有效劳动的平均实际投资 sf（k）和持平投资（Break-even Investment）$(n+g+\delta)$ k 这两项之差所决定的。在索洛模型中，储蓄率（积累率）s_t 是外生给定的，不同储蓄率下的均衡单位有效劳动资本存量 k^* 会有所不同（见图 8-1）。[2]

根据我们的假设，国民收入中劳动收入以外的其他部分均用作积累，这样每一期的积累率与上一期会有所不同。根据式 8-5，我们可以推导出 t+1 期积累 s_{t+1} 的表达式，见下面的式 8-7。

---

[1] k=K/AL，即单位有效劳动资本存量。
[2] 即实际投资与持平投资相等，单位有效劳动资本存量变动率为零时的单位资本存量。

$s_{t+1} = 1 - wL_{t+1}/Y_{t+1}$

$\qquad = 1 - \left[(1+n)/(1+g)(1+s_t)^{\alpha}(1+n)^{1-\alpha}\right] \cdot (wL_t/Y_t)$

$\qquad = 1 - \left[(1+n)/(1+g)(1+s_t)^{\alpha}(1+n)^{1-\alpha}\right] \cdot (1-s_t)$

$\qquad = 1 - \left[((1+n)/(1+s_t))^{\alpha}(1+g)\right] \cdot (1-s_t)$　　　　　　(8-7)

从式 8-7 可以看出：①当且仅当 $((1+n)/(1+s_t))^{\alpha}/(1+g) = 1$ 时，积累率才能保持不变；②通常情况下，劳动的自然增长率都会低于积累率，这意味着 $((1+n)/(1+s_t))^{\alpha}/(1+g) < 1$，$s_{t+1} > s_t$（见式 8-8），即随着时间的变化积累率 s 会不断提高。

$s_{t+1} = 1 - \left[((1+n)/(1+s_t))^{\alpha}/(1+g)\right] \cdot (1-s_t) > 1 - 1 \cdot (1-s_t) = s_t$　　(8-8)

从图 8-1 可以看出，积累率 s 的不断提高意味着单位有效劳动资本存量的不断提高。当假定技术进步不变时，即意味着单位劳动资本存量的不断提高。而这恰恰也是赶超战略下，压低工资收入，抑制消费的必然结果。

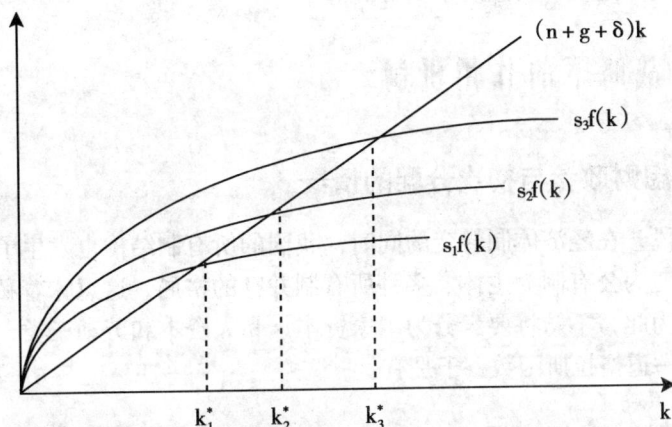

图 8-1　不同储蓄率下的均衡单位有效劳动资本存量

在单位有效劳动资本存量及单位劳动资本存量不断提高的同时，单位劳动产出（也即人均产出）Y/L 也会相应地发生变化。

在索洛新古典增长模型中，$Y/L = Af(k)$，k 不变时，Y/L 将以 g 的速度增长，即技术进步的速度。当 k 增长，即 $\dot{k} > 0$，k 尚未达到均衡水平 k^* 时，Y/L 将以大于 g 的速度增长，直到 k 达到均衡水平 k^* 后，Y/L 的增长速度才回落为 g。在赶超战略中，固定的劳动收入会带来积累率 s 的不断提高（见式 8-8），并带来 k 及 k^* 的不断提高。在这种情况下，$\dot{k}$ 会长期处于大于零的状态，Y/L 的增长速度相应地也将高于 g（见图 8-2）。

（三）小结

前面结合 C-D 函数和索洛新古典模型，利用数理模型和图示的方式对我国赶超战略下的分配方式、资本积累及增长路径进行了刻画。根据前面分析可以就赶超战略阶段实施的统收统支等财政措施产生的影响得出以下几点结论：一是统收统支的财政体制与公有制等一系列制度相配合，使得这一时期的居民收入被长期压抑在较低水平，当然居民

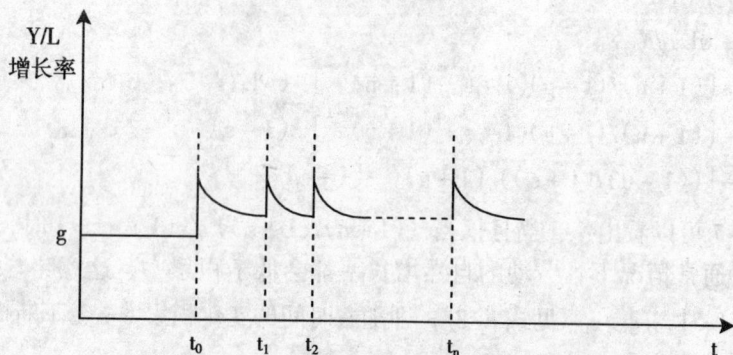

图 8-2　积累率不断提高情况下的人均产出路径

收入分配比较平均；二是初次分配中的扭曲在压抑居民收入的同时也加快了资本的积累速度，人均资本得以不断提高；三是在人均资本不断提高的过程中，人均产出以高于自然增长率（技术进步速度）的速度不断提高。

二、脱贫战略下的作用机制

（一）不考虑财政参与初次分配的情景

脱贫战略阶段，在经济体制转变的同时，我国的所有制结构也发生了巨大变化，由单一的公有制演变为公有制为主体、多种所有制并存的格局，这意味着私人部门也开始拥有资本要素。为此，不妨将要素分为国家资本、私人资本和劳动三类，并假定社会生产同样服从柯布—道格拉斯函数，于是有：

$$Y_t = A K_{st}^{\alpha} K_{pt}^{\beta} L_t^{1-\alpha-\beta}$$

（8-9）

式 8-9 中 α、β 和 $1-\alpha-\beta$ 分别为国家资本、私人资本和劳动的产出份额，社会生产服从规模报酬不变。

脱贫阶段，正是我国经济体制由传统的计划体制逐步向市场体制过渡的阶段，统收统支的财政体制得到根本性改变，放权让利成为财政改革的主要原则。要素分配不再完全由计划所事先规定，而是逐步由市场行为决定。计划体制下的要素价格扭曲现象也得到逐步矫正，但扭曲依然存在，具体表现为初次分配中向资本要素的倾斜，即劳动分配份额小于其贡献份额。不妨先讨论国家初次分配份额为零的特殊情形。在初次分配扭曲的情况下各要素的分配状况如下：

$$Y_t^{sK} = \alpha' Y_t, \quad Y_t^{pK} = \beta' Y_t, \quad \alpha' = (1+r^s)\alpha, \quad \beta' = (1+r^p)\beta$$

$$Y_t^{L} = (1-\alpha'-\beta') Y_t, \quad 0 < \alpha'+\beta' < 1, \quad r^s > 0, \quad r^p > 0$$

（8-10）

为了分析脱贫战略下初次分配扭曲对收入分配状况的影响，不妨进行如下假定：①全社会每一户居民拥有一个单位的劳动要素，总的劳动要素为 L_t。②所有居民分为两类，一类居民只拥有劳动力要素，记其收入为 H^l，另一类居民则既有劳动力要素又有资本要素，记其收入为 H^k。第二类居民拥有的劳动要素为 θL_t，即这类居民占所有居民的

比重为 θ。③劳动的要素收入正好用于居民消费，而居民的资本要素收入则用来积累进行扩大再生产。此外，国有资本收益也全部用于积累，这样整个经济体的积累率（储蓄率）为 $\alpha' + \beta'$。④居民收入差距可以利用两类居民收入差距来衡量，记为 H^k/H^l。于是将初次分配转换为（规模性）收入状况。根据式 8-10 有：

$$H_t^l = \frac{Y_t^L}{L_t} = (1 - \alpha' - \beta') \frac{Y_t}{L_t} \tag{8-11}$$

$$H_t^k = \frac{Y_t^{PK}}{\theta L_t} + H_t^l = \frac{\beta'}{\theta} \frac{Y_t}{L_t} + H_t^l \tag{8-12}$$

$$\frac{H_t^k}{H_t^l} = \frac{\beta'}{\theta (1 - \alpha' - \beta')} + 1 = \frac{(1 + r^p) \beta}{\theta (1 - (1 + r^s)\alpha - (1 + r^p)\beta)} + 1 \tag{8-13}$$

式 8-11 大致能代表全社会收入的一个基准水平，而式 8-13 则能从很大程度上反映居民收入差距的情况。对式 8-11 进行变形得：

$$H_t^l = (1 - \alpha' - \beta') \frac{Y_t}{L_t} = (1 - \alpha' - \beta') A f_\cdot(k) \tag{8-14}$$

根据本节第一部分的分析可知，k 的变化取决于积累率的变化。当积累率 $s = \alpha' + \beta'$ 保持不变时，Y/L 将保持 g 的增长速度，相应的 H^l 也将保持 $(1 - \alpha' - \beta') g$ 的增长速度。脱贫战略实施的过程也是我国要素初次分配中的扭曲得到逐步矫正的过程，α'、β' 逐步变小直到回归到正常的产出份额 α、β 为止。储蓄率（积累率）s 相应地也将逐步降低，每一次降低都会导致 $\dot{k} < 0$，并在更低水平上形成新的均衡单位有效劳动资本存量 k^*。对于 Y/L 来说，其增长速度将在原有水平 g 的基础上出现短暂的下调，然后又逐步回归到 g。而对于 H^l 来说，其增长速度由 $1 - \alpha' - \beta'$ 和 Y/L 两部分的变化共同决定。于是 H^l 增长速度将呈现两种变化：一是会随着 Y/L 作出下弹回归的调整；二是由于 α'、β' 的降低和 $1 - \alpha' - \beta'$ 的上升，下弹回归的终点将不再是原先的增长速度 $(1 - \alpha_0' - \beta_0') g$，而变为更高水平的 $(1 - \alpha_t' - \beta_t') g$。上述变化可以用图 8-3 来表示。

在收入分配差距方面，根据式 8-13 可知，决定差距的参数主要是扭曲程度 r^s、r^p，拥有私人资本的居民比例 θ，以及资本的正常产出份额 α、β。资本产出份额 α、β 基本可以假定不变，这样收入差距的大小就主要取决于要素价格的扭曲程度和拥有资本要素的居民比例这两个因素，扭曲程度越大、拥有资本要素居民的比例越低，全社会居民收入差距就越大。

（二）考虑财政参与初次分配的情形

在脱贫战略阶段，财政的主导原则是放权让利，增加对微观主体的激励。放权让利主要体现在微观主体（企业、个人等）的一种剩余索取权，或者说前面提到的通过市场和价格的机制参与国民收入的初次分配。与此同时，国家也会通过税收等方式参与初次

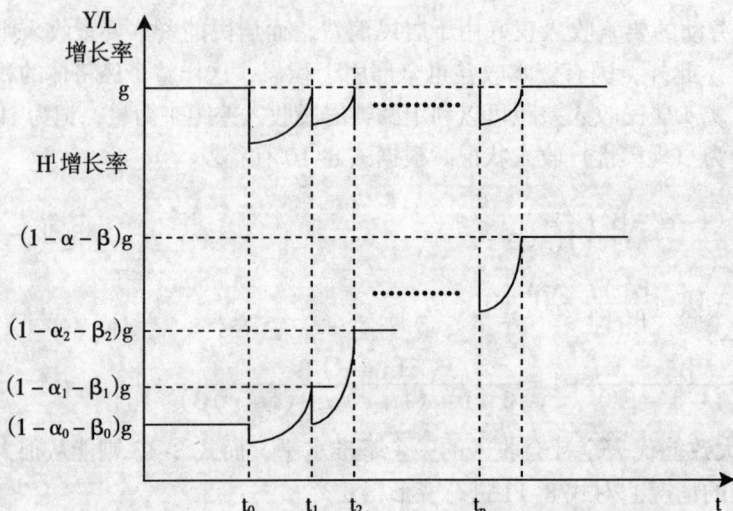

图8-3 脱贫战略下的人均产出及基准收入水平增长示意图

分配。为了便于后续的推导，不妨假定财政分配的份额占国民收入的比例为 γ。[1] 脱贫战略阶段，我国财政基本上属于"建设财政、吃饭财政"，因此，可以假定国家财政收入部分在使用时分为政府投资和政府消费两部分。政府投资主要用于国有资本的积累，而政府消费则很大部分用于支付财政供养人员的工资。财政供养人员的收入水平与仅有劳动要素的第一类居民的收入水平相当。[2] 于是有：

$$Y_t^G = \gamma Y_t = C_t^G + I_t^G \tag{8-15}$$

同时，前面式8-11和8-12变为：

$$H_t^l = \frac{Y_t^L}{L_t} = (1-\alpha'-\beta')(1-\gamma)\frac{Y_t}{L_t} = (1-\alpha'-\beta')(1-\gamma)Af(k) \tag{8-16}$$

$$H_t^k = \frac{Y_t^{pK}}{\theta L_t} + H_t^l = \frac{\beta'(1-\gamma)}{\theta}\frac{Y_t}{L_t} + H_t^l \tag{8-17}$$

H^k/H^l 保持不变，依然是式8-13，但积累率（储蓄率）则有所改变，即：

$$s = (\alpha'+\beta')(1-\gamma) + \gamma(I^G/Y^G)$$
$$= (\alpha'+\beta')(1-\gamma) + \gamma\mu \tag{8-18}$$

式8-18中 μ 为财政投资占财政收入的比重。由于脱贫战略中要素价格的扭曲会逐步矫正，而财政建设职能也逐步弱化，因此，在动态中 $\alpha'+\beta'$ 将逐步趋于 $\alpha+\beta$，而财政收入中的投资比重 μ 也将不断降低。此外，脱贫战略中财政的放权让利意味着财政分配

---

[1] 财政参与分配的途径主要是税收。税收可以进一步分为直接税和间接税，其中直接税是财政参与初次分配的途径，而间接税则是进行再分配的手段。考虑到我国现行税制是以直接税为主（2003年、2004年、2005年三年个人所得税占财政收入比重分别为6.5%、6.6%和6.6%）。因此，出于推导方便，本节及下一节暗含了财政收入来源是财政参与初次分配的结果。

[2] 根据世界各国的经验，公务员收入基本处于略高于社会平均收入的水平，因此，本节为了简化分析，假定财政供养人员收入与仅拥有劳动要素的劳动者相当。

比重 γ 的不断下降。[1] $\alpha' + \beta'$，μ 和 γ 一起下降会带来 $\gamma\mu$ 的下降和 $1-\gamma$ 的上升，这样仅从式 8-18 还无法直接判断积累率 s 的变动方向。不妨对式 8-18 进行变形。

$$s = (\alpha' + \beta') - \gamma\,(\alpha' + \beta') + \gamma\mu$$
$$= (\alpha' + \beta') + \gamma\,[\mu - (\alpha' + \beta')] \tag{8-19}$$

为了判断 $\alpha' + \beta'$，μ 和 γ 一起下降对积累率 s 带来的影响，不妨将下降分解为两步，假定初始积累率为 s_0，其他参数分别为 α_0'、β_0'、μ_0 和 γ_0，于是有：

$$s_0 = (\alpha_0' + \beta_0')\,(1 - \gamma_0) + \gamma_0\mu_0 \tag{8-20a}$$
$$= (\alpha_0' + \beta_0') + \gamma_0\,[\mu_0 - (\alpha_0' + \beta_0')] \tag{8-20b}$$

第一步，α_0'、β_0'、μ_0 下降为 α_1'、β_1'、μ_1，积累率变为 s_1，于是有：

$$s_1 = (\alpha_1' + \beta_1')\,(1 - \gamma_0) + \gamma_0\mu_1 \tag{8-21a}$$
$$= (\alpha_1' + \beta_1') + \gamma_0\,[\mu_1 - (\alpha_1' + \beta_1')] \tag{8-21b}$$

对比式 8-20a 和式 8-21a 可知，$s_1 < s_0$。

第二步，在第一步变化基础上，γ_0 下降为 γ_1，积累率则由 s_1 进一步变为 s_2，则有：

$$s_2 = (\alpha_1' + \beta_1')\,(1 - \gamma_1) + \gamma_1\mu_1 \tag{8-22a}$$
$$= (\alpha_1' + \beta_1') + \gamma_1\,[\mu_1 - (\alpha_1' + \beta_1')] \tag{8-22b}$$

对比式 8-21b 和式 8-22b 可知，s_1 和 s_2 之间的大小取决于 μ 和 $\alpha + \beta$ 之间的大小。根据国际经验，发达国家财政收入占 GDP 的比重在 20 世纪 90 年代中期约为 35%~45%；发展中国家财政收入占 GDP 的比重约为 25%；[2] 而我国改革开放之初，财政收入占 GDP 比重在 30% 左右。据此，可以认为财政收入占 GDP 比重 γ 大致为 0.3。另外，同样根据国际经验，在政府部门消费占 GDP 比重大约为 20% 左右（见表 8-1）。于是，可推算出财政收入中的投资比重 μ 大致在 1/3。而资本的收入份额在通常情况下，大致为 1/3。[3] 在脱贫战略初期，μ 和 $\alpha + \beta$ 的取值都会偏大，并随着时间的推移逐渐减小向正常值趋近。在上述过程中将可能出现以下两种情况：①μ 和 $\alpha + \beta$ 两者起点相近，目标取值相近，变动趋势也相近，$\mu - (\alpha + \beta)$ 取值将接近 0，这样 γ_0 下降为 γ_1 对储蓄率的影响基本可以忽略不计，$s_2 < s_0$；②$\alpha + \beta$ 初始取值明显高于 μ，且要素价格扭曲纠正缓慢，$\mu - (\alpha + \beta)$ 取值始终小于 0，这时 γ 的下降反而会带来储蓄率（积累率）s 的上升，出现 $s_2 > s_0$ 的情况。

同前面未考虑财政参与初次分配的情况类似，储蓄率 s 的上述变动会在短期内造成单位劳动产出 Y/L 增长率的波动，但在长期中，其增长率依然会趋于 g。而基准收入水平 H^l 的增长率则在波动中提高，并最终趋于 $(1 - \alpha - \beta)\,(1 - \gamma)g$。

收入差距方面，由于前面假设财政供养人员的收入水平与仅有劳动要素的第一类居民的收入水平相当，因此其影响因素与第（一）部分类似，此处不再赘述。

---

[1] 我国财政收入占 GDP 比重从 1978 年开始到 1995 年一直呈不断下降的趋势，由 31.2% 下降为 10.3%，1996 年以后开始有所回升，但直到 2001 年依然在 15% 以下，仅为 14.9%。

[2] 参考王卫星等（2004）。发达国家中美国为 35%（1998 年），法国为 49%（1998 年），德国为 47%（1998 年），瑞典 55.3%（1995 年），挪威 51.3%（1998 年）；发展中国家中印度为 21.5%（1997 年），马来西亚为 28%（1997 年），泰国为 19%（1997 年）。

[3] Romer（2001）第 25 页对收敛速度进行校准（Calibration）时，认为资本收入份额大致为 1/3。

表 8-1　中国与主要发达国家政府部门最终消费支出占国内生产总值比重的比较（2004 年）

国　　家	GDP	政府部门最终消费支出	政府部门最终消费支出占 GDP 比重（%）
澳大利亚（百万澳元）	856843	155337	18.13
加拿大（百万加元）	1290185	248534	19.26
法国（百万欧元）	1648369	394447	23.93
德国（百万欧元）	2207240	412930	18.71
意大利（百万欧元）	1351328	260063	19.24
日本（百万日元）	505185900	89175600	17.65
英国（百万英镑）	1160339	246699	21.26
美国（百万美元）	11713000	2211900	18.88
中国（百万美元）	1936502	280294	14.5

　　资料来源：除中国的数据外，其他国家数据取自联合国统计部。中国的数据取自《中国统计摘要 2006》，使用的是经济普查调整后数据，按外汇中间价 8.2768 换算成美元，若使用经济普查前数据，比重更低，仅为 12%。

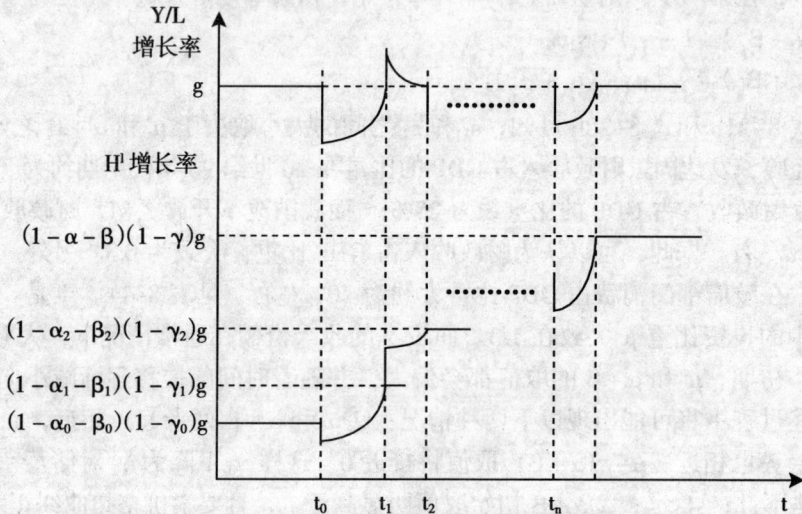

图 8-4　脱贫战略中考虑财政参与初次分配情况的人均产出及基准收入水平增长示意图

（三）小结

　　前面以扩展的 C-D 函数和索洛新古典增长模型为基础，综合运用数理分析、逻辑推理和图示分析的方法，对脱贫战略中财政对初次分配及最终的居民收入分配状况的影响进行了动态分析，从中可以得出以下几点：一是随着统收统支财政体制的解体和放权让利原则的确立，初次分配中要素扭曲程度将逐步降低，由此会带来积累率的下降，但居民收入水平增长速度则会呈现不断提高的态势，并最终趋于稳定；二是财政投资比重的下降也将提高居民收入的增速；三是随着扭曲程度的降低，收入差距将有所缓和；四是资本要素分配的差距将是影响收入差距的另一项重要因素，拥有资本要素的居民比例越小，收入差距将越大。

三、和谐社会战略下的财政支出结构、初次分配及收入分配状况

(一) 相关基本假设

前面两部分建模时仅考虑了资本和普通劳动两种生产要素。这种设定一方面简化了模型的推导；另一方面与这两个阶段我国农村劳动力丰富，居民受教育程度普遍偏低的状况比较吻合。随着我国经济社会的不断发展，教育体系日臻完善，国民平均教育程度显著提高。这使得我国的劳动力结构相应地发生巨大变化，单纯的简单劳动要素已经不能概括我国劳动要素的基本状况，受过良好教育的劳动力已逐步转变为人力资本，并成为重要的要素禀赋。为了反映禀赋结构的上述特征，有必要将人力资本作为一项独立的要素纳入 C–D 生产函数。

$$Y_t = AK_{st}^{\alpha} K_{pt}^{\beta} L_{ct}^{\varphi} L_{st}^{1-\alpha-\beta-\varphi} \tag{8-23}$$

同前面式 8-9 类似，式 8-23 中 α、β、φ 和 $1-\alpha-\beta-\varphi$ 分别为国家资本、私人资本、复杂劳动（或人力资本）和简单劳动的产出份额，社会生产服从规模报酬不变。

在和谐社会战略阶段，随着战略目标的转变，政府职能也发生相应的变化，财政也由建设财政转变为公共财政。在公共财政框架下，财政支出的主要领域是提供公共服务，纠正市场失灵。这些支出也可以划分为投资性支出和消费性支出。投资性支出主要包括基础设施建设，可以看做是国有资本的积累；消费性支出除了日常的行政支出外，还包括基础教育、社会保障等支出。这些支出一方面可以在短期内调节收入差距；另一方面在长期内有利于社会公众人力资本的积累，并在长期中改变禀赋结构。同前面类似，不妨假设财政支出为 Y^C，它占整个国民收入的比重为 γ，并分为投资性支出（实物性资本积累）和消费性支出（人力资本积累）两部分。其数学表达式依然是式 8-15。

$$Y_t^C = \gamma Y_t = C_t^C + I_t^C$$

在和谐社会战略阶段，要素价格扭曲进而导致初次分配扭曲的情况在初期还将延续。但随着和谐社会的不断推进，这些作为社会的不和谐音符都将逐步趋于消除，因此，为了简便推导，不妨假设各要素在初次分配中的分配份额与其对产出的贡献份额相等。于是有：

$$Y_t^{sK} = \alpha(1-\gamma)Y_t, \quad Y_t^{pK} = \beta(1-\gamma)Y_t,$$

$$Y_t^{cL} = \varphi(1-\gamma)Y_t, \quad Y_t^{sL} = (1-\alpha-\beta-\varphi)(1-\gamma)Y_t \tag{8-24}$$

与索洛新古典增长模型类似，在考虑人力资本积累的情况下，人均产出 Y/L 的增长率不仅取决于技术进步的增长率 g，而且取决于人均实物和人力资本的变化，即 k 和 i^e（见本章附录中相关推导），可以看做是上述三者的线性组合。

$$\frac{d(Y/L)}{dt} = ag + bk + ci^e \quad a, b, c > 0 \tag{8-25}$$

根据索洛模型和式 8-6，动态过程中，假定技术进步率、人口增长率和折旧率不变，

单位有效劳动的实物资本变动 $\dot{k}$ 取决于积累率的变动。与此类似，单位有效劳动的人力资本变动 i^e 也取决于人力资本积累率的变动。这样人均产出 Y/L 的增长率将取决于实物资本积累率和人力资本积累率的变动。

为了分析在和谐社会战略阶段下财政对收入分配的影响，与脱贫战略阶段类似，不妨作出如下假设：①全社会每一户居民拥有一个单位的简单劳动要素，总的劳动要素为 L_{st}。②所有居民分为三类，第一类居民只拥有劳动力要素，记其收入为 H^d。第二类居民既有简单劳动要素又有实物资本要素，记其收入为 H^k。第三类居民既有简单劳动要素又有人力资本要素，记其收入为 H^d。第二类居民占所有居民的比重为 θ，第三类居民占所有居民的比重为 ρ。③简单劳动要素收入正好用于居民消费，而居民的实物资本要素收入则用于实物资本积累。此外，财政支出中的投资性支出也看做是实物资本积累。④居民的人力资本要素收入部分同实物资本要素一样也用于实物资本的积累。⑤第一类居民收入既反映了简单劳动要素收入水平，同时也可以作为一种基准收入，反映全社会居民的整体收入水平。⑥居民收入差距则取决于三类居民收入水平的差异，以及后两类居民在所有居民中所占的比重。一方面，H^k/H^d、H^d/H^d 越大，全社会收入差距会越大；另一方面，随着人力资本的不断积累，拥有人力资本居民比重 ρ 会不断上升，并通过将人力资本要素收入转化为实物资本积累而引致第二类居民（实物资本拥有居民）比重的上升，这两个趋势又将不断缓解甚至缩小全社会收入差距。

设财政支出中实物性投资所占比重为 μ，根据上述假设，可以计算出全社会的实物资本积累率 s^r 和人力资本积累率 s^h。

$$S^r = (\alpha + \beta + \varphi)(1 - \gamma) + \gamma\mu \tag{8-26}$$

$$S^h = \gamma(1 - \mu) \tag{8-27}$$

（二）财政支出结构对收入水平的影响

在和谐社会战略阶段，随着公共财政的不断完善，财政投资性支出比重将不断下降，而有利于人力资本积累的其他消费性支出比重将不断上升，即 μ 将逐步变小。这意味着人力资本积累率 s^h 将不断上升，相应地单位有效劳动的人力资本变动 i^e 将大于零。对于实物资本积累率 s^r 来说情况则复杂一些，随着 μ 的逐步降低，一方面会直接降低积累率；另一方面人力资本要素的增加又会间接提高积累率，因此，s^r 既可能增加也可能降低。相应地，$\dot{k}$ 既可能为正也可能为负。[①] 根据式 8-25，i^e 和 $\dot{k}$ 的上述变化将使得人均产出增长率在 a_g 的基础上振荡上行。

实物资本和人力资本积累的上述变化同样会对收入分配状况产生影响。首先，就收入水平而言，既可以用简单劳动收入 H^d 作为基准来衡量，也可以用人均产出 Y/L 来衡量。

$$H_t^{sl} = \frac{Y_t^{sL}}{L_t^s} = (1 - \alpha - \beta - \varphi)(1 - \gamma)\frac{Y_t}{L_t^s} \tag{8-28}$$

---

① 有关积累率对实物资本和人力资本变动率影响的详细推导见本章附录相关内容。

式 8-28 表明，基准收入 H^d 事实上是人均产出 Y/L 的线性函数，这再一次印证了两者在衡量收入水平方面具有很高的一致性。因此，可以认为：由实物资本及人力资本积累率 s^r 和 s^h 变动带来的 i^c 和 k 变化将使得居民收入水平增长率在某个水平基础上不断提高。同前面部分类似，我们也可以将人均产出及居民基准收入增长率的变动情况以图示的方式进行表示，如图 8-5。

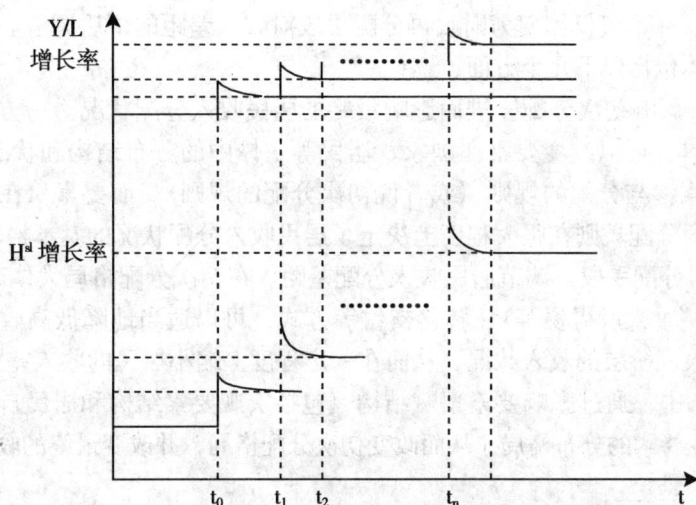

图8-5 和谐社会战略下的人均产出及基准收入水平增长示意图

（三）财政支出结构变化对收入差距的影响

收入差距方面，由于人力资本的积累需要一个较长的时间段，因此，在最初人力资本拥有者所占比重 ρ 和实物资本拥有者所占比重 θ 相对较小时，随着实物资本和人力资本的不断积累，第一类居民与其他两类居民间的收入差距将不断拉大，这也意味着整个社会收入差距的扩大。但经过较长时间后，随着财政支出中用于人力资本积累支出比重的不断提高，人力资本拥有者的比重 ρ 会不断上升，并且还会引致实物资本拥有者比重 θ 的上升，这些无疑将缓解乃至缩小收入差距。综上，和谐社会阶段的收入差距将呈倒 U 形轨迹变化。

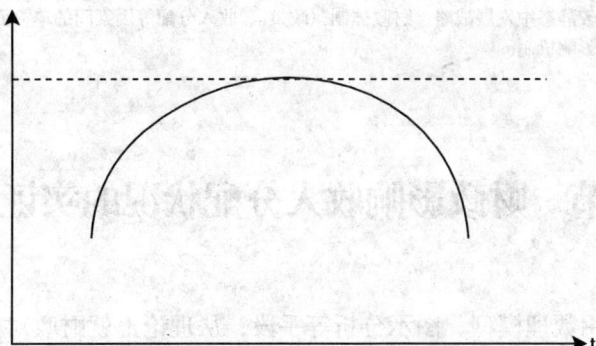

图8-6 和谐社会战略阶段收入差距的倒 U 形变化

四、小结

前面以新中国成立以来不同发展战略阶段为考察对象，分析了财政对居民收入分配状况的影响。从前面的分析可以发现，财政作为特定经济社会发展阶段实现发展战略的手段和工具，是国家参与（国民收入）分配的一种行为，其对于居民收入分配状况的影响是多方面的，并不仅仅体现为财政再分配手段对收入差距的事后调节。财政对于收入分配的影响具体包括以下几个方面：

（1）参与并影响初次分配，进而影响最终的居民收入分配状况。一方面，通过财政方面的制度安排，可以改变要素在国家、居民等主体中的分布结构和状况；另一方面，还可以影响要素参与分配的规则（或者说初次分配的规则）。而要素（在居民中）的分布结构和要素的分配规则在很大程度上决定了居民收入分配状况的基本格局。

（2）通过再分配手段，调节居民收入分配差距。在初次分配格局大体确立的情况下，财政通过税收（个人所得税等）、转移支付等方式，可以适当地降低高收入阶层收入水平，改善最低收入阶层的收入状况，从而在一定程度上缩小居民的收入差距。

（3）在动态中，通过影响要素禀赋结构（包括宏观要素结构和居民自身禀赋结构），将在长期中改变要素的分布格局，从而改变初次分配格局，并改变最终的收入分配状况。

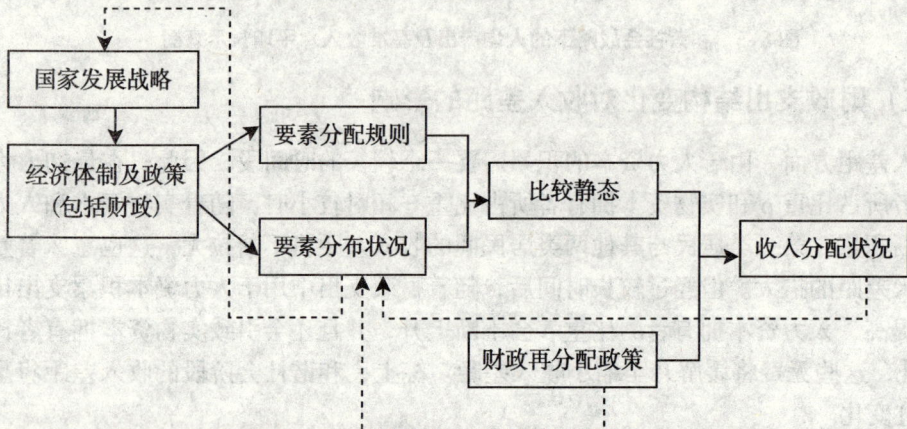

图8-7 发展战略、财政体制（政策）及收入分配相互影响示意图

注：图中实线表示比较静态中发展战略、财政体制（政策）、收入分配等因素间的单方面作用传导机制；虚线代表动态中各因素的反作用影响机制。

第二节　财政影响收入分配状况的实证分析

本章第一节利用数理模型、图示分析等手段，从理论上就财政对收入分配状况影响的作用机制进行了较为详细的分析。接下来将在理论分析的基础上，利用公共渠道能够获取的数据，通过构造特定替代变量，就财政相关诸因素对收入分配的影响进行实证分析，以期对前面提出的各种假设进行佐证。

一、基础数据的收集整理与替代变量的选择

根据前面的分析，影响居民收入分配状况的财政相关因素包括：要素价格（初次分配规则）的扭曲、要素分布状态（不平衡）、[①]财政收入中再分配性收入的比重、财政支出中再分配性支出力度。在就财政对于收入分配状况的影响进行实证分析之前，有必要根据现有数据资料为实证中涉及的各因素选择合适的替代变量。

（一）因变量（被解释变量）的选择

收入分配状况包括收入水平和收入差距两个方面，通常收入差距是最容易引起社会矛盾和社会关注的因素，因此，我们的实证分析将以收入差距为分析对象。反映收入差距的变量很多，包括基尼系数、泰尔系数、城乡收入比等。目前，在公开渠道中能够收集到的反映我国收入分配差距的数据包括城镇居民收入基尼系数、农村居民收入基尼系数、城乡居民收入比。全国性的基尼系数国家统计局一直没有公布官方数据，不过世界银行收入不平等数据库（WIID：Deiminger，2005）对世界各国不同时期的基尼系数进行了较为全面的整理，其中中国数据大多来源于中国社会科学院经济研究所赵人伟、李实、张平、魏众等学者的研究成果。利用 WIID 提供的数据加上网上收集的社会科学院及世界银行公布的一些零星数据，可以整理出 1978~2005 年我国全国范围内的基尼系数时间序列。

考虑到财政相关因素是对整个经济体产生的影响，因此，在选取收入差距替代变量时使用全国基尼系数或城乡居民收入差距更适合一些，两变量的相关数据见表 8-2。

表 8-2　1978~2005 年城乡居民收入水平及全国基尼系数相关数据

年份	农村居民家庭人均纯收入		城镇居民家庭人均可支配收入		城乡居民收入比（城镇/农村）	全国基尼系数（%）
	绝对数（当年价，元）	指数（1978年=100）	绝对数（当年价，元）	指数（1978年=100）		
1978	133.6	100.0	343.4	100	2.57	31.7
1979	160.2	119.2	387.0	112.7	2.42	31.1
1980	191.3	139.0	477.6	127	2.50	29.5
1981	223.4	160.4	491.9	127.6	2.20	29.0
1982	270.1	192.3	526.6	133.9	1.95	28.7
1983	309.8	219.6	564.0	140.6	1.82	28.4
1984	355.3	249.5	651.2	158.1	1.83	25.7
1985	397.6	268.9	739.1	160.4	1.86	30.0
1986	423.8	277.6	899.6	182.5	2.12	31.8

---

① 当然，这两个因素只能说与财政有一定的关联，是特定战略阶段下各种政策共同作用的结果。

年份	农村居民家庭人均纯收入		城镇居民家庭人均可支配收入		城乡居民收入比（城镇/农村）	全国基尼系数（%）
	绝对数（当年价，元）	指数（1978年=100）	绝对数（当年价，元）	指数（1978年=100）		
1987	462.6	292.0	1002.2	186.9	2.17	33.1
1988	544.9	310.7	1181.4	182.5	2.17	33.7
1989	601.5	305.7	1375.7	182.8	2.29	35.6
1990	686.3	311.2	1510.2	198.1	2.20	35.7
1991	708.6	317.4	1700.6	212.4	2.40	36.2
1992	784.0	336.2	2026.6	232.9	2.58	37.8
1993	921.6	346.9	2577.4	255.1	2.80	40.6
1994	1221.0	364.4	3496.2	276.8	2.86	43.4
1995	1577.7	383.7	4283	290.3	2.71	45.2
1996	1926.1	418.2	4838.9	301.6	2.51	45.3
1997	2090.1	437.4	5160.3	311.9	2.47	45.4
1998	2162.0	456.2	5425.1	329.9	2.51	45.6
1999	2210.3	473.5	5854.02	360.6	2.65	45.7
2000	2253.4	483.5	6280	383.7	2.79	45.8
2001	2366.4	503.8	6859.6	416.3	2.90	45.9
2002	2475.6	528.0	7702.8	472.1	3.11	45.4
2003	2622.2	550.7	8472.2	514.6	3.23	45.9
2004	2936.4	588.2	9421.6	554.3	3.21	46.5
2005	3254.9	624.6	10493.0	607.4	3.22	47.0

注：①表中"当年价绝对数"和"指数（1978年=100）"来源于《中国统计摘要》（2006）；②基尼系数数据是以 Deiminger（2005）数据为主，结合社会科学院经济所赵人伟、李实、张平、魏众等学者公开发表成果中的一些零星数据进行调整补充而得。

（二）自变量（解释变量）的选择

根据前面的分析，影响收入分配状况（差距）的财政相关因素包括要素初次分配的扭曲程度、要素分布的不平衡程度、再分配性财政收入比重、财政再分配支出力度等。这些因素总体来说比较抽象，量化难度较大，本部分将尝试着为这些因素寻找替代变量。

1. 初次分配扭曲的替代变量

在全社会技术水平没有发生大的变化，或者技术进步形式表现为哈罗德中性，劳动和资本在产出中的贡献份额将保持不变。[1] 在不存在价格扭曲的条件下，根据马歇尔新古典边际分配原则，劳动和资本在分配中所占份额与其对产出的贡献份额相同。考虑到我国新中国成立以来在初次分配中一直存在着压低劳动收入份额的倾向，至今劳动、资本的要素价格以及由此带来的要素收入分配依然存在着资本偏向性的扭曲，工资收入占GDP份额的变化从某种程度上可以反映这种扭曲的改变状况。如果工资占GDP比重不

---

[1] 柯布—道格拉斯函数形式下，技术进步即是哈罗德中性，同时也是希克斯中性。

断提高，说明上述扭曲随着时间的推移得到逐步的矫正，否则说明这种扭曲未得到纠正。考虑到我国工资收入主要用于支付第二产业和第三产业的从业人员，因此，不妨以工资占第二、三产业增加值比重作为衡量初次分配扭曲程度的替代变量。有关工资、GDP及增加值数据见表8-3。

表8-3 1978~2005年全国职工工资收入及GDP相关数据

年份	职工工资总额（亿元）	GDP（亿元）	工资总额占GDP比重（%）	第一产业增加值（亿元）	工资占第二、三产业增加值比重（%）
1978	568.9	3624.1	15.70	1018.4	21.83
1979	646.7	4038.2	16.01	1258.9	23.27
1980	772.4	4517.8	17.10	1359.4	24.46
1981	820.0	4862.4	16.86	1545.6	24.72
1982	882.0	5294.7	16.66	1761.6	24.96
1983	934.6	5934.5	15.75	1960.8	23.52
1984	1133.4	7171	15.81	2295.5	23.25
1985	1383.0	8964.4	15.43	2541.6	21.53
1986	1659.7	10202.2	16.27	2763.9	22.31
1987	1881.1	11962.5	15.72	3204.3	21.48
1988	2316.2	14928.3	15.52	3831.0	20.87
1989	2618.5	16909.2	15.49	4228.0	20.65
1990	2951.1	18547.9	15.91	5017.0	21.81
1991	3323.9	21617.8	15.38	5288.6	20.36
1992	3939.2	26638.1	14.79	5800.0	18.90
1993	4916.2	35334	13.91	6887	17.28
1994	6656.4	48198	13.81	9471	17.19
1995	8100.0	60794	13.32	12020	16.61
1996	9080.0	71177	12.76	13886	15.85
1997	9405.3	78973	11.91	14265	14.53
1998	9296.5	84402	11.01	14618	13.32
1999	9875.5	89677	11.01	14548	13.14
2000	10656.2	99215	10.74	14716	12.61
2001	11830.9	109655	10.79	15516	12.57
2002	13161.1	120333	10.94	16239	12.64
2003	14743.5	135823	10.85	17068	12.42
2004	16900.2	159878	10.57	20956	12.17
2005	19789.9	182321	10.85	22718	12.40

资料来源：《中国统计年鉴》（2006），GDP为经济普查调整后数据。

2. 要素分布不平衡的替代变量

对于现阶段的中国家庭来说，在劳动力要素方面分布基本平衡，要素分布不平衡主要还是体现在资本要素方面。关于资本要素不平衡，以赵人伟、李实、魏众等学者为主的社会科学院经济研究所收入分配课题组先后于 1988 年、1995 年、2002 年实施了具有典型意义的家庭调查，并收集了一些住户家庭财产分布情况的数据。然而，由于调查不是每年进行，所以无法形成连贯的时间序列。

《中国统计年鉴》近年来公布了城镇居民家庭收入来源、农村居民家庭收入来源等方面的数据。其中，城镇居民家庭收入来源大体包括：工薪收入、经营净收入、财产性收入、转移性收入；农村居民家庭收入来源大体包括：工资性收入、家庭经营净收入、财产性收入、转移性收入。利用城乡居民财产性收入之比能在某种程度上反映财产在城乡居民中分配的不平衡（不公平）程度。[①] 但在居民收入结构方面的数据收集依然存在诸多的困难，主要表现为：①数据缺失，1978~1990 年的财产性收入、转移性收入无法获取，且 1995 年以前农村居民的财产性收入和转移性收入是合并在一起计算的；②不同年份统计年鉴中公布的数据有一定调整；③不同年份统计年鉴对某些变量的定义不同，如城镇居民可支配收入下的"经营性净收入"在 1992 年以前的年鉴中称为"个体劳动收入"。[②] 最终，能够取得的相对完整的数据序列包括：城镇居民人均全部收入、城镇居民人均可支配收入、城镇居民工资性收入、城镇居民经营净收入、农村居民人均纯收入、农村居民工资性收入、农村居民家庭经营净收入。其他一些缺失年份较多的数据序列还有：农村居民转移性收入、农村居民财产性收入。对缺失较少的序列，作者采取了相应的办法进行了补充，最终整理出数据表格如表 8-4、表 8-5。

表 8-4　1978~2005 年城镇居民家庭人均收入情况

单位：元

年份	家庭全部收入	财产性收入	工薪收入	经营净收入	转移性收入	可支配收入	可支配收入——工薪收入	转移性收入占全部收入的比重（%）	工薪及转移性以外收入
1978	**352.00**		**311.33**		**10.03**	343.40	32.07*	**2.85**	30.64
1979	**386.00**		**343.41**		**14.09**	387.00	**43.59**	**3.65**	28.50
1980	**486.00**		**428.26**		**21.63**	477.60	**49.34**	**4.45**	36.11
1981	500.40	37.08	436.80	0.24	26.28	491.90	55.10	5.25	37.32
1982	**535.32**		**468.05**		32.82	526.60	**58.55**	**6.13**	34.45
1983	**572.88**		**502.00**		40.27	564.00	62.00*	**7.03**	30.61
1984	**660.12**		**585.21**		52.22	651.20	**65.99**	**7.91**	22.69
1985	748.92	3.74	669.10	10.20	65.88	739.08	69.98	8.80	13.94
1986	909.96	5.6	804.50	10.44	89.42	899.60	95.10	9.83	16.04
1987	1012.20	6.48	882.09	10.68	112.95	1002.20	120.11	11.16	17.16
1988	1192.12	7.59	987.32	16.33	180.88	1181.40	194.08	15.17	23.92
1989	1387.81	12.03	1132.94	20.25	222.59	1373.90	240.96	16.04	32.28
1990	1522.79	15.6	1127.11	22.50	250.01	1510.16	360.46	16.42	38.10

---

① 当然，这里暗含的假设前提是城乡居民资本要素回报率大体相当，或者两者之间的比例相对稳定。

② 不同年份的年鉴中都会公布以前年份的数据，通过相同年份的数据对照，可以发现这种情况的存在。

续表

年份	家庭全部收入	财产性收入	工薪收入	经营净收入	转移性收入	可支配收入	可支配收入——工薪收入	转移性收入占全部收入的比重（%）	工薪及转移性以外收入
1991	1713.10	19.72	1393.92	25.06	274.40	1700.60	306.68	16.02	44.78
1992	2031.53	30.53	1734.98	28.58	237.44	2026.60	291.62	11.69	59.11
1993	2583.16	45.8	2170.94	40.67	325.75	2577.40	406.46	12.61	86.47
1994	3502.31	68.84	2658.66	61.63	713.18	3496.20	837.54	20.36	130.47
1995	4279.02	90.43	3219.10	72.62	725.76	4282.95	1063.85	16.96	163.05
1996	4844.78	111.98	3784.78	115.92	832.10	4838.90	1054.12	17.18	227.90
1997	5188.54	124.39	3735.70	168.17	954.92	5160.32	1424.62	18.40	292.56
1998	5458.34	132.87	3806.20	186.65	1083.04	5425.05	1618.85	19.84	319.52
1999	5888.77	128.65	4281.03	221.92	1257.17	5854.02	1572.99	21.35	350.57
2000	6295.91	128.38	4480.50	246.24	1440.78	6279.98	1799.48	22.88	374.63
2001	6868.88	134.62	4829.86	274.05	1630.36	6859.58	2029.72	23.74	408.66
2002	8177.40	102.12	5739.96	332.16	2003.16	7702.80	1962.84	24.50	434.28
2003	9061.22	134.98	6410.22	403.82	2112.20	8472.20	2061.98	23.31	538.80
2004	10128.51	161.15	7152.76	493.87	2320.73	9421.61	2268.85	22.91	655.02
2005	11320.77	192.91	7797.54	679.62	2650.70	10493.03	2695.49	23.41	872.53

注：①数据大多数直接来源于《中国统计年鉴》、《中国统计摘要》及国研宏观数据库；②"家庭全部收入"中粗体部分数据是根据1985年、1981年"家庭全部收入"与"可支配收入"之间都相差9，直接由"可支配收入"加9推算而得；③"可支配收入——工薪收入"序列中1978年和1983年两个年份是以山东省数据（见山东统计信息网2000年12月15日网页）作为替代的，粗体字部分则是通过简单插值计算而得；④"工薪收入"粗体字部分是由"可支配收入——工薪收入"与"可支配收入"序列倒算而得；⑤"转移性收入占全部收入比重"中粗体字部分根据1981年和1985年比例推算的，并根据推算的比例得出"转移性收入"序列中粗体字部分。

表 8-5　1978~2005 年农村居民家庭人均收入情况

单位：元

年份	农村居民纯收入	农村居民工资性收入	农村居民家庭经营收入	农村居民转移性收入	农村居民财产性收入	转移与财产性收入之和
1978	133.60	88.26	35.79	6.12	3.40	9.52
1979	160.20	97.32	49.17	8.81	4.90	13.71
1980	191.30	106.38	62.55	14.40	8.00	22.40
1981	223.40	116.20	84.52	14.58	8.10	22.68
1982	270.10	58.09	187.55	7.1	17.36	24.46
1983	309.80	36.94	244.66	18.13	10.07	28.20
1984	355.30	38.18	285.44	20.37	11.31	31.68
1985	397.60	37.16	322.53	29.91	8.00	37.91
1986	423.80	39.07	345.28	25.36	14.09	39.45
1987	462.60	45.58	383.57	21.50	11.95	33.45
1988	544.90	53.34	453.40	24.53	13.63	38.16
1989	601.50	60.07	494.22	30.35	16.86	47.21

续表

年份	农村居民纯收入	农村居民工资性收入	农村居民家庭经营收入	农村居民转移性收入	农村居民财产性收入	转移与财产性收入之和
1990	686.31	138.00	518.55	**19.13**	**10.63**	**29.76**
1991	708.60	**141.72**	**531.45**	**22.78**	**12.65**	**35.43**
1992	784.00	172.48	561.65	**32.06**	**17.81**	**49.87**
1993	921.60	194.51	678.48	**31.25**	**17.36**	**48.61**
1994	1220.98	262.98	881.85	**48.95**	**27.20**	**76.15**
1995	1577.74	353.70	1125.79	57.27	40.98	98.25
1996	1926.07	450.84	1362.45	70.19	42.59	112.78
1997	2090.13	514.55	1472.72	79.25	23.61	102.86
1998	2161.98	573.58	1466.00	92.03	30.37	122.40
1999	2210.34	630.26	1448.36	100.17	31.55	131.72
2000	2253.42	702.30	1427.27	78.81	45.04	123.85
2001	2366.40	771.90	1459.63	87.90	46.97	134.87
2002	2475.63	840.22	1486.54	98.19	50.68	148.87
2003	2622.24	918.38	1541.28	96.83	65.75	162.58
2004	2936.40	998.46	1745.79	115.54	76.61	192.15
2005	3254.93	1174.53	1844.53	147.42	88.45	235.87

注：①表中普通字体部分数据均来自《中国统计年鉴》（1986~1992 年、1995~2006 年）、《中国统计摘要》（2003~2006 年）、国研中心宏观数据库，以及一些文献如张启良、曾纪发（2007）提供的数据，作者对照不同年份、不同来源的资料，对数据进行了核实和整理；②"工资性收入"、"家庭经营收入"1979 年、1991 年数据系通过插值法推算而得；③根据 1995 年以后数据，存在"农村居民纯收入=工资性收入+家庭经营性收入+转移性收入+财产性收入"这样的恒等式，前三项数据序列相对完整，根据上述公式推算出 1978~1981 年、1983~1984 年、1986~1994 年各年份"转移性与财产性收入之和"；④根据已有的"转移性收入"、"财产性收入"，计算两者累积的相对比例，并据此分解推算出的"转移性与财产性收入之和"，以此补充缺失数据序列；⑤推算数据为粗体字。

　　在城镇居民收入中，存在"全部收入＝工薪收入＋财产性收入＋经营净收入＋转移性收入"这样的恒等关系。①在表 8-4 中，"全部收入"、"工薪收入"和"转移性收入"三个序列都已补全。由于我们想要考察的是与财产持有相关的收入，在"全部收入"的四个构成部分中，"工薪收入"和"转移性收入"与个人拥有的财产基本无关，而"财产性收入"和"经营性收入"与城镇居民所拥有的财产有直接关系，因此用这两项收入之和能在很大程度上代表城镇居民通过财政占有而获得的收入。②

　　农村居民收入中，工资性收入是通过劳动力要素获得的，经营性收入则主要是劳动力和土地两要素相结合获得的，转移性收入更非由财产占有获得，因此表 8-5 中的"农

---

　　① 1990 年、1995 年、1997 年和 1998 年这 4 年中，上述恒等式不成立，而其他年份公开数据都成立，这可能是统计局在数据调整中存在遗漏。好在这些年份城镇居民"财产性收入"和"经营性收入"在公开渠道都能获得，因此，这并不影响我们取得城镇居民与财产占有相关收入，即"财产性收入＋经营性收入"。

　　② 经营性净收入在核算口径上指的是居民从事个体经营的净收入，因此这部分收入并非是完全的财产性收入，它事实上包括两块：一是居民用于个体经营的资产（财产）产生的收入；二是个体劳动者自身劳动力收入。但要进一步区分会涉及更多的假设，因此，本节将"经营性收入"与"财产性收入"一并作为反映与财产占有相关的收入。

村居民财产性收入"序列大体能反映城镇居民通过财产占有而获得的收入。[①]

在上述数据收集整理的基础上，我们大体获得了城镇居民和农村居民因财产占有而取得的相关收入。在假定城镇居民财产（或资本）回报率与农村居民财产回报率相同，或者两者比例保持相对稳定的情况下，城乡居民上述收入之比就能间接反映出城乡居民财产分布不平衡性以及其变动趋势。[②] 因此，我们最终将城乡居民财产相关收入比作为反映居民财产分布不平衡的替代变量。

表8-6 城乡居民财产相关收入比例一览表

单位：元

年份	城镇居民财产相关收入	农村居民财产性收入	城乡居民财产相关收入比（%）	年份	城镇居民财产相关收入	农村居民财产性收入	城乡居民财产相关收入比（%）
1978	30.64	3.40	9.01	1992	59.11	17.81	3.32
1979	28.50	4.90	5.82	1993	86.47	17.36	4.98
1980	36.11	8.00	4.51	1994	130.47	27.20	4.80
1981	37.32	8.10	4.61	1995	163.05	40.98	3.98
1982	34.45	17.36	1.98	1996	227.90	42.59	5.35
1983	30.61	10.07	3.04	1997	292.56	23.61	12.39
1984	22.69	11.31	2.01	1998	319.52	30.37	10.52
1985	13.94	8.00	1.74	1999	350.57	31.55	11.11
1986	16.04	14.09	1.14	2000	374.63	45.04	8.32
1987	17.16	11.95	1.44	2001	408.66	46.97	8.70
1988	23.92	13.63	1.76	2002	434.28	50.68	8.57
1989	32.28	16.86	1.91	2003	538.80	65.75	8.19
1990	38.10	10.63	3.58	2004	655.02	76.61	8.55
1991	44.78	12.65	3.54	2005	872.53	88.45	9.86

3. 其他财政体制性替代变量

1978年以来，我国财政体制经历了从"总额分成"到"分灶吃饭"，再到"中央地方分税制管理"的转变。伴随着财政管理体制的不断变化，中央财政与地方财政之间的关系发生了相应的变化。主要是中央财政调控能力发生了较大变化，突出表现为中央财政收入与中央财政支出两者间对比关系的变化。[③] 因此，不妨将中央财政收入与中央财政支出之比作为财政体制性变化的替代变量，有关数据整理见表8-7。

[①] 当然，还需要一部分农业生产资料，由于进一步拆分各要素收入缺乏充分依据，所以最终没有将这部分收入纳入到财产所得收入的范畴。但家庭经营性收入中事实上也包含一部分财产性收入。

[②] 在报酬率大体相当的情况下，城乡居民财产相关收入比即能较好反映财产在城乡居民间分布的不平衡程度。在报酬率有所差别而基本比例稳定的情况下，也能在一定程度上反映财产分布的不平衡程度，但相对来说可能会夸大不平衡程度，因为同一种财产在城镇的回报率应该要高于农村的回报率。然而，就财产分布不平衡程度的变化趋势而言，上述收入无论在何种情况下都能较好反映。

[③] 当中央财政收入超过中央财政支出时，中央财政就有额外的资金用于调控，否则还需从地方财政上划资金。中央财政收入超出中央财政支出越多，中央可调配的资金越多，相应的调控能力也越大。

表 8-7　1978~2005 年全国及中央财政收支情况

年份	全国财政支出（亿元）	中央财政支出（亿元）	中央财政支出占全国财政支出比重（%）	全国财政收入（亿元）	中央财政收入（亿元）	中央财政收入占全国财政收入比重（%）	中央财政收入与财政支出之比（%）
1978	1122.1	532.12	47.4	1132.26	175.77	15.5	0.33
1979	1281.8	655.08	51.1	1146.38	231.34	20.2	0.35
1980	1228.8	666.81	54.3	1159.93	284.45	24.5	0.43
1981	1138.4	625.65	55.0	1175.79	311.07	26.5	0.50
1982	1230.0	651.81	53.0	1212.33	346.84	28.6	0.53
1983	1409.5	759.60	53.9	1366.95	490.01	35.8	0.65
1984	1701.0	893.33	52.5	1642.86	665.47	40.5	0.74
1985	2004.3	795.25	39.7	2004.82	769.63	38.4	0.97
1986	2204.9	836.36	37.9	2122.01	778.42	36.7	0.93
1987	2262.2	845.63	37.4	2199.35	736.29	33.5	0.87
1988	2491.2	845.04	33.9	2357.24	774.76	32.9	0.92
1989	2823.8	888.77	31.5	2664.90	822.52	30.9	0.93
1990	3083.6	1004.47	32.6	2937.10	992.42	33.8	0.99
1991	3386.6	1090.81	32.2	3149.48	938.25	29.8	0.86
1992	3742.2	1170.44	31.3	3483.37	979.51	28.1	0.84
1993	4642.3	1312.06	28.3	4348.95	957.51	22.0	0.73
1994	5792.6	1754.43	30.3	5218.10	2906.50	55.7	1.66
1995	6823.7	1995.39	29.2	6242.20	3256.62	52.2	1.63
1996	7937.6	2151.27	27.1	7407.99	3661.07	49.4	1.70
1997	9233.6	2532.50	27.4	8651.14	4226.92	48.9	1.67
1998	10798.2	3125.60	28.9	9875.95	4892.00	49.5	1.57
1999	13187.7	4152.33	31.5	11444.08	5849.21	51.1	1.41
2000	15886.5	5519.85	34.7	13395.23	6989.17	52.2	1.27
2001	18902.6	5768.02	30.5	16386.04	8582.74	52.4	1.49
2002	22053.2	6771.70	30.7	18903.64	10388.64	55.0	1.53
2003	24650.0	7420.10	30.1	21715.25	11865.27	54.6	1.60
2004	28486.89	7894.08	27.7	26396.47	14503.10	54.9	1.84
2005	33708.12	8775.73	26.0	31627.98	16535.94	52.3	1.88

资料来源：《中国财政年鉴》（2005），2005 年数据为预算执行数。

4. 财政再分配替代变量

　　财政的再分配功能表现为对高收入阶层征收调节性的税收和对低收入群体给予补贴性的支出两个方面。在税收方面，目前我国调节居民收入的税种主要还是个人所得税，其他如遗产税、赠与税、财产税等尚未开征。个人所得税占税收比重原本可以作为财政再分配力度的一个替代变量，但是目前能收集到个人所得税的数据仅从 1994 年开始，数据序列不完备,因此只好舍弃。[①] 在支出方面,我国现行财政体制下,具有再分配性质的财政支出大致包括"抚恤和社会福利费"、"政策性补贴支出"和"文教、科学、卫生事业费"。[②] 其中,前两项支出属于直接性的再分配支出,其支出效应直接体现为支出当年居民收入状况的变化,而"文教、科学、卫生事业费"则可以看做是间接性的再分配支出,其分配效应要通过人力资本的积累才能逐步显现。基于上述分析,不妨构造两个变量,即"抚恤和社会福利费及政策性补贴占财政支出比重"和"文教、科学、卫生事业费占财政支出比重",作为财政再分配力度的两个替代变量。有关数据整理见表8-8。

表8-8　再分配性财政支出情况

年份	财政支出（亿元）	抚恤和社会福利费（亿元）	政策性补贴支出（亿元）	文教、科学、卫生事业费（亿元）	抚恤和社会福利费及政策性补贴占财政支出比重（%）	文教、科学、卫生事业费占财政支出比重（%）
1978	1122.1	18.91	83.02	112.66	9.08	10.04
1979	1281.8	22.11	79.20	132.07	7.90	10.30
1980	1228.8	20.31	117.71	156.26	11.23	12.72
1981	1138.4	21.72	159.41	171.36	15.91	15.05
1982	1230.0	21.43	172.22	196.96	15.74	16.01
1983	1409.5	24.04	197.37	223.54	15.71	15.86
1984	1701.0	25.16	218.34	263.17	14.31	15.47
1985	2004.3	31.15	261.79	316.70	14.62	15.80
1986	2204.9	35.58	257.81	379.93	13.29	17.23
1987	2262.2	37.40	294.60	402.75	14.68	17.80
1988	2491.2	41.77	316.82	486.10	14.39	19.51
1989	2823.8	49.60	373.55	553.33	14.99	19.60
1990	3083.6	55.04	380.80	617.29	14.13	20.02
1991	3386.6	67.32	373.77	708.00	13.02	20.91
1992	3742.2	66.45	321.64	792.96	10.37	21.19
1993	4642.3	75.27	299.30	957.77	8.07	20.63
1994	5792.6	95.14	314.47	1278.18	7.07	22.07
1995	6823.7	115.46	364.89	1467.06	7.04	21.50
1996	7937.6	128.03	453.91	1704.25	7.33	21.47
1997	9233.6	142.14	551.96	1903.59	7.52	20.62
1998	10798.2	171.26	712.12	2154.38	8.18	19.95

① 我国的《个人所得税法》最早颁布于1980年,此后于1993年10月31日、1999年8月30日和2005年10月27日进行了三次修订。但真正全面征收个人所得税还是从1994年分税制改革以后,以前年份个人所得税所占份额都很小,因此现有公开资料中公布的个人所得税一般都是从1994年起始。

② "抚恤和社会福利费"属于典型的再分配支出,政策性补贴主要是针对城镇居民的各种价格补贴,也算是再分配性支出。至于"文教、科学、卫生事业费"原本应划为大的行政事业费范畴,但从某种意义上讲教育、科学和卫生事业又属于基本公共服务范畴,这类事业的发展有利于提高全民的教育、文化、体质等素养,促进普通居民人力资本的积累,因此我们把这类支出也看做是一种再分配性的支出。

续表

年份	财政支出	抚恤和社会福利费	政策性补贴支出	文教、科学、卫生事业费	抚恤和社会福利费及政策性补贴占财政支出比重（%）	文教、科学、卫生事业费占财政支出比重（%）
1999	13187.7	179.88	697.64	2408.06	6.65	18.26
2000	15886.5	213.03	1042.28	2736.88	7.90	17.23
2001	18902.6	266.68	741.51	3361.02	5.33	17.78
2002	22053.2	372.97	645.07	3979.08	4.62	18.04
2003	24650.0	498.82	617.28	4505.51	4.53	18.28
2004	28486.89	563.46	795.80	5143.65	4.77	18.06
2005	33708.12	706.68	992.39	6060.78	5.04	17.98

二、替代变量的数据特性检验

前面为收入分配状况及与财政相关的影响因素寻找了相应的替代变量。本部分的最终目的是要通过对上述替代变量的计量分析，来验证第一部分理论分析中得出的相关结论。在进行相关计量检验之前有必要对各替代变量的数据特性进行检验，并采取相应的方法进行处理。

（一）数据序列的平稳性检验

对前述各替代变量分别用缩写字母表示，具体如下：

GINI：全国基尼系数；WTA（Wage to Added Value of Secondary & Tertiary Industries）：职工工资与第二、三产业增加值比；PIR（Property Related Income Ration Between Rrban and Rural Residents）：城乡居民财产相关收入比；RERC（Revenue and Expenditure Ratio of Central Government）：中央财政收支比；RDR_1（Redistribution Expenditure Ratio 1）：抚恤和社会福利费及政策性补贴占财政支出比重；RDR_2（Redistribution Expenditure Ratio 2）：文教、科学、卫生事业费占财政支出比重。同时以 LGINI、LWTA、LPIR、LRERC、$LRDR_1$、$LRDR_2$ 分布代表上述六个序列相应的对数序列。

利用 E-views4.1 对上述六个序列及其对数序列进行单位根检验，有关的检验结果见表 8-9 和表 8-10。

从表 8-9、表 8-10 的检验结果可以看出，上述变量的原序列及对数序列均为平稳序列，这样就可以对上述变量直接进行最小二乘法回归以及格兰杰因果检验。

（二）各因素间的回归检验

根据前面的单位根检验，各变量均为平稳过程，于是可以对其直接使用最小二乘法进行回归。以收入分配差距为被解释变量，其余五个因素为解释变量，分布对原序列和对数序列进行了回归，相关的回归方程见表 8-11、表 8-12。

表8-9　变量原始序列单位根检验情况

序列名称	数据阶数	外生变量	滞后阶数	t统计值	收尾概率	检验标准
GINI	水平	无	1	1.435578	0.9585	SIC
	水平	截距	6	−2.845732	0.0690	SIC
WTA	水平	无	0	−1.967071	0.0486	SIC
PIR	水平	无	0	−0.629953	0.4350	SIC
	水平	截距	0	−1.373679	0.5799	SIC
	水平	截距、趋势	0	−3.232816	0.0993	SIC
RERC	水平	无	0	0.889670	0.8949	SIC
	水平	截距	0	−1.091026	0.7044	SIC
	水平	截距、趋势	0	−2.839338	0.1965	SIC
	水平	截距、趋势	2	−3.276204	0.0933	SIC
RDR$_1$	水平	无	0	−0.680937	0.4126	SIC
	水平	截距	0	−0.629215	0.8480	SIC
	水平	截距、趋势	2	−4.306137	0.0116	SIC
RDR$_2$	水平	无	0	1.035757	0.9167	SIC
	水平	截距	0	−3.212354	0.0302	SIC

注：①"外生变量"中，"无"、"截距"、"截距、趋势"分别指检验时"无其他变量"、"包含截距项"和"包含截距项及趋势项"；②t统计值对应的零假设为：解释变量系数为零；③收尾概率含义是：拒绝零假设时犯错误的概率。

表8-10　变量原始序列单位根检验情况

序列名称	数据阶数	外生变量	滞后阶数	t统计值	收尾概率	检验标准
LGINI	水平	无	0	1.438222	0.9587	SIC
	水平	截距	6	−3.978306	0.0066	SIC
LWTA	水平	无	0	−2.405090	0.0182	SIC
LPIR	水平	无	0	−0.471514	0.5018	SIC
	水平	截距	0	−1.236624	0.6433	SIC
	水平	截距、趋势	0	−2.882676	0.1831	SIC
	水平	截距、趋势	3	−3.190789	0.1098	SIC
LRERC	水平	无	0	−1.921253	0.0536	SIC
LRDR$_1$	水平	无	0	−0.763657	0.3760	SIC
	水平	截距	0	−0.423128	0.8915	SIC
	水平	截距、趋势	2	−3.752789	0.0371	SIC
LRDR$_2$	水平	无	0	1.499995	0.9634	SIC
	水平	截距	2	−2.159931	0.2247	SIC
	水平	截距、趋势	0	−2.245738	0.4472	SIC
	水平	截距、趋势	1	−3.549223	0.0548	SIC

注：①"外生变量"中，"无"、"截距"、"截距、趋势"分别指检验时"无其他变量"、"包含截距项"和"包含截距项及趋势项"；②t统计值对应的零假设为：存在单位根；③收尾概率含义是：拒绝零假设时犯错误的概率。

表 8-11　所有变量原序列回归结果

变量名	系　数	标准差	t 检验值	收尾概率
C	41.33	5.42	7.63	0.00
WTA	−0.67	0.19	−3.52	0.00
PIR	0.29	0.15	1.92	0.07
RERC	0.91	1.27	0.72	0.48
RDR_1	−0.54	0.14	−3.78	0.00
RDR_2	0.67	0.13	5.03	0.00
拟合优度	0.97	赤池信息值		3.58
调整后的拟合优度	0.97	施瓦茨信息值		3.86
回归方程标准差	1.32	F 统计值		161.07
残差平方和	38.19	收尾概率（F 统计值）		0.00
对数似然值	−44.07	D.W 值		1.37

表 8-12　所有变量对数序列回归结果

变量名	系　数	标准差	t 检验值	收尾概率
C	3.59	0.44	8.11	0.00
LWTA	−0.30	0.14	−2.10	0.05
LPIR	0.05	0.03	1.80	0.09
LRERC	−0.02	0.06	−0.33	0.75
$LRDR_1$	−0.15	0.06	−2.55	0.02
$LRDR_2$	0.40	0.09	4.25	0.00
拟合优度	0.95	赤池信息值		−2.93
调整后的拟合优度	0.93	施瓦茨信息值		−2.64
回归方程标准差	0.05	F 统计值		76.97
残差平方和	0.06	收尾概率（F 统计值）		0.00
对数似然值	47.00	D.W 值		0.99

从表 8-11、表 8-12 可以看出，无论是原序列还是对数序列，拟合优度（R^2）都很高（基本都在 0.95 左右）。而且两个回归方程中，除"中央财政收支比（RERC，LRERC）"外，其余自变量的收尾概率都在 0.1 以下，说明它们对因变量（收入差距）的影响都很显著。为了进一步分析变量之间的关系，不妨将"中央财政收支比"因素剔除后重新回归，有关结果见表 8-13、表 8-14。

从表 8-13、表 8-14 可以看出，无论是方程整体的拟合优度，还是各解释变量的 t 统计值和收尾概率，显示的回归效果都很好。说明"初次分配的扭曲程度"、"居民财产的分布状况"、"财政直接性再分配支出"和"财政间接性再分配支出"对于居民收入分配差距有着较为显著的影响。

表 8-13　剔除"中央财政收支比"的原序列回归结果

变量名	系　数	标准差	t 检验值	收尾概率
C	43.09	4.78	9.02	0.00
WTA	−0.75	0.16	−4.63	0.00
PIR	0.28	0.15	1.89	0.07
RDR_1	−0.54	0.14	−3.87	0.00
RDR_2	0.71	0.12	5.86	0.00
拟合优度	0.97	赤池信息值		3.53
调整后的拟合优度	0.97	施瓦茨信息值		3.77
回归方程标准差	1.30	F 统计值		205.58
残差平方和	39.08	收尾概率（F 统计值）		0.00
对数似然值	−44.40	D.W 值		1.36

表 8-14　剔除"中央财政收支比"的对数序列回归结果

变量名	系　数	标准差	t 检验值	收尾概率
C	3.56	0.42	8.46	0.00
LWTA	−0.27	0.11	−2.51	0.02
LPIR	0.05	0.03	2.15	0.04
$LRDR_1$	−0.15	0.06	−2.58	0.02
$LRDR_2$	0.38	0.07	5.51	0.00
拟合优度	0.95	赤池信息值		−3.00
调整后的拟合优度	0.94	施瓦茨信息值		−2.76
回归方程标准差	0.05	F 统计值		100.08
残差平方和	0.06	收尾概率（F 统计值）		0.00
对数似然值	46.93	D.W 值		0.99

（三）回归结果的进一步分析

1. 基于回归方程的经济解释

在表 8-13 和表 8-14 所列的两个方程中，得出的各因素影响的作用方向和程度都比较吻合，原序列回归方程的 D.W 值表现较好，但 AIC 和 SIC 两个指标值不如对数序列。另外，考虑到对数序列回归方程中，各变量系数恰好代表因变量相对与自变量的弹性系数，因此，在后面的分析中不妨以表 8-15 中的回归方程（见式 8-29）为例进行说明。

$$LGini = 3.56 - 0.27LWTA + 0.05LPIR - 0.15LRDR_1 + 0.38LRDR_2 \tag{8-29}$$

从式 8-29 可以看出：①GINI 相对于 WTA 的弹性系数为−0.27，即 WTA 每提高一个百分点，GINI 将降低 0.27 个百分点，说明提高初次分配中工资的比重有利于缩小收入差距。②GINI 相对于 WTA 的弹性系数为 0.05，即 PIR 每提高一个百分点，GINI 将提高 0.05 个百分点，说明财产分布的不平衡将导致收入差距的扩大。③GINI 相对于 RDR_1 的弹性系数为−0.15，即 RDR_1 每提高一个百分点，GINI 将降低 0.15 个百分点，说明加大财政直接性再分配力度有利于缩小收入差距。但从效果来看，似乎加大直接性再分配力度不如提高初次分配中工资比重；④GINI 相对于 RDR_2 的弹性系数为 0.38，即 RDR_2 每提高一个百分点，GINI 将提高 0.38 个百分点，说明有利于人力资本积累的间接性财政再分配手段会加剧收入差距的扩大。

2. 间接性财政再分配影响的再分析

根据式 8-29 得出的上述 4 点结论，前 3 点与理论分析中得出的结论基本一致，符合最初的判断，但第 4 点结论恰好与预期结果相反。出现这种结果，一种可能就是进行回归分析所使用的替代变量本身不能完全反映所考察因素的大部分信息，或者说所选替代变量质量不高。如果出现这种情况，那么 GINI 和 RDR_2 这两个替代变量之间将不存在因果关系，这种情况，我们同样可以通过相关的计量方法来加以判断。

（1）GINI 和 RDR_2 之间的格兰杰因果检验。格兰杰因果检验的基本含义是：如果一个经济变量 Y 是另一个变量 X 的原因，那么用已有的 Y 和 X 的值对 X 的未来值进行估计，其误差应该小于用 X 自身已有序列得出的估计值。用公式表示就是检验下列式 8-30 是否成立。

$$MSE\ [\hat{E}\ (x_{t+s}\ |x_t,\ x_{t-1},\ \cdots)] = MSE\ [\hat{E}\ (x_{t+s}\ |x_t,\ x_{t-1},\ \cdots,\ y_t,\ y_{t-1})] \qquad (8\text{-}30)$$

利用 E-views4.1 对 GINI 和 RDR_2 以及它们相应的对数序列 LGINI 和 $LRDR_2$ 进行格兰杰因果检验，相关的检验结果见表 8-15 和表 8-16。

表 8-15　基于原序列的格兰杰因果检验

零假设	样本个数及区间	F 统计值	收尾概率
变量 RDR_2 不是变量 GINI 的格兰杰原因	26（1978~2005）	2.74	0.09
变量 GINI 不是变量 RDR_2 的格兰杰原因	26（1978~2005）	2.25	0.13

表 8-16　基于对数序列的格兰杰因果检验

零假设	样本个数及区间	F 统计值	收尾概率
变量 $LRDR_2$ 不是变量 LGINI 的格兰杰原因	26（1978~2005）	2.88	0.08
变量 LGINI 不是变量 $LRDR_2$ 的格兰杰原因	26（1978~2005）	2.07	0.15

从表 8-15 和表 8-16 可以看出，无论是原序列还是对数序列，GINI 和 RDR_2 之间在数据特征上都存在较为显著的因果关系。因果关系的方向是从 RDR_2 到 GINI，这说明替代变量本身是没有问题的。

（2）剔除 RDR_2 因素的回归分析。事实上，除了进行两因素间的格兰杰因果检验以外，我们还可以借用韩德瑞（David, Hendry）"从一般到特殊"的建模思想，通过在前面表 8-14、表 8-15 表述的回归方程中剔除 RDR_2 这一因素，对比剔除前后的检验结果，从中也能看出 RDR_2 是否为影响 GINI 的重要因素。有关的回归结果见表 8-17 和表 8-18。

对比表 8-17、8-18 和表 8-13、8-14 可以发现，剔除 RDR_2 因素后，无论是方程的拟合优度，还是各变量的显著性都有所降低，尤其是各变量的显著性变化很大。这说明表 8-13 和表 8-14 是很好的拟合方程，也从侧面进一步佐证，RDR_2 是影响 GINI 的重要因素。

表 8-17　剔除 RDR_2 的原序列回归分析

变量名	系　数	标准差	t 检验值	收尾概率
C	5.64	0.27	20.56	0.00
LWTA	−0.67	0.12	−5.75	0.00
LPIR	−0.01	0.03	−0.15	0.88
$LRDR_1$	−0.04	0.08	−0.48	0.64
拟合优度	0.87	赤池信息值		−2.23
调整后的拟合优度	0.86	施瓦茨信息值		−2.03
回归方程标准差	0.07	F 统计值		55.46
残差平方和	0.13	收尾概率（F 统计值）		0.00
对数似然值	35.15	D.W 值		0.37

表 8-18　剔除 $LRDR_2$ 的对数序列回归分析

变量名	系　数	标准差	t 检验值	收尾概率
C	68.20	3.27	20.88	0.00
WTA	−1.43	0.17	−8.35	0.00
PIR	−0.17	0.19	−0.88	0.39
RDR_1	−0.28	0.21	−1.34	0.19
拟合优度	0.93	赤池信息值		4.37
调整后的拟合优度	0.92	施瓦茨信息值		4.56
回归方程标准差	2.01	F 统计值		109.95
残差平方和	97.41	收尾概率（F 统计值）		0.00
对数似然值	−57.18	D.W 值		0.56

（3）可能的解释。无论是格兰杰因果检验，还是"从一般到特殊"的因素剔除法，计量检验的结果都显示间接性财政再分配支出替代变量 RDR_2 与收入差距替代变量 GINI 之间的相关性特征非常显著。这从侧面可以说明替代变量从数据特征上包含了足够的信息，基本可以排除前面提到的替代变量无法全面反映被考察因素的情况。

既然数据本身的原因可以基本排除，那么对于出现的与预期结果相反的，只能从现阶段间接性财政再分配支出对收入差距的影响机制本身中寻找可能的解释。

在理论分析中，我们假定通过教育、卫生等公共服务提供，能够促进社会各阶层人力资本的积累，进而改变全社会范围内的要素分布结构（主要是人力资本分布结构），促进收入差距的缩小。这一假设背后隐含的一个前提条件是，现行的公共服务体系能够使社会全体成员平等地享受到最基本的公共服务，而这种最基本的公共服务能够满足社会成员个人进行人力资本积累的要求。也就是说，间接性财政再分配支出能够缩小收入分配差距的前提条件是，拥有一套平等的公共服务体系，保障社会成员相对公平地进行人力资本积累。

然而，当前的现实情况是，教育、卫生等基本公共服务的提供机制在我国远未建立，省级行政区划间的差别、城乡间差别公共服务方面的不平等状况还很突出（见表

8-19）。基本公共服务的区域差距，其形成有历史的原因，突出表现在公共服务提供的机制存在明显的城乡分割、区域分割的状况。[1] 在现行的公共服务提供机制和状况下，文教科卫方面的财政投入总量的加大最大的可能是加剧此类基本公共服务地区差距、城乡差距的扩大。而公共服务差距的扩大，又将进一步加剧人力资本积累和分布的区域不平衡，进而加剧了收入分配差距的扩大。

表8-19　"基础教育"、"公共卫生"两类基本公共服务地区间差异变动情况

项　目	指　标	2000 年	2001 年	2002 年	2003 年	2004 年	5 年平均
基础教育	变异系数	0.104	0.113	0.114	0.130	0.130	0.118
	最大最小之比（%）	1.619	1.701	1.703	1.794	1.821	1.728
公共卫生	变异系数	0.13	0.132	0.138	0.147	0.139	0.136
	最大最小之比（%）	1.697	1.726	1.833	1.842	1.782	1.774

资料来源：陈昌盛、蔡跃洲（2007），第16页。

上述分析表明，与间接性财政再分配支出可以通过影响人力资本积累，改变要素分布状况，进而影响收入分配状况。在公共服务均等化机制较为成熟和完善的情况下，提高间接性再分配支出有利于人力资本积累的均等化，从而促进收入分配差距的缩小；相反在公共服务差距较为明显状况下，间接性再分配支出的增加反而会加剧人力资本要素积累和分布的不均衡，进而拉大居民收入分配差距。当前，我国基本公共服务的均等化远未实现，相关的体制机制也还在完善之中，间接性再分配支出与收入分配差距之间也因此呈正相关关系。

第三节　简短的结论

第一节和第二节分别从数理分析和经验分析的角度，对我国财政对收入分配的影响进行了实证分析。从实证分析的结果来看，经验分析基本能够佐证数理分析得出的各项结论。总结前面理论与经验实证的结果，结合我国现实情况，可以得出以下几点结论：

（1）长期以来，在我国初次分配领域一直存在着人为的扭曲，突出表现为工人工资水平的长期压抑。与此同时，改革开放以来我国居民财产分布状况也存在不平衡加剧的趋势。这两者都是我国收入分配差距扩大的重要原因。

（2）社会福利支出、政策性补贴支出等财政再分配支出对于缓解收入差距扩大有着较为明显的作用。但从实证结果来看，加大此类支出力度取得的效果不如改善初次分配状况。这意味着，当前我国收入差距扩大的根源还在于初次分配领域的扭曲，今后包括

---

[1] 在我国，新中国成立初期由于为实现赶超战略目标而实施并形成的城乡分割的二元结构是公共服务不平等的一个非常重要的制度性因素。当然，改革开放以后，区域之间梯次发展格局也是公共服务区域不平衡形成的一项重要因素。

财政体制和财政政策在内的各项改革和调控措施，着力点都应围绕理顺初次分配领域秩序展开。

（3）加大教育、医疗等公共服务领域的支出，从理论上讲应该能够有助于社会各收入阶层居民的人力资本积累，并在长期中改善居民的要素分布结构，进而促进收入差距的缩小。但取得上述政策效果的前提条件是基本公共服务的均等化，即全体公民都能很公平地享受到教育、医疗等方面的基本公共服务，从而保障所有公民都具备进行人力资本积累的前提条件。一旦上述前提条件缺失，那么加大这方面支出反而会加剧收入分配差距的扩大。当前，我国的现实情况是：包括教育、医疗卫生等领域在内的基本公共服务，存在显著的城乡差距和地区差距，公平基本公共服务的机制和体制远未形成和完善。在这种背景下，要通过改善公共服务来缩小收入差距，关键不在于增加投入，而在于如何完善现行的公共服务提供机制，推进基本公共服务的均等化。

参考文献

1. Alesina, Alberto and Perotti, Roberto（1993）："Income Distribution, Political In stability, and Investment", NBER Working Paper, No. 4486.

2. Alesina, Alberto and Rodrik, Dani（1991）："Distributive Politics and Economic Growth", NBER Working Paper, No. 3668.

3. Deiminger, Andsquire. World Bank Income Inequality Database（WIID）, World Bank, 2005.

4. Galor, Oded and Tsiddon, Daniel（1996）："Income Distribution and Growth：The Kuznets Hypothesis Revisited", Economica, New Series, Vol.63, No.250, Supplement：E conomic Policy and Income Distribution, S103–S117.

5. Galor, Oded and Zeira, Joseph（1993）："Income Distribution and Macroeconomics", The Review of Economic Studies, Vol.60, No.1, 35–52.

6. Romer, David（2001）："Advanced Macroeconomics（second edition）", McGraw-Hill.

7. 陈昌盛、蔡跃洲：《中国政府公共服务报告：体制变迁与综合评估》，中国社会科学出版社，2007 年。

8. 李实、魏众、丁赛：《中国居民财产分布不均等及其原因的实证分析》，《经济研究》，2005 年第6 期。

9. 李实、赵人伟：《中国居民收入分配再研究》，《经济研究》，1999 年第 4 期。

10. 李实、赵人伟、张平：《中国经济改革中的收入分配变动》，《管理世界》，1998 年第 1 期。

11. 王卫星等：《论新时期我国财政收入的"两个比重"问题》，《财税改革纵论——财税改革论文及调研报告文集 2004》，经济科学出版社，2004 年。

12. 汪同三、蔡跃洲：《投资、净出口拉动经济增长的深层次原因——从收入分配视角的分析》，《东北大学学报（社会科学版）》，2007 年第 1 期。

（本章作者：蔡跃洲）

第九章 宏观经济因素对企业财务危机影响的实证分析

第一节 引 言

分析和掌握企业陷入财务危机的驱动因素，准确评估企业的财务风险，无论对于企业管理层、投资者和债权人还是宏观经济管理部门来说都具有十分重要的意义。对于企业管理层来说，需要定期评估企业面临的财务风险，以制定预防和应对财务危机发生的措施；对于投资者来说，有效评估企业财务危机发生的概率，可以避开对财务风险较高公司的投资，降低和避免投资损失；对于银行和其他金融机构来说，准确评价贷款企业或债券发行企业的财务风险，可以准确评估原有资产组合的风险，并对新的信贷投资作出正确的决策；对于国家宏观经济管理部门来说，了解和掌握企业财务危机发生驱动因素，可以及时调整宏观经济政策以避免经济的大幅波动。

一般来说，导致企业陷入财务危机的因素包括公司特性、行业特征和宏观经济特征三大类。也有一些学者利用证券市场信息来研究企业的信用风险。[①] 国内外相关领域的学者已经针对企业特性因素做了大量的理论和实证研究，开发出了一些比较成熟的企业财务风险评价和预测模型。对于行业特性，在相关的研究中一般作为控制变量处理，不做深入的分析和探讨。对于宏观经济因素的理论和实证研究，国外学者已经进行了初步的尝试，并得出了一些有益的结论。Altman（1983）发现，在经济衰退时期，企业更容易陷入危机，经济增长、股价指数和货币供给量对公司陷入危机的概率有显著影响。Wilson（1997）、Carey（1998）、Altman 和 Brady（2001）研究证明信用风险与经济周期有很大的关系，认为是信用风险与经济周期的关系是因为在经济下滑时期银行倾向于收缩信贷造成了更多的拖欠形成的。Bae（2002）以亚洲金融危机为背景，证实宏观经济状况通过银企关系影响公司财务危机发生的概率。国内对宏观经济因素对于企业财务危机的影响的研究十分鲜见。仅有个别学者从宏观经济对于信用风险的影响的角度，探讨了宏观经济对于资产价值以及资产价值的波动性的影响。

本章的主要目的是在同时考虑企业特质、行业因素和宏观经济变量的基础上，采用上市公司数据实证研究公司陷入财务危机概率的决定因素。实证结果表明，公司陷入财

---

① 信用风险主要是指企业发生拖欠的概率，与财务危机有着极为密切的关系。一般来说，只有陷入财务危机的企业才会发生拖欠，所以绝大多数学者在研究中对于财务风险和信用风险不做严格的区分。

务危机的概率和宏观经济的周期和信贷政策周期有着重要的联系。在经济增长的高涨时期，出口和固定资产投资增长率增加，上市公司陷入财务危机概率降低；信贷扩张期，上市公司陷入财务危机的概率降低，这一时期由于公司负债水平提高，积累了较大的潜在财务风险，在随后几年里，积累的财务风险会开始显现，公司陷入财务危机的概率增大。

第二节　文献综述

根据解释变量类型，可以将财务危机评价和预测模型分为三类：①主要采用财务比率的模型；②主要采用市场信息的模型；③采用宏观经济变量或者考虑与之相关性问题的模型。

第一种模型的代表就是 Altman's（1968）开发的被大家广泛熟知的 Z-score 模型。该模型是通过判别分析建立的，公司陷入财务危机概率是解释变量和各自系数的线性函数。该模型只包含公司财务因素的模型，被解释变量常用来预测公司在一段时间之内破产的概率。Z-score 模型中变量是营运资本比总资产、息税前利润比总资产、权益市场价值比负债、收入比总资产四个财务指标。

由于多元线性判定模型有一个很严格的假设，即假定自变量是呈正态分布的，两组样本（危机公司组和正常公司组）要求等协方差，而现实中的样本数据往往并不能满足这一要求。因此，许多学者对这一类型模型的计量方法进行了改进。Ohlson（1980）的相关研究使财务危机预测的方法得到了重大改进。他采用 Logistic 分析方法，从而克服了传统判别分析中的许多问题，包括财务比率属于正态分布的假设以及失败与非正常企业具有同方差——协方差矩阵的假设。从 20 世纪 80 年代以来，多元 Logistic 回归分析法代替判别分析法，在财务危机预测研究领域占据主流地位。20 世纪 90 年代以来，Odom（1990）、Barbro Back 等人（1996）及 Amir F. Atiya（2001）采用神经网络理论研究了破产预测模型建立问题。Tyler Shumway（2001）尝试采用生物医学领域的 COX 模型建立了基于生存分析的财务危机预测模型。国内学者遵循这一模型研究思路，该领域的研究文献日益增多。其中具有代表性的有吴世农和卢贤义（2001）、张鸣和张艳（2003）、刘洪和何光军（2004）、陈磊和任若恩（2007）等人的研究。需要说明的是，这里提到的大多数模型不仅仅是采用财务信息。

第二种模型代表是由 Merton（1974）利用期权定价模型（Black 和 Scholes，1973）建立的信用风险定价结构模型。在该模型中，公司的违约过程是由公司的资产价值驱使的。如果公司的市场价值低于其借贷资金总额，借款者将会有动力来拖欠。拖欠的选择权由三个变量决定：公司资产的市场价值，短期利率，资产的波动性。后来有些学者（Geake，1977；Vasicek，1984），分别通过引入有息债务、对长短期债务的区分，对该模型进行了改进与发展。最近的该类模型的文献研究有 Tudela and Young（2003）、Moody's KMV model（2004）、Couderc and Renault（2005）。

Merton 的结构模型存在很明显的缺陷，在实践中应用不是很成功。首先是公司资产市场价值和权益价值波动性很难观察到。这需要可以获取的权益价格信息，因此结构模型通常只能用于上市公司。此外，Bunn and Redwood（2003）提到，Merton 模型通常可以给公司信用做很好的排序，但不能提供拖欠概率更准确的信息。另一个结构模型的缺陷是，在实践中，当公司的市场价值低于借贷规模时，公司并不总是拖欠。该模型是穆迪公司开发 KMV 模型的基础模型。

对于最后一类模型的研究，均是建立在以上两类模型基础上的。Basel Ⅱ 清楚地讨论了信用风险随时间而变化，与宏观经济状况相关。其主要的思想是：大多数的风险是在宏观经济上行、银行要求放松信贷标准的时候积累的，但是风险的显现只有在经济突然下滑时才出现。一些学者如 Pederzoli 和 Torricelli（2005）、Jiménez 和 Saurina（2006）、Kent 和 D'Arcy（2001）认为经济衰退时期较高的拖欠率恰好是经济繁荣时期逐渐积累的。此外，Korajczyk 和 Levy（2003）观察到财务杠杆率在经济景气时期上升只是受融资约束的公司，[①] 而对于那些不受融资约束的公司，财务杠杆是反周期的，他认为银行应该有超经济周期的视野在经济增长时期（最显著的特征伴随着信用的强劲扩张）去批准贷款，以最小化贷款损失。Wilson（1998）开发的 CreditPortfolioView（麦肯锡信用风险模型）首先强调采用多因素模型引进宏观变量可以解释信用风险定价模型。Bangia et al.（2002）也证明了宏观经济发展在信用风险的影响中发挥着重要的作用。Xianghong Li 和 Xinlei Zhao（2006）采用生存模型研究了宏观经济因素对企业拖欠概率的边际效应，发现在控制了公司特性和产业效应后，市场收益和通货膨胀率与企业拖欠概率显著相关，整体市场收益每下降 10%，拖欠概率上升 0.8%；通过膨胀率每上升 1%，拖欠率上升 0.01%。

从国外对于第三类模型的研究结果来看，普遍的观点是经济周期对于企业财务或信用风险有显著影响，在经济周期上升阶段，企业发生财务危机概率降低，但是这一阶段由于宏观经济和企业不平衡发展（如经营现金流增长与利润增长不匹配等），往往也是企业财务风险的积累期，一旦经济出现下滑，积累的财务风险开始集中显现，企业发生财务危机的概率增大。对于其他因素如市场收益、通货膨胀率等对于企业财务危机发生概率的影响，尚没有统一的结论。总体来说，对于宏观经济因素对于企业财务危机的影响尚处于探索阶段，在实际的财务或信用风险评估模型尚没有得到公众认可的比较成熟的广泛应用。

第三节　计量模型

一般来说，对于财务危机预测和评价的理论模型是按照如下方法建立的。我们假定公司 i 在时间 t 发生财务危机与否是一个随机变量 Y_{it}。

---

① 即需要资金的企业。

$$Y_{it} = \begin{cases} 1 & \text{如果公司 i 在 t 时期财务危机} \\ 0 & \text{否则} \end{cases}$$

如果定义为发生财务危机的发生概率，则财务危机发生的概率：

$$P_{it} = \text{Prob}\,(Y_{it} = 1) \tag{9-1}$$

我们考虑三类解释公司陷入财务危机的变量：一类为公司特性 X_{it}，另一类为产业变量 I，还有一类为宏观经济变量 Z_{it}。如果将公司发生财务危机的概率按照线性模型估计的话，则：

$$P_{it}\,(X_{it},\ I,\ Z_t = \text{Prob}\,(Y_{it} = 1|X_{it},\ I,\ Z_t) = F\,(\bar{\alpha}it + \bar{\beta}X_{it} + \bar{\gamma}I + \bar{\delta}Z_{it}) \tag{9-2}$$

如果误差项符合 Logistic 分布，则陷入财务危机的概率为：

$$P_{it}\,(X_{it},\ I,\ Z_t = \text{Prob}(Y_{it} = 1|X_{it},\ I,\ Z_t) = \frac{\exp\,(\bar{\alpha}it + \bar{\beta}X_{it} + \bar{\gamma}I + \bar{\delta}Z_{it})}{1 + \exp\,(\bar{\alpha}it + \bar{\beta}X_{it} + \bar{\gamma}I + \bar{\delta}Z_{it})} \tag{9-3}$$

式 9-3 中各个财务危机发生的解释变量系数采用面板数据的极大似然法估计。本章将采用公式三来探讨各种解释变量对于上市公司陷入财务危机所起的作用。

第四节　样本与变量

一、财务危机的定义

对于"财务危机"的定义，国内外学者有很多不同的标准，Altman（1993）综合了学术界对财务危机的定义，将财务危机分为四种情形：①失败（Failure）：典型代表是商业信用调查公司 Dun & Bradstreet 采用的"经营失败"（Business Failure）概念，指公司经营因为破产而停止，或者处置抵押品后仍对债权人造成损失；无法按期偿付债务，由于法律纠纷被接管重组等情况。②无偿付能力（Insolvency），包括技术上的无力偿付和破产意义上的无力偿付。前者是指企业缺乏流动性，不能偿付到期债务，主要用净现金流是否能满足流动负债的支付需要作为判别技术上是否无偿付能力的标准；而后者是指企业资不抵债，净资产为负等情况。③违约（Default）。违约可以是技术上的或法律上的，前者是指债务人违反合同规定并可能招致法律纠纷，后者则指债务人到期无法还债。④破产（Bankruptcy），指企业提交破产申请后被接管清算。

对财务危机定义的不同必然导致研究对象的差异，从而得到不同的研究结论。国外大多数研究将企业根据破产法提出破产申请的行为企业陷入财务危机的标志，如 Altman（1968）、Ohlson（1980）、Casey and Bartczak（1985）。此外，也有部分学者把破产、拖欠优先股股利和债务作为确定企业陷入财务危机的标志，如 Beaver（1966）。而 Jain and Nag（1997）则将首次发行股票后第三年的资产营运收入低于其股票发行前一年收入的企业定义为财务危机企业。

在国内财务危机评价和预测的研究中，由于非上市公司的数据很难获得，所以基本上所有的实证研究都以上市公司作为研究对象。我国《企业破产法》虽然早在 1986 年颁布，并于 1988 年 11 月 1 日开始试行，但迄今为止，还没有一家上市公司破产的案例，所以以破产标准来研究上市公司财务危机问题显然是不可行的。因此，国内研究基本是把上市公司被特别处理（ST）作为企业陷入财务危机的标志，如陈静（1999），陈晓、陈治鸿（2000），吴世农、卢贤义（2001），李华中（2001）等。我国证券市场自 1998 年 3 月起开始推行 ST 制度。深沪交易所的上市规则规定上市公司在出现财务状况异常或其他状况异常的情况下要进行特别处理。财务状况异常主要指三种情况：①最近两个会计年度的审计结果显示的净利润均为负值；②最近一个会计年度的审计结果显示其股东权益低于注册资本，即每股净资产低于股票面值；③最近一个会计年度的审计结果显示其股东权益为负。2004 年 11 月修订的上市规则取消了第二种情况需要特别处理的条款。

国内也有少数学者将财务危机按其他标准界定，如长城证券课题组（2001）将首次出现亏损的公司界定为财务危机公司；吕长江等人（2004）则把财务危机界定为流动资产小于流动负债。

本节拟选择息后经营现金流为负的公司作为公司是否陷入财务危机的标志。一方面的原因是，公司经营现金净流量不足以支付利息支出（财务费用），即息后经营现金净流量为负。当期经营活动获取的现金净流量不够支付当期利息费用的公司，很难有能力支付银行贷款等债务，因此处于极高的流动性危机状态之中。另一方面的原因是，现金流不易被公司会计政策操控，用利润陷入财务危机衡量公司陷入财务危机往往是公司经营恶化不能逆转的情况下才会显现，这种财务危机预测意义会降低。

根据我们统计，自 1998 年上市公司实行 ST 制度以来，截至 2008 年 5 月，共有 383 家上市公司被 ST，其中有 373 家发生过息后经营现金流为负，占整个 ST 公司的 97%。在这 373 家公司中，有 294 家是 t–1 年[①]之前发生息后经营现金流为负，占 79%；43 家在 t–1 年发生息后现金流为负，占 12%；37 家在 t–1 年之后发生了息后经营现金流为负，占 9%。详细的比较见图 9–1。373 家公司发生息后经营现金流为负年份加权平均约

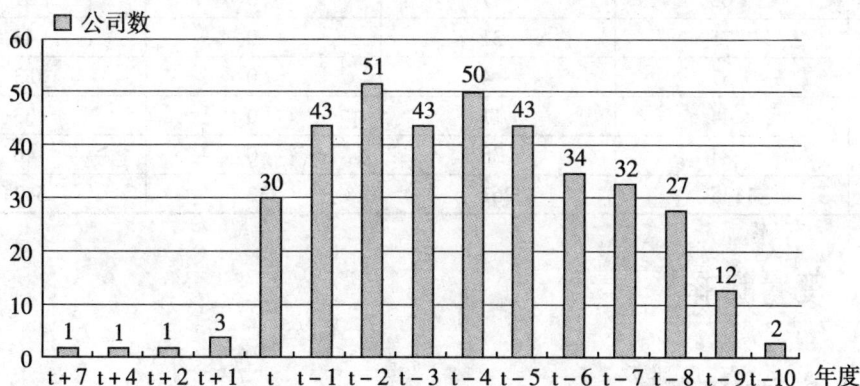

图 9–1　ST 公司各年发生息后经营现金流为负公司数量

---

① t 年是宣布公司被 ST 的当年，但一般是因为上年经营业绩不好而在下一年被 ST 的。

为 t-4 年。从这些比较中可以看出，息后经营现金流为负是公司被 ST 的重要前兆，是比公司被 ST 稍轻的财务危机，根据我们统计分析和其他学者的研究大多数公司被 ST 之后，要么退市，要么通过资产置换、重组才能被摘帽。因此，公司一旦被 ST，公司陷入严重的财务危机，其经营情况的恶化具有不可逆转性。因此，采用首次发生息后经营现金流为负作为发生财务危机的标志更具有实际意义。

二、样本选择

根据统计，自 1998 年上市公司被要求编制现金流量表以来，共有 1135 家公司发生过财务危机。由于本章的目的是研究各种因素对于上市公司陷入财务危机的影响，采用危机发生当年的财务数据反映公司财务特性没有任何意义，需要采用财务危机发生上滞后一年的数据。因此，在 1135 家公司中删除上年数据缺失的公司：①上市当年即发生财务危机的公司；②1998 年发生财务危机公司（因为现金流量表 1998 年才开始编制）；③其他原因缺失的公司。最后选择 542 家公司作为财务危机公司样本。按照同样的方式选择了 1998~2007 年未发生财务危机的 3038 个观察值作为非危机公司样本（其中包含542 家危机公司发生危机滞后一年之前的观测值 934 个，不包含危机公司发生危机滞后一年的观测值）。最终的样本数据是一个非平衡面板数据。

表 9-1　财务危机公司样本的选择过程

年度	各年财务危机公司	减：上市当年发生财务危机公司	减：其他上年数据缺失公司	财务危机公司样本
1998	370	43	327	0
1999	162	46	1	115
2000	122	40	3	79
2001	94	23	1	70
2002	59	8	0	51
2003	68	17	0	51
2004	75	31	0	44
2005	57	4	0	53
2006	44	11	0	33
2007	84	38	0	46
合计	1135	261	332	542

三、变量选择

(一) 宏观经济变量

1. GDP 实际增长率

GDP 增长率是反映整体宏观经济状况的最具概括性的指标。GDP 增长率的波动在一定程度上反映了经济周期性波动的情况。当经济增长率较高时，经济处于高涨、繁荣时期，企业的盈利水平较高，企业发生财务危机概率较小。因此，从理论上讲，企业发生财务危机概率与 GDP 增长率反映的经济周期成反比关系。但是由于在经济高涨时期，企业和银行对于盈利前景一般均具有良好预期，因此，企业倾向于负债融资，银行也愿意放贷，企业负债水平较高，积累了较大的潜在财务风险，在经济衰退时期财务风险开始显现，企业发生财务危机的概率增大，因此，GDP 增长率的滞后值可能会随着滞后期的增加，和财务危机发生概率的反向关系可能减弱，并有可能将为转为正向关系。

2. 出口增长率

出口的增长对于中国宏观经济的拉动作用是实践和理论界的共识，一般来说，出口增长率越高，企业发生财务危机的概率越低。研究出口增长率和财务危机关系可以为国家的外贸相关政策提供决策依据。

3. 固定资产投资增长率

和出口增长率一样，固定资产投资对于中国宏观经济的拉动作用也非常明显，固定资产投资增长率越高，对于相关产品的需求旺盛，企业盈利越高，发生财务危机的概率越小。

4. 证券市场回报率

国外的实证研究发现证券市场回报率是未来经济活动有效的先导因素，负的市场回报预示着工业不景气，这方面的研究有 Barro（1990），Fama（1990），Chen（1991），Lee（1992）和 Peiro（1996））。因此预测财务危机和与市场回报负相关。本节用股票指数增长率反映证券市场回报率。股票指数增长率用深沪市场综合指数增长率的算术平均值计算。

5. 真实的贷款利率

真实贷款利率是名义利率与通货膨胀率的差额。Fioritoand Kollintzas（1994）的研究显示美国的利率是经济周期的先导指示变量。随着货币供应的紧缩和高的贷款利率，借贷成本上升，对利率比较敏感的投资如资本支出和建设倾向于下降，从而造成经济活动的下滑。因此，真实的利率与财务危机发生概率正相关。但是，实际利率上升时，意味着贷款（债权融资）的成本上升，企业此时会更多地采用股权融资和较低地财务杠杆比率。本节的名义利率我们采用一年期贷款利率（每年的一年期贷款利率按照央行公布的时间加权平均计算），通货膨胀率采用 CPI。

6. 消费物价指数的增长率

消费物价指数增长越快，通货膨胀率越高。对于通货膨胀率与经济活动之间的关系，到目前为止还没有一个结论性判断。Geske 和 Roll（1983），Ram 和 Spencer（1983），Stulz（1986）的研究认为通货膨胀率和经济活动之间负相关，而其他的研究如 Lee（1992）发现通货膨胀率对于经济活动的变化几乎没有解释作用。价格波动提高了公司的经营风险，使得公司的销售量、产品价格和成本结构的波动性加大，导致公司收入的波动性加大，从而提高了企业的经营风险。我们假设通货膨胀率与财务危机发生概率正相关。

7. 财政收支比

财政收支比是财政支出比财政收入，反映了财政政策松紧程度。财政政策扩张会增加固定资产投资和居民消费水平，但是扩张的财政政策一般是在经济周期处于低谷时为刺激经济复苏使用。因此，财政收支比一般与企业发生财务危机概率成正比。

8. 银行信贷余额增长率

银行信贷余额的增长率反映了货币政策的宽松程度，同时也反映了经济周期状况。货币政策宽松，经济繁荣，会刺激企业更多的贷款，这一时期由于企业盈利水平较高，发生危机的概率较低，但此时由于企业负债率水平的提高，积累了较多的财务风险。在经济衰退时期即使信贷余额不再增长，企业发生财务危机的概率也会增大。因此，信贷余额增长率的滞后值可能会随着滞后期的增加，和财务危机发生概率的反向关系可能减弱，并有可能将为转为正向关系。

（二）行业变量

本节采用中国证监会的行业分类方法，将非金融类上市公司分为 12 个大类，它们是：①农林牧渔业；②采掘业；③制造业；④电力、煤气及水的生产和供应业；⑤建筑业；⑥交通运输、仓储业；⑦信息技术业；⑧批发和零售贸易；⑨房地产业；⑩社会服务业；⑪传播与文化产业；⑫综合类。下面将这 12 个行业按照虚拟变量处理。

（三）企业特性变量

（1）资产负债率：反映企业财务结构稳健性和相对负债水平。资产负债率水平越低，利息费用越低，发生财务危机概率越小。

（2）现金比流动资产：反映了企业流动资产流动性。在同等条件下，流动资产中现金含量越高，则应收账款和存货水平越低，盈利质量较好，发生财务危机概率越低。

（3）毛利率：反映了企业产品盈利能力。企业产品越有竞争力，其毛利水平越高，发生财务危机概率越低。

（4）资产收益率：反映企业资产盈利能力。企业资产盈利能力越高，发生财务危机概率越小。

（5）经营现金流比总资产：反映了企业经营现金流的产出能力。企业经营现金流产出能力越高，企业盈利质量越高，偿债能力越高，发生财务危机概率越小。

（6）上市年龄：企业上市时间越长，由于 IPO 融资带来的负债率降低和现金的充盈等正面效应越低，发生财务危机的概率越高。

第五节 实证结果

一、描述性统计

（一）公司特性指标的 T 检验

通过表 9-2 可以看出，反映公司特性的各个指标均在正常公司和财务危机公司之间达到 0.01 的显著性水平，除上市年龄外，所有指标差异方向均与预期相符，其中差异最大的毛利率和资产收益率两个盈利性指标，差异较小的是资产负债率和现金比流动资产两个资产负债结构比率，说明财务危机公司发生财务危机的前兆是首先从其盈利能力的下降开始的。上市年龄与我们的预期相反，财务危机公司的年龄小于正常公司。

表 9-2　公司特性指标 T 检验

指　标	正常公司		财务危机公司		T 值	P 值	均值差
	均值	标准差	均值	标准差			
资产负债率	37.9%	0.164	41.4%	0.159	-4.75	0	-3.5%
现金比流动资产	43.7%	0.215	38.1%	0.217	5.624	0	5.7%
资产收益率	7.0%	0.052	5.2%	0.046	8.468	0	1.9%
毛利率	31.0%	0.175	24.9%	0.143	8.866	0	6.1%
经营现金流比总资产	8.8%	0.056	6.7%	0.060	7.641	0	2.1%
上市年龄	4.1	3.245	3.0923	2.777	7.568	0	1.0

（二）宏观经济指标及其相关矩阵

表 9-3 是 1998~2007 年我国主要宏观经济指标，可以看出，这一区间我国宏观经济处于从低谷到顶峰的上升阶段。与 GDP 增长率相关度最高的是固定资产投资增长率和真实贷款利率，相关度达到 0.01 的显著性水平，前者与 GDP 增长率正相关，后者与 GDP 增长率负相关。出口增长率和财政支收比次之，与 GDP 增长率相关度达到 0.05 的显著性水平，前者与 GDP 增长率正相关，后者与 GDP 增长率负相关。股票指数增长率、信贷余额增长率和消费价格指数尽管与 GDP 正相关，但相关度均没有达到显著性水平。

二、回归结果

附表 1、附表 2、附表 3 是我们采用 Logistic 随机效应面板数据模型的回归结果。

首先从公司特性来看，资产收益率、毛利率、经营现金流比总资产、公司年龄均达到了 0.01 的显著性水平，说明公司的资产盈利能力、产品盈利能力、现金产出能力是影

表 9-3   1998~2007 年主要宏观经济指标

年度	GDP 增长率（%）	出口增长率（%）	固定资产投资增长率（%）	股票指数增长率（%）	财政支收比	真实贷款利率（%）	贷款增长率（%）	消费价格指数增长率（%）
1998	7.8	0.5	13.9	−7.0	1.09	8.4	15.5	−3.5
1999	7.6	6.1	5.1	18.0	1.15	7.5	8.3	−0.6
2000	8.4	27.8	10.3	55.0	1.19	5.5	6.0	1.8
2001	8.3	6.8	13.1	−23.0	1.15	5.2	13.0	0.3
2002	9.1	22.4	16.9	−18.0	1.17	6.2	16.9	−1.5
2003	10.0	34.6	27.7	4.0	1.14	4.1	21.1	1.9
2004	10.1	35.4	26.8	−16.0	1.08	1.5	12.1	2.7
2005	10.4	28.4	26.0	−10.0	1.07	3.8	9.3	−2.0
2006	11.1	27.2	23.9	114.0	1.04	4.4	15.7	−0.3
2007	11.4	25.7	24.8	131.0	0.97	2.0	16.4	3.3

表 9-4   宏观经济指标的相关性矩阵

	GDP 增长率（%）	出口增长率（%）	固定资产投资增长率（%）	股票指数增长率（%）	财政支收比（%）	真实贷款利率（%）	贷款增长率（%）
出口增长率	0.740*						
固定资产投资增长率	0.879**	0.751*					
股票指数增长率	0.557	0.237	0.166				
财政支收比	−0.748*	−0.199	−0.6	−0.606			
真实贷款利率	−0.823**	−0.787**	−0.787**	−0.306	0.549		
贷款增长率	0.392	0.15	0.533	0.074	−0.282	−0.143	
消费价格指数增长率	0.446	0.604	0.337	0.414	−0.196	−0.747*	0.06

注：* 表示在 0.05 水平上显著，** 表示在 0.01 水平上显著。

响公司陷入财务危机的重要因素，盈利能力越高，公司越不易陷入财务危机，公司年龄与公司陷入财务危机的概率成反比，公司上市时间越长，越不易陷入财务危机。此外资产负债率也达到了 0.05~0.10 的显著性水平，公司负债率越高，公司越容易陷入财务危机。现金比流动资产虽然与公司陷入财务危机的概率成反比，但没有达到显著性水平，这与描述性统计的 T 检验结果不同。

其次，从行业变量来看，我们看到行业因素也是影响公司是否陷入财务危机很重要的因素。相对于农林牧渔业公司来说，信息技术业、综合类、房地产业三个行业的公司更容易陷入财务危机，但是与农林牧渔业公司没有显著差异；相对于农林牧渔业公司来说，采掘业、交通运输仓储业、电力、煤气及水的生产和供应业、批发和零售贸易、社会服务业、制造业、传播与文化产业、建筑业八个行业公司更不容易陷入财务危机，但传播与文化产业、建筑业两个行业与农林牧渔业之间差异没有达到显著性水平，其余六个行业均达到显著性水平，与农林牧渔业相比，更不容易陷入财务危机行业顺序（由大到小）是采掘业、交通运输仓储业、电力煤气及水的生产和供应业、批发和零售贸易、社会服务业、制造业，前三个行业均是具有一定垄断地位的行业。

最后，从宏观变量来看，我们发现经济周期对公司是否陷入财务危机有着较为明显的影响：①GDP 实际增长率与公司陷入财务危机概率成反比，在公司陷入财务危机当年和滞后一年有显著影响，对公司陷入财务危机概率的解释作用随滞后期递减。②出口增长率与公司陷入财务危机概率成反比，在公司陷入财务危机当年和滞后三年均达到显著性水平，而且解释作用随滞后期增加而递增。③固定资产投资增长率与公司陷入财务危机概率成反比，和 GDP 增长率一样，只在公司陷入财务危机当年或滞后一年达到显著性水平，其解释作用随滞后期的增加而降低。④真实利率水平与公司陷入财务危机概率成正比，但在公司陷入财务危机当年没有达到显著性水平，滞后一年或两年达到显著性水平，其解释作用随滞后期的增加而增加。⑤银行信贷增长率在公司陷入财务危机当年和滞后一年与公司陷入财务危机概率成反比，但在滞后两年与公司被 ST 的概率成正比，但其解释作用只有在滞后一年达到显著性水平。这在某种程度上反映了信贷政策造成风险积累和释放过程，即信贷扩张时期虽然公司盈利和现金流量增加，但由于负债增加积累了较高的风险，一旦经济紧缩，风险会立刻显现。⑥消费价格指数增长率在公司陷入财务危机的当年与公司陷入财务危机概率成正比，但在滞后一年和两年与公司陷入财务危机概率成反比，特别是滞后两年达到了 0.01 的显著性水平。

从各年各个宏观经济变量的解释作用来看，在公司陷入财务危机当年和滞后一年，固定资产投资增长率解释作用最强；在公司陷入财务危机滞后两年，真实利率水平解释作用最强；从三年总体来说，公司财务危机发生当年的固定资产投资增长率解释作用最强。

此外，我们将按资产平均值将公司分成大公司和小公司，可以看出宏观经济变量对于规模大的公司所起的作用远远小于资产规模小的公司。我们按照公司第一大股东实际控制类别，对于国有公司和民营公司分别进行了回归，发现宏观经济周期对于民营公司影响远远大于国有公司。

第六节 结 论

根据实证结果来看，公司特性、行业因素、宏观经济因素均是影响公司是否陷入财务危机的重要因素，相对来说，公司特性和行业因素所起作用更大。同时，我们发现经济周期对于公司陷入财务危机的概率也有着重要影响，经济增长高峰时期，出口增长率和固定资产投资增长率较高，公司陷入财务危机概率最小。真实利率水平越高，公司陷入财务危机概率越大。在公司发生财务危机的当年和滞后一年，信贷余额增长越快，公司陷入财务危机概率低，但滞后两年的信贷余额增长率越高，公司陷入财务危机概率越高。尽管后一种情形可能由于时间较短原因并不显著，但在一定程度上反映了信贷扩张对风险积累和信贷紧缩对风险显现过程。公司陷入财务危机的当年的消费价格指数增长率与公司陷入财务危机概率成正比关系，但这一关系并不显著。滞后两年的消费物价指数与公司陷入财务危机概率呈显著的负相关关系。

中国经济经过了 2006~2007 年的高速发展时期，2008 年受国内外各种复杂因素的影响，正面临着十分严峻的考验。物价指数居高不下，房地产企业资金紧张，江浙民营企业资金链断裂现象时有发生。本章的研究或许能对宏观经济管理部门和企业管理层提供一些政策和决策依据。经济周期对于任何一个国家宏观经济都不可避免。宏观经济管理部门要在经济增长的高峰阶段要未雨绸缪，及早调整金融政策，防止企业负债过高，积累太多风险，避免一旦经济下滑，企业发生大面积支付危机；对于企业管理层来说，要积极关心宏观经济走势和国家宏观政策变化，在关注企业盈利增长的同时，关注企业现金流和负债水平的变化，制定宏观经济下滑或者宏观经济政策发生变化的各种应对措施，防止企业陷入财务危机。

需要说明的是，由于数据的关系，本章的数据样本时间较短，只包含经济上升周期，如果拉长时间窗口，宏观经济对于财务危机影响的结论也许有所不同。

参考文献

1. Altman, E. (1968), Financial ratios, discriminant analysis and the prediction of corporate bankruptcy, *The Journal of Finance*, Vol.23, No.4, 589–609.

2. Altman, E. I., (1983), Corporate Financial Distress and Bankruptcy, *John Wiley & Sons*.

3. Bangia, A., Diebold, F., Kronimus, A., Schagen, C. and Schuermann, T. (2002), Ratings migration and the business cycle, with an application to credit portfolio stress testing, *Journal of Banking and Finance*, No.26, 445–474.

4. Basel Committee on Banking Supervision (2004), International convergence of capital measuremen and capital standards: a revised framework, *BIS report*, June 2004.

5. Bharath, S., and T. Shumway, (2005), Forecasting default with the KMV-Merton model, *Working paper*, University of Michigan.

6. Bunn, P. and Redwood, V. (2003), Company accounts based modelling of business failures and the implications for financial stability, *Bank of England Working Paper* No.210.

7. Fama, E., (1990), Stock returns, expected returns, and real activity, *Journal of Finance* 45, 1089–1108.

8. Kent, C. and D'Arcy, P. (2001), Cyclical prudence-credit cycles in Australia, *BIS Papers* No. 1, 58–90.

9. Korajczyk, R.A. and Levy, A. (2003), Capital structure choice: macroeconomic conditions and financial constraints, Journal of Financial Economics, 68, 75–109.

10. Lee, B., 1992, Causal relations among stock returns, interest rates, real activity, and inflation, *Journal of Finance* 47, 1591–1603.

11. Merton, R. (1974), On the pricing of corporate debt: the risk structure of interest rates, *The Journal of Finance*, Vol.29, No.2, 449–470.

12. Moody's (2004), The Moody's KMV EDF Riskcalc v3.1 model, Moody's KMV Company. Nickell, P., Perraudin, W. and Varotto, S. (2000), Stability of rating transitions, *Journal of Banking and Finance*, No.24, 203–227.

13. Ohlson, J., 1980, Financial Ratios and the Probabilistic Prediction of Bankruptcy, *Journal of Accounting Research* 19, 109–131.

14. Pederzoli, C. and Torricelli, C. (2005), Capital requirements and business cycle regimes: forward-looking modelling of default probabilities, *Journal of Banking and Finance*, No.29, 3121–3140.

15. Shumway, T. (2001), Forecasting bankruptcy more accurately: a simple hazard model, *The Journal of Business*, Vol.74, No.1, 101–124.

16. Stulz, R. M. 1986, Asset pricing and expected inflation, *Journal of Finance* 41, 209–223.

17. Tudela, M. and Young, G. (2003), Predicting default among UK companies: a Merton approach, *Bank of England Financial Stability Review*, June 2003.

18. Wilson, T. (1998), Portfolio credit risk, *Federal Reserve Board of New York Economic Policy Review*, October 1998.

19. Wilson, T., (1997), Credit Risk Modelling: A New Approach, New York: McKinsey Inc.

20. Xiang hong Li, Xinlei Zhao, (2006), Macroeconomic Effect in Corporate Default, *Work paper*.

（本章作者：吕峻）

附表 1 含当年宏观经济变量回归结果

指标类型	指标	模型 1	模型 2	模型 3	模型 4	模型 5	模型 6	模型 7	模型 8
公司	资产负债率	0.888***	0.795*	0.82*	0.86*	0.919*	0.83*	0.815*	0.851*
	现金比流动资产	-0.122	-0.25	-0.052	-0.331	-0.284	-0.232	-0.189`	-0.324
	资产收益率	-5.817***	-6.175***	-5.895***	-6.25***	-5.988***	-6.012***	-6.194***	-6.299***
	经营现金流比总资产	-1.945***	-3.082***	-3.287***	-3.057***	-3.144***	-3.149***	-3.192***	-3.092**
	毛利率	-3.218***	-2.014***	-1.881***	-2.149***	-2.114***	-2.024***	-2.035***	-2.159***
	上市年龄	-0.1***	-0.1***	-0.105***	-0.093***	-0.092***	-0.099***	-0.1***	-0.093***
	GDP	-0.159***							
宏观	出口增长率		-0.01*						
	固定资产投资增长率			-0.025***					
	股票指数增长率				0				
	财政收支比					1.575			
	真实利率水平						0.056		
	信贷增长率							-0.026*	
	消费价格指数增长率								0.012
行业	采掘业	-1.994***	-2.181***	-1.949***	-2.354***	-2.238***	-2.178***	-2.199***	-2.365***
	制造业	-0.773***	-0.833***	-0.74***	-0.906***	-0.874***	-0.84***	-0.839***	-0.908**
	电力、煤气及水的生产和供应业	-1.481***	-1.614***	-1.454***	-1.725***	-1.649***	-1.612***	-1.623***	-1.732***
	建筑业	-0.127	-0.223	-0.117	-0.301	-0.24	-0.217	-0.222	-0.315
	交通运输、仓储业	-1.504***	-1.619***	-1.481***	-1.73***	-1.656***	-1.616***	-1.631***	-1.741***
	信息技术业	0.218	0.241	0.22	0.243	0.239	0.233	0.228	0.242
	批发和零售贸易	-1.257***	-1.266***	-1.207***	-1.332***	-1.334***	-1.281***	-1.272***	-1.329***
	房地产业	0.738	0.83	0.747	0.879	0.82	0.816	0.826	0.889
	社会服务业	-1.226***	-1.301***	-1.194***	-1.384***	-1.342***	-1.301***	-1.302***	-1.387***
	传播与文化产业	-0.289	-0.256	-0.268	-0.272	-0.293	-0.272	-0.274	-0.269
	综合类	0.229	0.351	0.237	0.408	0.337	0.327	0.351	0.42
	截距	1.762***	0.665	0.707*	0.553	-1.303	0.168	0.767	0.551
	loglikelihood	-1364.58	-1367.05	-1364.35	-1368.29	-1367.10	-1367.24	-1366.48	-1368.25

注：*、**、*** 分别表示通过 15%、10%、5%的系数显著性检验，附表 2、附表 3 同此。

附表2 含滞后一年宏观经济变量回归结果

指标类型	指标	模型 1	模型 2	模型 3	模型 4	模型 5	模型 6	模型 7	模型 8
公司	资产负债率	0.914**	0.832*	0.918***	0.828*	0.893*	0.833*	0.861*	0.835*
	现金比流动资产	-0.186	-0.193	-0.232	-0.326	-0.345	-0.129	-0.323	-0.304
	资产收益率	-5.839***	-5.969***	-5.994***	-6.414***	-6.216***	-5.915***	-6.291***	-6.244***
	经营现金流比总资产	-2.022***	-3.228***	-3.243***	-3.078**	-3.069***	-3.332***	-3.084***	-3.101***
	毛利率	-3.232***	-2.018***	-2.078***	-2.151***	-2.172***	-1.985***	-2.145***	-2.127***
	上市年龄	-0.096***	-0.101***	-0.093***	-0.094***	-0.09***	-0.103***	-0.092***	-0.095***
宏观	GDP增长率	-0.141**							
	出口增长率		-0.009*						
	固定资产投资增长率			-0.02**					
	股票指数增长率				0.001				
	财政收支比					0.809			
	真实利率水平						0.081**		
	信贷增长率							-0.012	
	消费价格指数增长率								-0.009
行业	采掘业	-2.09***	-2.155***	-2.145***	-2.356***	-2.355***	-2.067***	-2.338***	-2.333***
	制造业	-0.817***	-0.832***	-0.838***	-0.899***	-0.91***	-0.798***	-0.897***	-0.896***
	电力、煤气及水的生产和供应业	-1.549***	-1.592***	-1.595***	-1.73***	-1.726***	-1.531***	-1.722***	-1.712***
	建筑业	-0.176	-0.233	-0.215	-0.318	-0.298	-0.203	-0.28	-0.298
	交通运输、仓储业	-1.565***	-1.608***	-1.609***	-1.74***	-1.732***	-1.561***	-1.722***	-1.719***
	信息技术业	0.229	0.22	0.251	0.253	0.249	0.208	0.261	0.238
	批发和零售贸易	-1.294***	-1.27***	-1.313***	-1.317***	-1.348***	-1.251***	-1.329***	-1.316***
	房地产业	0.768	0.812	0.802	0.9	0.875	0.781	0.882	0.876
	社会服务业	-1.274**	-1.286***	-1.309***	-1.385***	-1.391**	-1.246***	-1.383***	-1.369***
	传播与文化产业	-0.296	-0.276	-0.289	-0.257	-0.278	-0.275	-0.269	-0.268
	综合类	0.27	0.312	0.321	0.439	0.406	0.272	0.42	0.402
	截距	1.618***	0.592	0.739	0.547	-0.368	-0.082	0.684	0.536
	loglikelihood	-1365.58	-1366.88	-1365.41	-1367.78	-1368.11	-1365.74	-1367.87	-1368.28

附表3 含滞后两年宏观经济变量回归结果

指标类型	指标	模型 1	模型 2	模型 3	模型 4	模型 5	模型 6	模型 7	模型 8
公司	资产负债率	0.933*	0.918*	0.894*	0.851*	0.893*	0.931**	0.822*	0.765*
	现金比流动资产	-0.336	-0.292	-0.294	-0.324	-0.345	-0.203	-0.279	-0.056
	资产收益率	-6.137***	-6.146***	-6.038***	-6.235***	-6.216***	-5.976***	-6.241***	-6.077***
	经营现金流比总资产	-2.176***	-3.211***	-3.106***	-3.055**	-3.069***	-3.228***	-3.103***	-3.35***
	毛利率	-3.108***	-2.162***	-2.095***	-2.131***	-2.172***	-2.061***	-2.106***	-1.934***
	上市年龄	-0.088***	-0.09***	-0.094***	-0.094***	-0.09***	-0.094***	-0.097***	-0.108***
宏观	GDP	-0.086							
	出口增长率		-0.01**						
	固定资产投资增长率			-0.013					
	股票指数增长率				0.001				
	财政收支比					0.809			
	真实利率水平						0.093***		
	信贷增长率							0.008	
	消费价格指数增长率								-0.074***
行业	采掘业	-2.312***	-2.261***	-2.22***	-2.335***	-2.355***	-2.105***	-2.315***	-2.024***
	制造业	-0.899**	-0.882**	-0.863**	-0.898**	-0.91**	-0.823**	-0.889**	-0.768**
	电力、煤气及水的生产和供应业	-1.699***	-1.668***	-1.634***	-1.713***	-1.726***	-1.555***	-1.7***	-1.498***
	建筑业	-0.276	-0.268	-0.246	-0.294	-0.298	-0.201	-0.286	-0.201
	交通运输、仓储业	-1.707***	-1.684***	-1.645***	-1.717***	-1.732***	-1.579***	-1.706***	-1.54***
	信息技术业	0.255	0.246	0.239	0.245	0.249	0.229	0.228	0.19
	批发和零售贸易	-1.357***	-1.345***	-1.319***	-1.322***	-1.348***	-1.305***	-1.308***	-1.205***
	房地产业	0.854	0.839	0.822	0.876	0.875	0.775	0.864	0.779
	社会服务业	-1.382***	-1.359***	-1.332***	-1.375***	-1.391***	-1.285***	-1.357***	-1.211**
	传播与文化产业	-0.288	-0.287	-0.281	-0.269	-0.278	-0.297	-0.271	-0.261
	综合类	0.384	0.369	0.338	0.404	0.406	0.287	0.389	0.271
	截距	1.274*	0.669	0.659	0.531	-0.368	-0.17	0.418	0.265
	loglikelihood	-1367.35	-1366.31	-1367.07	-1368.24	-1368.11	-1364.51	-1368.07	-1364.56